新教育实验
New Education in China

全国教育科学"十五""十一五"规划重点课题

24节气诵读古诗词

——新教育实验晨诵项目"农历的天空下"课程实践

常丽华 | | 编著

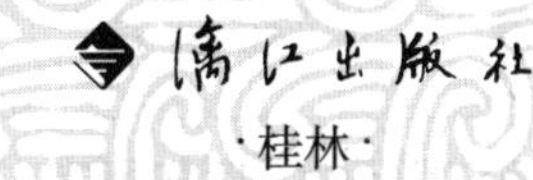

·桂林·

图书在版编目（CIP）数据

24节气诵读古诗词：新教育实验晨诵项目“农历的天空下”课程实践 / 常丽华编著 . -- 桂林：漓江出版社，2014.8（2022.2 重印）
ISBN 978-7-5407-7228-4

Ⅰ . ① 2…　Ⅱ . ①常…　Ⅲ . ①古典诗歌—中国—阅读教学—中小学—教学参考资料　Ⅳ . ① G634.333

中国版本图书馆 CIP 数据核字（2014）第 177255 号

24节气诵读古诗词
——新教育实验晨诵项目“农历的天空下”课程实践

编 著 者　常丽华
策划组稿　文龙玉
责任编辑　文龙玉
封面设计　石绍康
责任监印　黄菲菲

出 版 人　刘迪才
出版发行　漓江出版社有限公司
社　　址　广西桂林市南环路 22 号
邮　　编　541002
发行电话　010-65699511　0773-2583322
传　　真　010-85891290　0773-2582200
邮购热线　0773-2582200
网　　址　www.lijiangbooks.com
微信公众号　lijiangpress

印　　制　三河市嵩川印刷有限公司
开　　本　710 mm × 960 mm　1/16
印　　张　18
字　　数　270 千字
版　　次　2014 年 8 月第 1 版
印　　次　2022 年 2 月第 9 次印刷
书　　号　ISBN 978-7-5407-7228-4
定　　价　59.80 元

《24 节气诵读古诗词》

新教育实验晨诵项目“农历的天空下”课程实践

在农历的天空下栖息劳作（代序）

几年之前，当我们在新教育实验的框架逻辑之内提出“晨诵、午读、暮省”这个概念时，它们受到了质疑：这三个词语，是不是太古典，太雅致，跟这个信息时代不太合拍？

是的，要知道在那个时候，唯有信息化，唯有双语，唯有外国语这些词语，才是让家长放心与注目的。虽然读经运动的声音也早已经响起，但那是一个民族文化寻求自我生存的呼唤。从教育学的角度上，它既没有引起足够的重视，更没有确凿的理由与证据，将其纳入日常的教育中来。

但这三个词语毕竟还是生存了下来，因为学校里的老师们，觉得这三个词语里，似乎蕴含着另外一些更丰富的东西，朦朦胧胧中，这似乎就是大家想要的某种东西——虽然在那个时候，更多的人确实并不太清楚它们究竟意味着什么。

然后，新教育研究中心的成员们，开始在校园里操作这些词语。

孩子们的眼睛陡然亮了起来，孩子们的精神比我们能够预料的要早得多地丰盈起来。在浙江诸暨、在四川成都、在山东临淄，同样的，也在山西运城、贵州凤冈，我们或看到孩子们喜悦的精神、饱满的眼神，或看到了孩子们确凿无疑的优秀的作品，以及他们可持久发展的成绩。

这个过程中，有另一种声音始终伴随着。为什么你们所推荐阅读和晨诵的，都是些现代作品和外国作品？为什么那些最伟大的经典，譬如《道德经》和《论语》,《大学》和《中庸》,譬如唐诗宋词,譬如四大名著,为什么没有诵读?没有共读?

开始的时候我们总会耐心地解释:因为中国文学或者说中国文化里,“童年”或“儿童”这个概念是刚刚出现不久的,在我们几千年的古代文明中,并没有可靠的对儿童和童年的正确认识,也没有多少明确无疑而且经得起当代教育学和心理学检验的适合中低段儿童阅读的文学作品。所以,那些伟大的经典只能依据儿童发展的规律,安排成某个最合适阶段的成长营养,而不能人为地提前给予,因为这种提前只会导致死记硬背,让孩子们领略不到经典的意蕴,只感受到死记硬背的痛苦。而如果能够按着“儿童阶梯阅读”的道路,扎扎实实地向前走,那么走到四、五年级,五、六年级,走到中学,孩子们就能够相对自由地面对这些中华经典了。

到那时候,唐诗将是鲜活的,宋词将是鲜活的,《论语》将是精彩的,《西游记》将不仅仅是有趣而且同样也是伟大的……无论儒家的精神还是道家的思想,到了合适的时机,孩子们就能够真正地感受到它们,在一定的程度上理解它们,它们就能够成为孩子们一生精神的营养品,成为民族文化认同中最坚实的基础。这些作为民族文化认同的基础,和那些经典童话里、希腊神话希伯来神话里、成长小说中、优美的西方诗歌里所蕴含的人类普世价值和普遍美感一道,为他们的精神、灵魂奠基。

当我们这样言说的时候,那些倡导读经和反对读经的人们都将信将疑地听着,前者怀疑经典居然是可以被感受到被理解的。因为大多数狂热地倡导读经的家长和老师,自身也并没有感受到、理解到他们所读的那些经典的丰富内含与精髓,他们只是人云亦云地强调着经典的重要性,强调童年记忆的重要性。而后者,那些反对读经的人们,则更怀疑地听着,因为他们认为,这些旧文化的东西根本没有存在的必要,在他们心里,文化似乎是一个伪概念,人们只要活着,有法律,有尽可能接近美国的政治体制,那么一切问题也就全部解决了,至于达到了美国水平人类存在还会不会有问题,那不是他们所愿意去想的。

是的,我们无法通过讨论形成共识。

除非有一朵花开放出来,印证很久以前一粒种子描绘过的芬芳和色泽。

于是，2007年冬至，常丽华老师和她的孩子们，将这一把种子，黑色的、小小的芥子般的种子，种到了他们的教室里。

那时候，没有人看到鲜花的色泽，没有人能嗅到未来的花香，连同常丽华，孩子们，以及我。但我们相互信任，我知道常老师的沉静使她能够完成这片中国土地上名师们无法完成的事业，常老师相信在我的这个愿望里，有着我对生命对古典诗歌对中国文化的真诚理解，而这种理解却无法用语言全部表述出来。而孩子们相信他们的老师，因为这位老师已经带着他们走过好几个四季，走过许多快乐的充实的丰盈的时光，走过如此美妙的童年。在最后一个四季里，他们相信老师会带着他们，走向一个前所未有的高度。

于是，就有了这个帖子。不对，据我所知，这个帖子仅仅只是全部旅程远不足十分之一的呈现，更多的记录，或因为文字涉及隐私珍藏了起来，或因为图片占据空间太大发上来又删除了，或者是根本来不及一一全部写下来。毕竟，重要的是如此真诚如此深刻地活过，而不是写在这里或者那里。

想想每个孩子都拥有着一个本子，这个本子里有着自己一年或者说四季的记录。想想这些孩子的记忆里，有过多少个激动人心的时刻，通过这些时刻，他们对遥远的诗歌的理解，由枯涩到灵动，由陌生疏离到亲切温馨。想想那么多照片，那么多录像所记载的信息。

这是一个明证：它证明唐诗宋词并没有在这个时代死亡，而是鲜活的艺术珍品；它证明我们的孩子能够在这个年纪里，开始领略到先人们的忧伤与诗意，而这种领略会从这时开始，随他们生命的丰富与深邃而不断地加深；它证明穿越时空，人类的生命仍然能够达成共鸣，永恒的精魂确实不会随时间而消亡，而孩子们的生命，确实会因为这样的共鸣而变得与我们平常所看到的完全不同。

它所能够证明的远不止这些。

这个帖子，是新教育“在农历的天空下”这个晨诵项目的特殊课程的一个样板，一个起点，一个案例。

一粒黑色的小种子长成了这株大树，大树上有如许的鲜花与果实。但是，它还远不是树林，更不是森林。

作为具体的操作，一首诗的解读，某首诗的选择，它或者还远不是完美无缺的，但是作为课程，作为共同穿越的旅程，这种探索，这种选择，这种承诺、经历和感受，却是完美无缺的。

这也是新教育儿童课程的一个特殊理念，它不会被简单地在另外一个教室里重复，但是，它的理念将在另外一个教室，另外一百个一千个教室里得到印证。

如果你发现了这个课程中的漏洞，请你提出来，但希望你能够在自己的教室里，实现出来，开出一朵更鲜艳的花来，到那时，我们将满怀感激，把目光注视到您那里，为您的精彩而喝彩，而击节，而感动。

在这个冬至日里，也许并没有第二个常丽华在为唐诗宋词，为自己的孩子们开始这个旅程，但是许多年后，它将会在无数个教室里，作为一种开放的自主的活的课程，被无数个卓越的老师和优秀的孩子们，在这个太阳渐渐回归的日子里开启。

我不相信空间的辽阔能够说明一切，因为我更相信岁月的深邃里，在儒、道、佛、禅或者真理、神这些词语所想表达的意思里，有着更为可靠的另一些东西。

干国祥

2008年12月22日

目　录

引言：缘起

2004年9月，我带一年级的班。

作为新教育“毛虫与蝴蝶”项目组的核心成员，我率先把最经典的故事带给了孩子和家长，开始了班级共读和亲子共读。从低段的图画书，到中级的童话、儿童小说，再到高段的科学、历史、人物传记等，几百本书读下来，孩子们的童年变得丰盈起来。

在每个生命的黎明，我带着孩子们读童谣、儿歌、儿童诗——在童年的浪漫期，这是属于这个年龄的最佳营养。

三年级下学期，浪漫期开始向精确期过渡，到了接触古典诗词的时候了。可是，在我带着孩子们背了一段唐诗宋词后，却发现我们一直在诗词之外：似乎，就是为了背诵而背诵。

古典诗词和我们的生命有关吗？

古典诗词能唤醒我们的灵魂吗？

我们的先人日出而作，日落而息，敏锐地感受着物候的变化。在春花、夏雨、秋风、冬雪中，先人们和大自然对话，为我们留下了一首首伟大的诗歌。中国何以成为中国？那些伟大的诗歌，是构成我们中国人的心灵情感和生活方式的重要元素。我们应该用什么样的方式来学习，才能和千年前的诗人们一同呼吸？才能拥有一种古典的生活方式？

2007年冬至那天，在干国祥老师的指导下，我们开始了“在农历的天空下”的诗词学习之旅。同时，我在教育在线开了关于这个课程的专题帖。这是一个以诗词为主的综合课程，以农历时间为线索，从冬至开始，跨越四、五两个年级，直到下一个冬至结束。在这段旅程中，以二十四节气为线索，根据四季变化学习诗歌，同时配合国画、月亮与星辰、民间故事、汉字、书法、考古、对联、民俗进行理解。

在农历的天空下，师生将经历一段怎样的旅程？一开始，是未知的。我唯一可以确知的，是干老师对这个课程的描述。

心里还是有一丝惶恐。自己接触古典诗词，是在初中二年级。从喜欢诗词的小姑父那里看到一本薄薄的《宋词》，拿回家，就开始翻来覆去地读。我确信自己是读不太懂的。唯独李清照的《声声慢》，一读就很喜欢。这首词，是如此地暗合了我的气质。后来读师范，我在班里几乎不怎么说话，只是日不间断地阅读、写日记。那时候，我把《红楼梦》里所有林黛玉的诗都抄在本子上，一首首地背。那些诗词，只是一个忧郁的十几岁女孩的心灵安慰。除此之外喜欢的，就是北岛、舒婷、顾城、席慕蓉等人的诗。唐诗宋词，几乎被我关在了门外。

在农历的天空下行走，如果我自己不能用诗词很好地诠释季节的味道，如何能带着孩子们走得更远？

幸运的是有干老师。

“常老师，要为全国的毛虫们做个榜样。我会时时关注这个课程的。”

“好啊，你要帮我的。”

就是这样一个约定吧，我们的旅程就开始了。

同时，根据干老师的推荐，我买全了叶嘉莹所有解读诗词的书，开始反复读王国维的《人间词话》。

我仍然担心的是，当我着手记录这段旅程时，会不会有意无意地改写？比如刻意地美化？比如回避问题？但是，朋友的话我一直记得：一定要诚实地写作，不要刻意地营造，现在，诚实写作的人太少了。

我努力做那“太少”人中的一个。

有一点要说明的是，有些内容当时没有记录下来，回头补记时，发现已经很模糊了，就只是对诗歌做了简单的解读。这是很遗憾的事情。

更大的遗憾是，直到一年的旅程走完，我才知道农历课程的晨诵应该怎么进行。干老师说："一个课程，就是一个完整的叙事。这个完整的叙事，应该有自己特定的主题，有主题诗词，有主题音乐，有主题画面。但是，叙事的主体，却不是诗词，而是活生生的我们——是每一个孩子，是教师自己。朗诵的，悲喜的，兴发的，感动的，觉悟的，是我们而不是任何别人。这些诗词，应该能够与我们的日常生活相交织。"干老师设计的落花课程，主题诗用了《春晓》，主题音乐用了童安格的《花瓣雨》，主题画面是纷纷飘零的粉红色花瓣，孩子们领略了一首又一首和落花有关的诗词时，生命已经完全向着诗歌，向着大自然敞开。这样的课程，令我向往。

唯一不遗憾的是，我们如此真实地走过了这一年。亲近自然，亲近诗歌，诗意地栖息在大地上，也已经成为我们的一种生活方式。

第一章　冬　天

独钓寒江雪

回头看走过的这段冬天的旅程，懵懵懂懂中，虽有不少失误，却是充满热情地上路的。独钓寒江雪，我已听不到外界的声音，只知道自己内心的坚持，这来源于对伟大事物的追求，来源于对幸福完整的教育生活的渴望，也来源于对朋友的承诺。

“独钓寒江雪”——这种执著的清洁精神，遗失得太久了。我们周围的声音，有时候会太喧嚣，一句诗，就可以照亮我们前行的路。

第一节 冬至

我们的旅程，就从冬至这天开始。

冬至这天，太阳黄经为270°，阳光几乎直射南回归线，这一天是我们这里一年当中黑夜最长的日子。冬至之后，太阳就从南回归线上，向着北方，逐渐回归。

2007 年 12 月 22 日的冬至恰好是周六。仪式总是很重要的。我邀请孩子们周六到校，说有礼物要送给他们。

早上，孩子们充满好奇地走进教室，欣喜地看到了四个水仙鳞茎球——“十一月水仙供上案”，北方的冬天，最好养的就是水仙了。作为中国的十大名花之一，水仙也是我国民间的清供佳品，每逢新年，人们都喜欢供水仙，作为年花。这四个鳞茎球，是我拜托刘波宇的爸爸买来的。在刘波宇的指导下，孩子们剥掉外层干枯的褐色鳞片叶，去掉护根泥和基部的褐色朽根，洗净表面，一一放在四个漂亮的盘子里，四周再用小石子固定。做这件事情时，孩子们的眼里，透着一种庄重的严肃感，他们知道，我们将在以后的日子里静静地等待，等待这些水仙在岁月里开出花来。

更让孩子们欣喜的，是每个人桌子上都放着一个漂亮的本子：封面印有精致的梅花图案，很淡雅。

在扉页上，我指导孩子们用隶书写下了四个字：农历游记。

生命之旅：我们出发喽

我告诉孩子们，我们的先人为了掌握农事，长期观察天文，创造了农历，把太阳和月亮的运行规则合为一体，主要是运用二十四节气指导农作物的收种管理。地球绕太阳公转的轨道叫黄道，一共 360°，太阳每前进 15°为一个节气，一年就是二十四个节气。农耕时代，中国人是非常重视节气的。农历是中国传统文化的代表之一，它的准确巧妙，是我们中国人的骄傲。

这时候的幻灯片里，出现了太阳黄道上的二十四节气——语文课本上曾经有二十四节气歌，我们温习过一遍之后，直接从冬至节的由来开始讲起。俗话说，“冬至大如年”，冬至过节源于汉代，盛于唐宋。汉朝以冬至为“冬节”，朝廷上下要放假休息，军队待命，边塞闭关，商旅停业，亲朋各以美食相赠，相互拜访，欢乐地过一个“安身静体”的节日。唐宋时期，皇帝在冬至这天要到郊外举行祭天大典，百姓在这一天要向父母尊长祭拜。可是今天，我们对大自然已经没有了这种敬畏，对大自然也已经不再敏感——比如此刻，我们坐在有暖气的教室里，似乎感受不到季节的变化，也无法想象先人们曾经以怎样浩大的声势来庆祝“冬节”。农历诗词课程，就是希望我们对诗词敏感的同时，对大自然也敏感起来。

说着，我在黑板上画出地球绕着太阳旋转的轨道图，告诉孩子们，从今天开始，我们将跟着地球去绕太阳一周。通过动画的演示，孩子们明白了什么是地球的公转和自转，什么是黄道。然后，我画出冬至日这天，地球处于黄道面的位置点，同时让孩子们模仿着画下来，上面写了一行字：我们出发喽！

这时候，电脑里突然响起了王洛宾作词作曲的《青春舞曲》。欢快又略带忧伤的旋律中，歌词出现在幻灯片里：

> 太阳下山明早依旧爬上来
> 花儿谢了明天还是一样的开
> 我的青春一去无影踪
> 我的青春小鸟一去不回来

孩子们乐呵呵地听着，哼唱着。

“我年轻的时候，很喜欢这首歌。青春在留恋和呼唤中，不可避免地消逝了。时光匆匆，你们看，冬天已经过去了一半，春天也马上就要来了。在这个特殊的节气里，我们就一起来感受杜甫因季节变化而带来的心灵悸动。”

幻灯片里，出示了第一首诗：《小至》。

小　至

［唐］杜甫

天时人事日相催，冬至阳生春又来。
刺绣五纹添弱线，吹葭六琯动浮灰。
岸容待腊将舒柳，山意冲寒欲放梅。
云物不殊乡国异，教儿且覆掌中杯。

我先读了一遍，问孩子们懂不懂意思。一个孩子说，杜甫也是在感叹青春的小鸟一去不回了吗？

孩子们都笑了。这时候，他们对诗词还没有足够的敏感。

我告诉孩子们，小至就是冬至的前一日，然后就简单地把诗意说给他们听。晨诵强调的是对诗歌整体的把握而不是理解分析；农历课程强调的，则是孩子们对诗歌的感觉，对物候变化的敏感。

"第一句的意思是，岁月与人事每日催逼，使人老去，而身外的季节，却又经过漫漫冬夜，即将迎来新的春天。就像歌里面唱的那样，'太阳下山明早依旧爬上来，花儿谢了明天还是一样的开'。唱歌的人，写诗的人，此刻都是惆怅不已。宇宙生生不息，生命却只此一次，过去了就永不再来。这是诗人对生命的敏感，对大自然的敏感。这种敏感，你有吗？就在此刻？"

我走到刘心雨身边："如果你能感受到，请用你的声音表达出来。"

"天时人事日相催，冬至阳生春又来。"刘心雨的领悟力自然是最好的。声音里，有惆怅，也有留恋。

"如果你能感受到，请用你的声音表达出来。"当我这样问着，几个孩子读过之后，教室里，就渐渐有了诗的味道。

"接着，诗人写了冬至日的风俗：'刺绣五纹添弱线，吹葭六琯动浮灰。''五纹'就是五色线，在古代，皇宫中有专门刺绣的女工，冬至之后，她们因白昼变长就会多绣几根五彩丝线。'吹葭'是什么意思呢？葭就是芦苇。在古代，人们认为笛管能够应和宇宙之气而动，他们称之为'葭灰占律'。具体的做法是在一间密闭性能良好、温度与湿度变化不大的屋子里，按一定方位排列十二个木案，案面做成内低外高的倾斜状，将十二律的律管依序排列在桌上，并在长短不一的各个管内填上葭莩，也就是芦苇衣膜烧制而成的灰。古人相信十二律与一年十二个月相对应，当各月所属中气到来时，将引发地气上升，而此气可使相应律管中所置的葭灰扬起。第六管灰动时，意味着冬至节到了。”

理解了这句，再读时就感觉清朗了很多。

“作者接着写了冬至日看到的、想到的风景，遥想不久之后，水边柳将舒展，山上梅将怒放，这是多么令人欣喜的景色！但对客居他乡的诗人来说，看到这和家乡没有什么两样的风景与气候，心里还是惆怅不已，所以，最后一句说，‘云物不殊乡国异，教儿且覆掌中杯’，让小儿斟上酒来，一饮而尽。这就是异乡情结，是每一个漂泊者的情结。请读——”

最后两句读出来，语气中仍然只是惆怅。

“这一切，与我们又何干呢？”我话题一转，“只不过是相同的时间，相同的节气。可是我要问你啊，明年的冬至再来时，你会记得这首诗吗？”

“会记得。”孩子们异口同声。

“明年的冬至再来时，你会轻轻吟诵‘天时人事日相催，冬至阳生春又来’，你能感到宇宙的永恒和生命的流逝，这就足够了。那么，请再读读这首诗吧，把你的感受读出来……”

一遍遍读下来，是思考，也是叩问。天时人事日相催，冬至会过去，小寒要来，大寒要来，我的生命呢？会在这时间的流逝里日渐充实吗？……

孩子们在“农历游记”上抄写这首诗，并给它配上画。崔淦维画的律管像模像样，崔晨画的腊梅已经绽放……

《青春舞曲》的旋律，静静地在教室里回荡。

休息之后，我们学习第二首诗：

至后

［唐］杜甫

冬至至后日初长，远在剑南思洛阳。
青袍白马有何意，金谷铜驼非故乡。
梅花欲开不自觉，棣萼一别永相望。
愁极本凭诗遣兴，诗成吟咏转凄凉。

有了第一首做基础，当我轻轻吟诵出这首诗时，教室里很安静。

“诗人总是敏感的。节气的变化，总能带给他们很多感慨。心灵麻木的人，自然什么都感受不到。所以，在第一句里，诗人就准确地写出了冬至的特点：一年中白天最短，黑夜最长的日子；冬至之后，白天就逐渐变长，黑夜逐渐变短。在这样的日子里，远在成都剑南的杜甫，格外思念青少年时代生活过的洛阳，也是他和李白相识的地方。这思乡之情、思友之情，似乎也随着白天的逐渐变长而拉长了。”

“冬至至后日初长，远在剑南思洛阳。”在我的引导下，孩子们齐声诵读，在停顿和节奏里，思念开始绵延舒展。

接下来的分句读，我一般是请孩子单独读，因为齐读时很难把握诗歌里微妙的感觉。

“世界上没有无缘无故的思念，是什么事情，在这个节气里触动了杜甫？原来，他在成都有个好朋友叫严武，他就在严武门下做了一个很小的官。当时，杜甫和严武之间发生了一些不愉快的事情。‘青袍白马’指的是自己当前的处境，指闲官卑位。‘金谷铜驼’指的是洛阳的一座花园和一条街道，这里就指洛阳。杜甫说，为什么我会突然想起洛阳呢？它并不是我的故乡啊。”

“因为他和严武之间发生了矛盾，当一个人不开心的时候，就会思念以前的事情。”王梦尧说。

“他觉得严武不理解他，李白理解他吧。所以就说思念洛阳了。”王文晓说。

“是啊，他很失落。人在失落的时候，的确比较容易怀旧。”我接过话来。

“青袍白马有何意，金谷铜驼非故乡。”分别请几个孩子读两句，他们感情处理得比较好。

“是啊，梅花正含苞待放，早开的棣萼已谢了，自己却还在想着它。为什么？棣萼就是指郁李花，它的花繁盛紧密，象征了他和李白的友谊。作者前一句讲的是眼前的景，梅花欲开，后一句讲的是由此景而联想的情绪，对远在洛阳的兄弟朋友的思念。洛阳虽然不是我的家乡，但那里有懂我知我的兄弟，所以我特别地想念它。这是怎样复杂的感情啊！请读——”

“梅花欲开不自觉，棣萼一别永相望。”学生再读这一句。

“作者在最后一句里说，我愁闷极了，本想写首诗来排遣这愁闷，没料到诗写成后自己吟咏起来，反而更觉得凄凉与寂寞了。这是为什么？”

“因为他还是无法改变自己的处境啊。”房宸赓说。

“李白说，‘抽刀断水水更流，举杯消愁愁更愁’，就是这个意思。”我说，“生命本身就是孤独的，客居他乡的人更是孤独的。但是，所幸有诗啊！如果没有诗，杜甫又如何排遣呢？虽然‘诗成吟咏转凄凉’，毕竟思念留了下来，冬至这一天也因此留了下来。感谢杜甫，没有他的诗，我们又该如何度过这一天？如何在这一天里和他一起触摸自然、感悟生命？”

整首诗连起来，个人读，分角色读，最后齐读——吟咏中，冬至的太阳离我们越来越近了。

孩子们把这首诗也抄在“农历游记”的本子上并配上画。之后，我们又从古走到今，聊到了今天的冬至：除了吃水饺，已经没有什么庆祝活动了。

“我们这不就在读诗庆祝吗？”李沂晓笑着说。

是啊，是庆祝，也是开始。这个课程，能把我们带往哪里，我们又能走多远呢？

冬至节一过，便进入一年最冷的时节——“冬九九”，我们一起温习了这个古老的民谣：

一九二九不出手，
三九四九冰上走，
五九六九沿河看柳，
七九河开，八九雁来，
九九加一九，耕牛遍地走。

抄下来，配上图。冬至日的庆祝，就在这里画了一个句号。

补记

如果我再带一个班级上农历诗词课程，冬至这天，我还会做一件事情：绘制《梅花九九消寒图》。请美术老师画一枝九朵九瓣的梅花，共八十一瓣，这八十一瓣都是勾边的。我会把这幅图贴在教室里，从冬至开始，孩子们每天染红一瓣，等到梅花全红就是“出九迎春”了。

我想这就是岁月的痕迹吧。

班级故事：美丽的圣诞夜

地球通过冬至点没几天，圣诞节就来了。

这是一个关于童话、梦想和信任的节日。平安夜，我们和往常一样，家长、老师和孩子们相聚在一起，圣诞大餐、圣诞火鸡、圣诞蛋糕、圣诞音乐、圣诞篝火……在音乐和歌声中，在篝火和星空下，大家唱啊，跳啊，快乐像长了翅膀的仙子，轻盈盈地飞舞着。那个夜晚，属于每一个热爱童年热爱生活的人。

那晚，我们重温了《极地特快》。“相信”——那个男孩车票上熠熠闪光的两个字，留在了每个孩子平安夜的祈祷中。

圣诞节的早晨，孩子们带来了圣诞老人的礼物。嗬，一封封圣诞老人的信啊，一个个奇妙的礼物啊，伴随着孩子们的笑声，就这样装扮着童年的天空。已经是四年级的孩子了，因为“相信”，他们做了温迪和迈克尔，彼得·潘永远活在他们的梦幻岛上，选择不长大，也选择相信童话。

然而，毕竟是四年级了呀，不能只在童话里流连。于是，今年的圣诞节，我们同时看的还有《斗转星移》第52集《圣诞星空》。

《极地特快》中，当圣诞的歌声响起时，圣诞树顶亮起了一颗最亮的星，那颗星叫“伯利恒星”。因为圣诞节是庆祝耶稣诞生的，而耶稣的诞生地在耶路撒冷一个叫伯利恒的地方，因此得名。在有些宗教书中说，伯利恒星是与耶稣一起诞生的，所以就认为这颗星是耶稣。

《圣诞星空》就向我们揭示了伯利恒星的秘密。公元前7年，三个巴比伦国王要在耶稣诞生之前赶到伯利恒，于是就沿着一颗很亮的星

星一直往前走，在这颗星的引导下他们穿过了沙漠，到达了伯利恒。然而，科学家认为，伯利恒星其实是一种天文现象。这颗星可能就是木星和土星的会合，它刚好发生在耶稣诞生之前。三个国王以为，这是上帝在宣告一个伟大的事件——耶稣的诞生。木星和土星的会合在一年之内连续发生三次，称“三连会合”。这种会合，59 年才发生一次，而且离地球最近，会合时看起来很亮，且相当明显。开普勒自 1603 年观测到木星与土星的会合后开始思索、计算，结果发现，木星与土星的三连会合曾发生于公元前 7 年的 5 月、10 月、12 月，出现在双鱼座。这与后来定下的耶稣的诞生日 12 月吻合，而且与耶稣实际诞生于公元前 7 年吻合。

也有人认为伯利恒星是木星和金星的会合，还有人认为可能是恩科彗星的会合，意大利画家乔托所画的《三个国王的礼拜》的背景，就是在耶稣诞生的畜棚屋顶上，有一颗拖着红色尾巴的彗星。

关于伯利恒星，还有几种猜测，而科学家的目的就是赋予其科学的含义。

我们一边看，一边在“农历游记”的本子上画出相关图片。在图画中，有些孩子把科学、童话和神话混为一谈。不着急，我们慢慢来。

比这些更让孩子们惦记的，是晚上的圣诞大餐。

中午，孩子们就开始装扮教室了，拉花，圣诞树，气球，彩带，圣诞帽。

下午，英语老师教孩子们唱《极地特快》的主题歌。

五点钟，家长们陆续到校了，饭菜的香味开始弥漫。房宸赓的妈妈带领几位妈妈拉来了一大堆木头，准备晚上的篝火。六点钟，三只“圣诞火鸡”飘散起浓浓香味，孩子们你一根鸡腿，我一块鸡翅，他一片鸡肉，学麦兜的样子，很有滋味地品尝着。然后，在平安夜的歌声中，教室里的灯熄灭了，点着蜡烛的圣诞蛋糕来了。

三层的大蛋糕，36 朵小花，是 36 个孩子的快乐和梦想。妈妈们郑重地把蛋糕推进教室，孩子们围上来，郑重地在烛光里许愿——那些愿望啊，圣诞老人一定会听到吧？

就这样吧，我们去一楼形体厅开始圣诞艺术之旅。

先是王庆远的葫芦丝独奏《竹林深处》。他吹得真好。音乐就是他，他就是音乐。我喜欢他吹奏时的眼神，似乎在音乐中能看到那遥远的山林，淙淙的流水声，孩子们给了他热烈的掌声。我告诉孩子们，这就是榜样，这就是音乐。然后是音乐老师的单簧管表演，接着是孩子们的葫芦丝合奏《铃儿响叮当》——在音乐声中，我们仿佛也坐在雪橇上，奔驰过田野……学葫芦丝已经一个多月了，我专门请了当地比较有名的一个老师来教，就是希望把音乐融入孩子们的生活中。与考级无关，与功利无关。

接下来吸引孩子们的，就是现场书法表演。我们从三年级开始学书法，我也请了当地小有名气的老师来教他们，遗憾的是，有的孩子坚持下来，有的孩子放弃了。在边焕之悠扬的古筝曲中，写书法的孩子开始挥毫泼墨，一会儿的工夫，一幅幅书法作品就出来了。书法老师也开始现场给孩子们写作，一幅一幅又一幅，孩子们围看着，赞叹着。我很喜欢那样的场景。我们中国独有的文化，是要经过孩子们一代代传下去的。

其实也有很多遗憾。如果再带一个班级，我一定要从三年级开始，焚香写书法，让它成为一个庄重的仪式，也一定要让每个孩子都坚持下来。农历游记开始时，我们就用纯白的本子，用软笔工工整整写下每一首诗，竖行写，小楷字，然后旁边配上画——这才是真正的农历诗词。

音乐中，墨香中，校园里的火不知什么时候点起来了。火星四溅，孩子们惊呼着："看，多像流星啊！"围着篝火，大家跳啊，蹦啊，开心极了。晓辉爸爸的霹雳舞再一次迷倒了孩子们，火光的映照下，那流动的舞，幻化成一道道优美的弧线，留在这平安夜里。

八点钟，火渐渐小下来，我们的圣诞晚会也要谢幕了。孩子们虽然有些累，却满是兴奋。

和女儿走在回家的路上，星星已经都出来了。女儿惊喜地指着两颗星星说："快看，那应该是木星和土星吧？它们就在一条直线上，正向着西方。当时的三个国王，就是在它们的指引下到达伯利恒的吧？"

美丽的圣诞星空啊。

美丽的童话和科学之旅。

第二节 小寒

冬至之后是小寒，天也就越来越冷了。俗话说："花木管时令，鸟鸣报农时。"自然界的花草树木、飞禽走兽，都是按照一定的季节时令活动的。二十四番花信风就是从小寒开始的。按照我国古代的说法，每年的春回大地，都要经过"二十四番花信"。这二十四番花信是怎么算的呢？据《岁时杂记》，每个月可划分为"二气（即节气）六候（即花信）"，从小寒至谷雨，一共4个月的时间，120天，就可以划分为24候，每候5天。

二十四番花信如下：

小寒 一候梅花 二候山茶 三候水仙
大寒 一候瑞香 二候兰花 三候山矾
立春 一候迎春 二候樱桃 三候望春
雨水 一候菜花 二候杏花 三候李花
惊蛰 一候桃花 二候律棠 三候蔷薇
春分 一候海棠 二候梨花 三候木兰
清明 一候桐花 二候麦花 三候柳花
谷雨 一候牡丹 二候荼蘼 三候楝花

所谓花信风，就是指某种节气时开的花，因为是应花期而来的风，所以叫信风。人们挑选一种花期最准确的花为代表，叫作这一节气中的花信风，意即带来开花音讯的风候。小寒第一候的花信风是梅花，小寒之后，我们开始了梅花诗词之旅。

生命之旅：金黄色的腊梅花

2008 年 1 月 6 日小寒是星期天。周一早晨，刘波宇的爸爸给我们拿来了一盆黄色腊梅——好香啊！为了这盆腊梅，他不知道跑了多少地方。我是第一次看到腊梅花——真的就像蜡做的一样，亮得让人心动。难怪啊，千百年来的诗人们，为它留下了那么多诗篇。腊梅花放在教室的一角，孩子们走进教室时，总忍不住过去闻一闻——

啊，好香啊！

而和腊梅一样散发着幽香的，还有这些甘之如饴的诗歌。

赠范晔

［南北朝］陆凯

折梅逢驿使，寄与陇头人。
江南无所有，聊赠一枝春。

这应该是最早的一首关于梅花的绝句吧？我们就把它作为旅程的第一站。最单纯的诗往往是最美的诗。戎马征战中，仍然可以窥见人与人之间最单纯的关系。在以货币价值来衡量交情的今天，谁能够明白一枝梅花的分量？如今的玫瑰都要凑齐九朵，九十九朵，九百九十九朵，已经被货币化了，而春天却被遗失了。人是一种孤独的动物，需要相互取暖才有力量走下去，因此在真正的朋友眼中，“烟柳繁华地，温柔富贵乡”的“江南”一无所有，一枝梅花的分量，便在这种背景中凸显出来。

“陆凯折梅送友人，送的是整个春天，整个江南啊，你可知道这一枝梅花的分量？请读下句。”

“波宇爸爸送来这盆腊梅，也是送来了即将到来的整个春天啊！请读下句。”

“世界上最珍贵的东西，永远无法用价格来衡量。两千年过去了，这一枝梅，仍然芳香四溢。请读下句。”

学生在我的引导下，一遍一遍地读着这首诗歌。

在反复的吟咏中，这一枝梅的形象，在我们的脑中，在我们的心中，也越来越清晰。

第二天的晨诵，我们重温了以前背过的张谓的《早梅》，然后又学习齐己的《早梅》。

早　梅

［唐］齐己

万木冻欲折，孤根暖独回。前村深雪里，昨夜一枝开。
风递幽香出，禽窥素艳来。明年如应律，先发映春台。

我先读了一遍，然后问大家哪一句写出了梅花的香味和美丽，孩子们马上就指出是“风递幽香出，禽窥素艳来”。这个“递”字啊，用得最传神了，梅花内蕴幽香，轻轻四溢。教室里的那盆腊梅，每天都在传递着它的芳香。为什么用“窥”而不用“看”呢？孩子们说，因为小鸟没想到梅花会那么美，被它的美震撼了，所以就是“窥”。还有一个孩子说，小鸟觉得梅花的美远远超过了自己，觉得有些不好意思了，所以就偷偷地看。在后来他们给

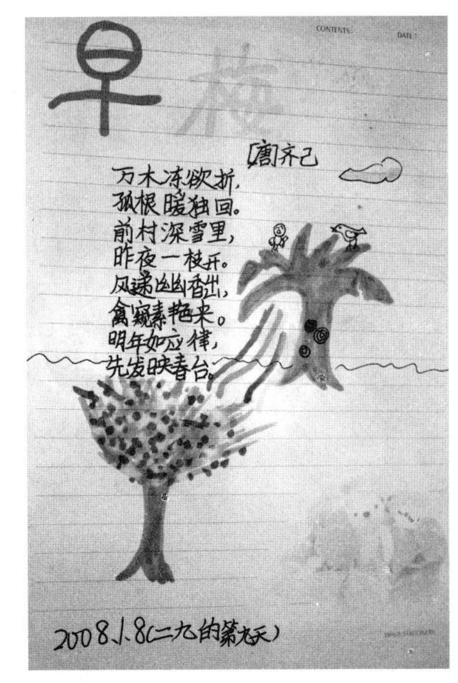

这首诗配画时，好多孩子还写出了小鸟的心里话。

然后，我告诉孩子们，我最喜欢前两联："万木冻欲折，孤根暖独回。"在寒冬读来，别有一番味道。谁是温暖我们心灵的根？又会开出什么样的花朵？所以虽是在冬季，诗中仍然透露出一股温暖人心的力量。"前村深雪里，昨夜一枝开"，这枝梅花为谁而开？

"为我们而开呢。"王文晓笑着说。

"是啊，就当它是为我们而开吧。于是，'风递幽香出，禽窥素艳来'，因为一枝梅，整个冬天都有了变化。所以，你们再读这首诗，看能不能感觉到季节的呼吸，感受到季节的变化？"

孩子们自由读，然后请刘心雨起来读，再齐读——温暖的感觉，是可以通过声音传递出来的，就在这芳香四溢的教室里。

当然，诗的最后两句我不太喜欢，有些煞风景，也就由它去吧。

接下来，我们吟诵了王冕的《白梅》。

几天后我们迎来了刘波宇同学的生日，我就把这首《白梅》改写后作为生日诗送给了他。

散作乾坤万里春

——送给刘波宇

波宇啊
千年前的王冕
为你唱出了一首生日诗
你听——
冰雪林中著此身
不同桃李混芳尘
忽然一夜清香发
散作乾坤万里春

波宇啊
你就是那傲霜的梅花
一夜之间

芳香传遍天下
波宇啊
积蓄成长的力量吧
唱出你生命最动听的歌
忽然一夜清香发
散作乾坤万里春

每个孩子过生日，我都会精心选择一首诗改写后送给他，诗里面一定嵌入孩子的名字。诗歌的意象，也一定是符合这个孩子的天性的。我们全班同学，以未来父亲和母亲的名义，为他吟诵这首只属于他的诗——可以想象，这样的生日诵诗，可以为一个孩子的生日带来怎样的感动？他生长中的生命，又因为这样的诗歌而添加多少诗意与坚强？这个叫波宇的男孩子，真的就像那傲霜的梅花，在一天天积蓄着成长的力量。

在那些过去的日子里，有多少名字，因为生日诗而“大起来亮起来”：“美丽一万倍”的李沂晓、“向着明亮那方”的边涣之、需要“毅力”的冀振岳、在“墨水瓶”底打捞着宝物的张云柏……

我无限地相信诗歌的力量，相信一切美好事物的力量。

诗词故事：三九第一天

早上一进教室，沈炜坤就拿着一张报纸跑到我跟前：“今天进入三九了，天会一下子变冷，报纸上都说了呢。”

因为“农历游记”，孩子们已经开始对时令敏感起来了。

“就是啊，”几个孩子也凑过来，“上学的路上，我都看到草上有霜了呢。”

于是，我临时决定把梅花诗词放一下，有霜的日子，我们就学《诗经》里的一首诗《蒹葭》。

第三节语文课铃响时，我已经把这首诗工工整整地抄在了黑板上。电脑里，《高山流水》的古琴声，似乎在轻轻叩问着我们每个人。

蒹　葭

《诗经·秦风》

蒹葭苍苍，白露为霜。所谓伊人，在水一方。
溯洄从之，道阻且长。溯游从之，宛在水中央。
蒹葭萋萋，白露未晞。所谓伊人，在水之湄。
溯洄从之，道阻且跻。溯游从之，宛在水中坻。
蒹葭采采，白露未已。所谓伊人，在水之涘。
溯洄从之，道阻且右。溯游从之，宛在水中沚。

有的孩子夸张似的说：我的天！这么长的诗啊！

是啊，这么长的诗呢。我顺着他们的话，介绍了诗经和秦风，然后就用了我常用的方式——用故事来讲诗。

两千多年以前有个常严一啊，就生活在秦地。有一天早上，天刚刚亮的时候，芦苇上的露水凝结如霜，常严一就沿着长满芦苇的河岸徘徊又徘徊，这是怎么回事呢？说到这里，孩子们朝着常严一哈哈大笑，常严一愣愣地看着我，不知道我葫芦里卖的什么药。

这是怎么回事呢？先听我把这首诗读一遍。

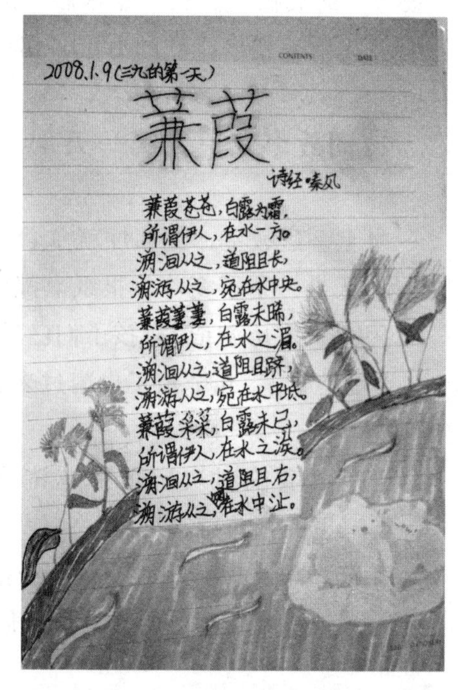

抑扬顿挫地读下来，孩子们静静地听着。听我读完了，常严一感叹似的说了一句：这首诗，真好听啊！

是啊，这首诗很好听，这就是《诗经》中诗歌的特点，因为是民歌，一唱三叹，音乐感就特别强。这首诗，不同的年龄阶段读，会有不同的理解。那么，我们现在可以把它理解为一首怀念故人的诗歌，描写的是与朋友相隔而不得相见的情景，是我们的常严一徘徊又徘徊的原因：我最好的朋友张云柏啊，我仿佛看到你就在水的另一边啊，可我怎么就是看不到你呢？

哈哈！孩子们恍然大悟似的笑起来。然后我逐句讲下去，同时把故事串了进来。

一节课的时间，我们读啊，说啊，非常开心。

巧得很，今天正好有美术课，我就拜托美术老师教孩子们怎么画芦苇。课间，美术老师就从网上搜到了“苍苍”“萋萋”“采采”的芦苇。上课时，她先给孩子们看这些照片，然后教孩子们怎么构图。从“苍苍”到“萋萋”到“采采”，从“为霜”到“未晞”到“未已”……只有最敏感的心灵，才会洞察如此细微的变化。给诗配画的过程，也是一个心灵越来越敏感的过程。

蒹葭苍苍，白露为霜——三九的第一天，因了这首诗，这个日子就变得不一样起来。

第二天上音乐课，我又请音乐老师教孩子们唱邓丽君演唱的《在水一方》：

绿草苍苍，白雾茫茫，
有位佳人，在水一方。
绿草萋萋，白雾迷离，
有位佳人，靠水而居。
……

后来读了叶嘉莹先生讲诗歌，很赞同诗人所表达的并不只是思念一个人，而是表现了一种怀思和向往的感情。伊人是谁？她就是那个最美好的你，是我们终生都在寻觅的最高的人生境界。伊人在哪里？“溯洄从之，道阻且长。溯游从之，宛在水中央。”她瞻之在前，忽焉在后，正因为寻而不得，才值得我们终生寻觅。

——诗歌所传达的感发的力量，也是随着课程的进展，我和孩子们才慢慢体会到的。

补记

如果再上，我会直接讲到诗歌的“赋”“比”“兴”，直接把解读

诗歌的武器教给孩子。《蒹葭》这首诗是最典型的“兴”：由蒹葭而想到伊人。王国维的《人间词话》第一句就是：《诗·蒹葭》一篇，最得“风人深致”，就是说此诗最有兴发感动的力量。一方面是“蒹葭”的意象：朦胧、飘渺、悠远，最容易引发人的追寻向往。另一方面则从“溯洄从之，道阻且长；溯游从之，宛在水中央”的流连徘徊，引发我们的是那种求之难的追慕与渴望，就正是王国维所谓最得“风人深致”的地方。

诗词故事：第一场雪

下雪啦！

昨晚下了整整一夜，早上起来，真是“忽如一夜春风来，千树万树梨花开”啊。

“常老师，我说过三九的第三天一定有雪，你看没错吧？”早上一到校，沈炜坤就对我说。

“早上一醒来，虎子就让我教他背关于雪的诗呢。”房宸赓的妈妈在电话里告诉我。

那么，在2008年的第一场雪里，我们就来吟诵关于雪的诗吧。

还没有到晨诵时间，孩子们在校园里玩雪，没有人肯上楼。真是有趣啊，一边是扫雪的老师，一边是打雪仗的孩子们。趁着这个工夫，我把这三首诗抄在了黑板上。

夜　雪

［唐］白居易

已讶衾枕冷，复见窗户明。
夜深知雪重，时闻折竹声。

白雪歌送武判官归京（节选）

［唐］岑参

北风卷地白草折，胡天八月即飞雪。
忽如一夜春风来，千树万树梨花开。

对　雪

［唐］高骈

六出飞花入户时，坐看青竹变琼枝。

如今好上高楼望，盖尽人间恶路歧。

有的孩子一进教室，就不自觉地吟诵起来。因为很好理解，我没有做过多解释，只是一遍遍引导孩子读，让他们把触摸到的雪的感受读出来。

朋友见我选了这三首诗，告诉我说，他最喜欢的一句是“忽如一夜春风来，千树万树梨花开”，喜欢“忽如”带来的那份意外，喜欢“春风”带来的那份温暖，喜欢“千树万树”带来的那份惊喜，喜欢“梨花”带来的那份清香。大雪是会燃烧的，玩过雪的手会热得通红，更重要的是，每一场雪都会击中你的内心，你说不清楚这些洁白的精灵是如何铺天盖地而来，那种语言无以表达的狂喜与感动，确实会让你忘记寒冷，内心充满了春意。这两句诗写得很开阔，场面很大。相比之下，白居易的《夜雪》写得格局稍狭窄了一些。最不喜欢的是《对雪》，严格地说这不是雪诗，只是借雪来写事，将雪伦理化。原本自然的生命，一旦被伦理化，被纳入既定的框架，便失掉了趣味。真正的伦理，一定会隐藏在最深的感动中。没有了这种感动，伦理的力量便丧失了。

在诗词的路上，我的感觉，就这样一点点地被唤醒。

该有多么感谢这些和我一路走来的朋友。

15 分钟的时间，一眨眼就过去了。

课间，虎子的妈妈用硬盘给我拷来了 2002 年《百家讲坛》的《传承的神韵》，一共 15 集，是从“一枝春雪冻梅花”说起的。她陪我看了一会儿，心满意足地走了。

语文课上，我们当堂完成作文《第一场雪》，聪明的孩子，恰到好处地引用了这三首诗。然后，数学老师带大家出去打雪仗，半个小时的大课间加上35分钟的一堂数学课，就这样交给了大自然。孩子们回教室时，都带回了雪的味道。

第三节　大寒

大寒在考试的前一天，因为准备考试，这个节气就错过了。

生命之旅：两个“渔父”

如果不错过，应该吟诵什么呢？

在这个一年当中最寒冷的日子里，就读一读柳宗元的《江雪》吧。

江　雪

［唐］柳宗元

千山鸟飞绝，万径人踪灭。
孤舟蓑笠翁，独钓寒江雪。

这首诗孩子们很熟悉，但是否真的理解？在这之前，我其实也没有读懂。虽然它早就在语文课本上出现过，而教参的解读是一首写景的诗。其实，这幅景色，柳宗元是断然看不到的。他表达的，是儒家知识分子的执著、担当。

除雪之外，千山之中听不到一只鸟的啼叫，万径之上见不到一个人的踪影，寂静空无到了极点，如何独钓寒江？醉翁之意不在酒，渔翁之意不在鱼，他的内心，一定是空空荡荡、静定自若。即便冰天雪地，即便寒气逼人，又怎样呢？我仍然执著地守着一叶孤舟。

一年之后，孩子们已经是五年级下学期了。当我看到干老师把《渔歌子》和《江雪》放在一起上，通过两首诗让孩子辨析儒道精神这一诗词解读的武器时，才意识到“武器”的重要。同样的武器还有：“有我之境”与“无我之境”、“意象”、“以己证诗”等。遗憾的是，在一年的旅程中，我只把“以己证诗”和“意象”教给了孩子，能自觉运用的时候，已经是秋天了。如果孩子们在农历课程的开始就接触到这些武器，并能在后面的学习中慢慢揣摩运用，一定会走得更远。

再到大寒这天，带着孩子们读《江雪》时，我就要说说儒家精神，说说孔子的“道不行，乘桴浮于海”，说说苏轼的“小舟从此逝，江海寄余生”。这样，端午节到来时，孩子们一定能更深刻地理解《离骚·渔父》中那个固执的屈原；深秋之后进行杜甫诗词之旅，也必定更能懂得杜甫。

那么，在这样的节气里，走在外面，寒气袭人，吟诵着这样的诗歌，内心里却可以充满力量。

事实是，当我在五年级下学期重上《渔歌子》和《江雪》时，仍然感受到了课程的意义。一上课，我就直奔中心：这两首诗词里的渔父一样吗？王文晓说，不一样啊，《江雪》里的渔父是孤独的，《渔歌子》里的渔父是开开心心的。这个答案显然仓促了些。我让同学们通过诗里的意象来分析两个渔父的不同。

小组讨论之后，孩子们很快就明白，《江雪》里的“千山”无鸟，“万径”无人，就营造出了孤独、清冷的感觉，“孤舟”与“寒江”更让人感到寒冷。在这样的背景下，渔父独钓，就是一种寂寞、孤独和寒冷里的坚持。《渔歌子》里的“白鹭”“桃花”“斜风细雨”几个意象，营造的则是一个诗意的春天，这里的渔父自然是自在、逍遥的。

至此，他们是真正理解了两个渔父的不同。

这时候，我们的孔子课程已经接近尾声。当我再一次问孩子们这两个渔父哪个是儒家，哪个是道家时，他们一看便知。当我问他们喜欢哪个渔父，自己又愿意做哪个渔父时，男孩子大多选择儒家，女孩子大多选择道家。

张云柏说，两个渔父他都喜欢，如果选择的话，他选择儒家的渔父。因为他的梦想是成为一个科学家，如果没有儒家的担当，没有儒家在独孤、寂寞时的坚持，梦想的意义在哪里？生命的意义在哪里？

房宸赓说，他也选择儒家。他的理由是，这个世界需要我们，他军事家的梦想是为造福社会的，他喜欢担当。

李沂晓说，她还是喜欢逍遥、自在的生活，但这并不代表着她没有自己的梦想。

我说是啊，儒家的理想是改良社会，道家的理想是寻求内心的宁静，所以，我希望你们能把儒、道两种思想都融入你们的生命里，作用于社会的同时，永远保持自己内心足够的宁静，有“独钓寒江雪”的执著坚守，也要有“斜风细雨不须归”的浪漫情怀。

从农历课程到孔子课程，一年多的时间，我确实看到了孩子们的成长。

班级故事：冬天的告别

在这个冬天里，我们共读了苏联作家维·比安基的冬季《森林报》，这是一套世界科普名著，分为春、夏、秋、冬四本。随着冬季《森林报》里作者的描述，我们去了俄罗斯森林，到雪地里辨认各种动物留下的神秘符号，了解了动物们冬天的生活习性。利用中午二十分钟的午读时间，我们分享着作者带给我们的快乐：严寒的冬季里，没有翅膀的小蚊虫从土里钻出来，光着脚丫在雪地上乱跑……

在这个寒冷的冬天里，周末下雪时，我们一起去滑雪场滑雪。被白雪覆盖的山丘，坐在滑雪圈里从山顶冲下来的那一刻，套上滑雪板迈出去的第一步，和这个冬天里吟诵过的诗词一样，永远地留在了这个季节。

补记

放寒假前，应该和冬天的诗歌做个告别：把诵读过的诗全部串起来，和我们的生活编织在一起，是回顾，也是展望。

整理这本书的时候，我也意识到了另一个问题：怎么就没在阅读冬季《森林报》的时候，和孩子们一起，也同时制作我们班级的《森林报》？冬天里的诗歌，冬天里的阅读，如果能再和冬天里的观察、写作结合起来，孩子们对大自然的感觉一定更加敏锐。这段冬天的旅程，也就有了深度。

第二章 春 天

斜风细雨不须归

我们将以什么样的名字，开始一段新的旅程？

如《永远也讲不完的故事》中的巴蒂斯安，一声“月亮仙子”，他进入到一个新的世界；而新的命名，幻想王国才得以拯救。

经历了一个冬天的蕴蓄，春天，一切都要重新开始。

这段旅程，会让人流连忘返。

“斜风细雨不须归”——没有比这更合适的名字了。

第一节 立春 雨水

2008 年 2 月 4 日、2 月 19 日分别是立春和雨水，这两个节气都在寒假中。

生命之旅：寒假温情

假期里，我专门为孩子们编写了一份《在农历的天空下憩息》的册子，先是写给家长的一封信，然后是选编的十首梅花诗词（每首后面有注释）：王冕的《墨梅》、林逋的《山园小梅》、高启的《梅花诗》、贡性之的《梅》、李商隐的《十一月中旬至扶风界见梅花》、姜夔的《暗香》和《疏影》、陆游的《梅花绝句》和《卜算子·咏梅》、毛泽东的《卜算子·咏梅》。还有两首关于春节的诗：苏轼的《守岁》和王安石的《元日》，两首关于元宵节的诗：欧阳修的《生查子·元日》和辛弃疾的《青玉案·元夕》。

在信的末尾，我告诉孩子和家长们，教室里的梅花依然散发着芳香——让我们在梅花诗词里回味吧；立春之后，春节要来，元宵节要来——也让我们在古诗词里感受一种诗意吧。所以，我们这个假期的作业是：在“农历游记”的本子上，抄写我精心选择的诗词，背诵，并配上画。在农历的天空下，让我们在古典诗词里畅游。

假期里，我通过家校通每天都提醒孩子们背诵。

2008年2月19日，是雨水。我发出了这样的短信：

> 同学们注意到今天温度的变化了吗？前几天最低气温在零下几度，今天的最低气温已升至零度。
>
> 今天是雨水，意思是降雨开始，小春管理和大春备耕都应抓紧进行。雨水之后气温一般可以升至零度以上。
>
> 在网上，干老师特意留给我们关于雨水的一首诗：

春园即事

［唐］王维

宿雨乘轻屐，春寒著弊袍。
开畦分白水，间柳发红桃。
草际成棋局，林端举桔槔。
还持鹿皮几，日暮隐蓬蒿。

干老师解释说，这是何等逍遥的闲士生活啊！昨夜春雨之后，天气有些寒冷，那就穿上木屐，披上已经破旧的袍子，到外面去走走吧。田野上，一片早春景色。田间开了决口，在放着过多的积水；红柳与新开的桃花相间，格外赏心悦目。于是和朋友在青草上摆开棋局，却并非为了一决胜负，而只是为消磨这春日的闲暇时光。远远的，树林间有汲水的桔槔在上下举动，想必那是低洼田间的农人，在辛勤地将水排除。而隐居于乡村的诗人，坐在鹿皮制成的可随身携带的小凳上，和朋友下下棋，一直到太阳落到蓬蒿之中。

把这首诗抄在你“农历游记”的本子上吧，注明日期，注明今日是“雨水”。多读几遍，看看能不能背下来。

雨水无雨，就用这奇妙的唐诗，飘几滴文字的清雨吧。

假期里，除了诗歌，还有音乐。通过家校通，我还发出了这样的信息：

刚吃过早饭，就接到吴泽同的电话：“常老师，葫芦丝的手指颤音和滑音我都会了，我用上这些技巧吹一首《友谊地久天长》给你听，你可以在音乐中放松一下，好不好？”

然后，音乐就在电话里响起来，悠扬、空灵、深情。

《友谊地久天长》，这是古老的苏格兰民歌，是我最喜欢的华尔兹音乐之一。音乐能穿透一切啊，我深深陶醉了。仿佛看到电话那端的同同，怎样投入地吹奏着——他不仅在享受音乐，更在音乐里融进了自己的爱。“我在建造一座天堂。”亲爱的同同啊，你在建造一座音乐的天堂，让每个你爱的人，还有爱你的人都被音乐环绕。

同同的电话，是我这个假期得到的最珍贵的礼物。

当初让大家学吹葫芦丝，请徐老师从零开始教你们，只希望音乐能成为你们生活的一部分。真的没想到啊，几个月之后，你们就馈赠给我这么丰厚的礼物。真正热爱音乐的孩子，内心的世界，一定格外丰富吧？

就像同同。

音乐、诗歌、书籍、科学实验，还有他无限热爱的小汽车玩具，构成了同同丰富的寒假生活。

他是所有美好的中心
写着美丽的诗篇
倾诉着美丽的梦想
谢谢你，亲爱的同同。

那天，同同妈妈的电话打过来，说这是她和儿子得到的最珍贵的新年礼物。

快开学了，我又发出了这样长长的一段文字：

当教室的一角，添了一盆芳香四溢的腊梅时，我们的梅花诗词之旅也就开始了。

那么，从今天晚上开始，请同学们和爸爸妈妈一起，重温我们背过的梅花诗词吧。也许，你们要开一个家庭梅花诗词朗诵会；或者，你独自吟诵，让属于你的梅花静静开放。

"江南无所有，聊赠一枝春。"烟柳繁华地的江南，陆凯真的没有什么带给范晔吗？除了这"一枝梅"，这份礼物"轻"还是"重"？请你们自己来思考吧。

"一树寒梅白玉条，迥临村路傍溪桥。"这一树寒梅，远离了喧嚣和热闹，就那样静静地绽放着它的美丽。

"万木冻欲折，孤根暖独回。"在这个寒冷的冬日里，重温这句诗，你读出的是孤独还是温暖？"前村深雪里，昨夜一枝开。"你心中也有一枝梅吗？永远那样亭亭地开放着吗？

"不要人夸颜色好，只留清气满乾坤。"你心中的梅花，可有这样的志气？

"忽然一夜清香发，散作乾坤万里春。"生命的力量是要一点点积蓄的，你能从这句诗里读出一种生命的从容吗？

"疏影横斜水清浅，暗香浮动月黄昏。"你心中的梅花，是否也如此优雅？

"琼枝只合在瑶台，谁向江南处处栽。"谁说只栽在了江南？我们身在江北，也分明看到了那"高士"，那"美人"——你是否真的看到了？

"旧时月色，算几番照我，梅边吹笛。"月亮、梅花、笛声——很多年后，美妙的意境里，你还会想起今天和你畅游在梅花诗词里的人吗？

“苔枝缀玉，有翠禽小小，枝上同宿。”整首词的五个典故里，你最熟悉哪个故事？哪一句，又深深地打动了你？

“零落成泥碾作尘，只有香如故。”陆游这首词，字字珠玑，烂熟于心吧。将来的某一天，你一定会真正理解的。

“俏也不争春，只把春来报。”你读出毛主席诗里的豪迈与大气了吗？你心中的梅花，也有这种豪迈和大气吗？

后来，家长告诉我，因为这样的文字提醒，孩子们每天都很自觉地吟诗读书。元宵节是开学的前一天。那天一早，我给孩子们发出了这样的短信：

元宵节快乐！今天，就背背《在农历的天空下憩息》中关于元宵节的两首词吧。对照着解释，尽量去理解词里面表达的情感。

下午，我拨通了一个孩子的电话：“浩文，两首词背过了吗？”

“我背给你听啊。”不知道男孩子是急着要放鞭炮呢，还是有什么别的事情，声音急急的，欧阳修的《生查子·元日》几乎连标点都省略了。

我笑着打断了他：“不要着急啊，欧阳修听你这样背他的词，会很不开心的。”

男孩子笑了，语速慢下来，声音里也充满了磁性——

生查子·元日

［宋］欧阳修

去年元夜时，花市灯如昼。
月上柳梢头，人约黄昏后。
今年元夜时，月与灯依旧。
不见去年人，泪湿青衫袖。

“能说说意思吗？”

“就是说，去年元宵节的夜晚，花市上的灯把天空照得像白天一样亮。他和朋友约好了，就在这个时候见面，一起去看灯。今年元宵节的夜晚和去年一样，可是，朋友不知道哪里去了，他很难过，哭得衣服袖子都湿了。”

“哈哈，今天晚上你和谁去看灯？”

“爸爸妈妈，还有几个好朋友。”

“这就叫‘月上柳梢头，人约黄昏后’哦，再背背辛弃疾的《青玉案·元夕》吧。”

青玉案·元夕

［宋］辛弃疾

东风夜放花千树，更吹落、星如雨。宝马雕车香满路，
凤箫声动，玉壶光转，一夜鱼龙舞。
蛾儿雪柳黄金缕，笑语盈盈暗香去。众里寻他千百度，
蓦然回首，那人却在，灯火阑珊处。

“嗯，背得真好！能说说意思吗？”

“嗯……反正就是说元宵节晚上很热闹，灯也很多，最后一句就是说，他找的那个人，找了很久，一回头，才看见他就在灯火深处。”

“哈哈！不错了！明天再看看我给你们的解释吧，祝你元宵节快乐啊！”

放下电话，给所有的孩子发了个短信，表扬浩文诗背得很好。

一会儿，接到晓辉的电话：“常老师，元宵节快乐！我所有的诗词都背熟了，你点吧，点哪首我背哪首。”

呵呵，真是自信啊！

先让他背了《青玉案》——那真是叫好，语调抑扬顿挫，有情有趣的。然后让他背了最难背的两首：苏轼的《守岁》和姜夔的《暗香》，没想啊，小伙子背得那个好！欣喜之余，又发短信给所有的孩子，把晓辉好好夸奖了一番。

两分钟之后，志达的电话打过来：“常老师，你感冒好了吗？我所

有的诗词也背过了，你也点吧，点哪首我背哪首。”天哪！

让他背了两首，然后发短信如下：

刚刚听志达给我背了元宵节的两首词，那是世界上最美的声音哦！比任何音乐都好听！同学们，不要再在电话里背给我听了，后天开学后再背吧。出去玩吧，赏灯，或者放烟花，祝你们玩得开心！

呵呵，那也叫“东风夜放花千树”啊。

当我敲着这些字的时候，收到了吴泽同妈妈的短信：

敬爱的常大姐，您老辛苦了！今晚的焰火真美！快出来看吧！

我回复如下：

老人家我在灯火阑珊处，为你们编织着明天的词语。“东风夜放花千树”的美景，请为我存在心里吧。

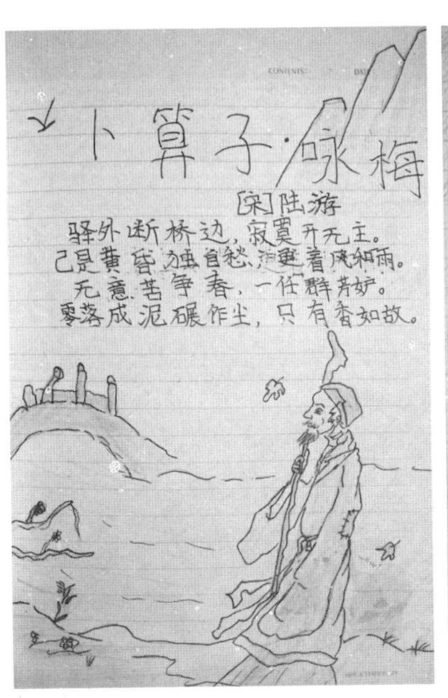

班级故事：开学第一天

早上来到学校，见到的第一个孩子竟是聪聪。小家伙真是精神啊，眼睛亮亮的。“常老师好，我的诗都背过了！”

呵呵，这么着急地和我说这句话，其实心里满是骄傲呢。

一早接到的电话，也是聪聪妈妈的。“常老师，新学期好。今天一定很忙吧，我没事，就是问候一下。聪聪诗词背得很好，英语背得很一般，这个学期，您又要为这个孩子费心了。我不说了，您忙去吧。”

其实很感动。心里也告诉自己，这个学期，一定要给聪聪更多一些关注，让他每天的状态，都能明媚如这个早晨。

孩子们陆陆续续来到了，和我预想的不一样，大部分孩子来到之后就互相询问：你的诗词背过了？英语也背过了吗？然后，就拿出本子开始背起来。同桌之间，也开始互相检查。

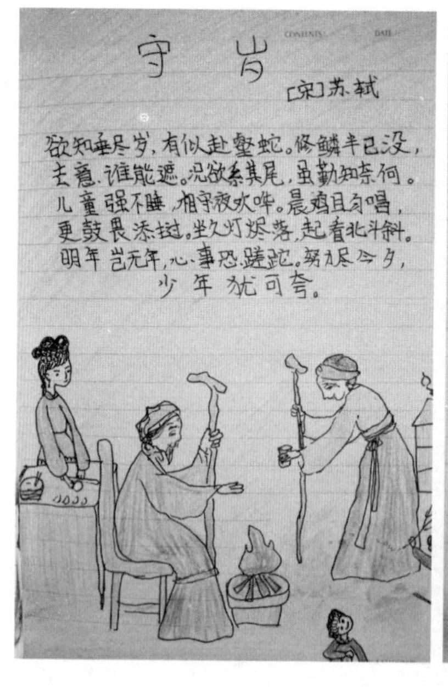

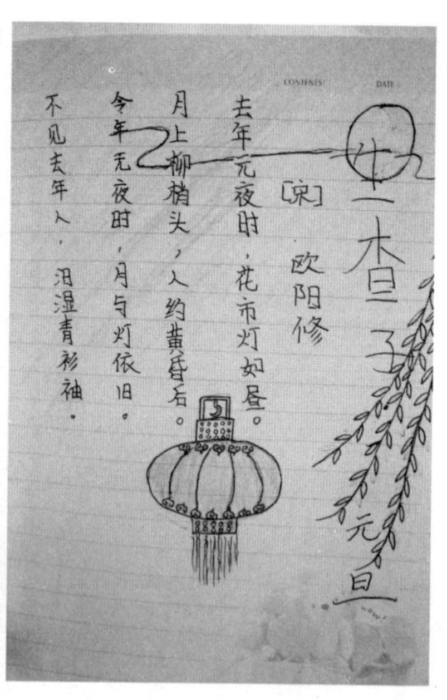

“孩子们，你们准备好了吗？”黑板上的字，似乎也在无声地提醒着大家。

邻班的教室里，响着班得瑞的音乐，一直传到我们教室里。

昨天的教师集会，我很深情地讲述了《一个孩子，每天向前走着》，看来，老师们也要和孩子们一起，每天向前走去了。几位老师问我要第一节课做的幻灯片，开机，共享文件，又忙了一阵子。

上课铃响了。

“孩子们，你们准备好了吗？”

“准——备——好——了——”

“准备好什么了？”

“背诗给你听啊！”“迎接每一个明天啊！”“迎接新的开始啊！”

呵呵，那么，我们这就开始吧。

先让我们重温一个故事，这个故事是从干老师那里拿来的。有人分别问三个石匠在做什么，第一个石匠有点无奈地说：“我在挣钱养家。”第二个石匠一边忙着手里的工作一边回答：“我在做世界上最好的石匠活。”第三个石匠目光炯炯地说：“我在建一座教堂！”请问，这个假期，你是在建一座教堂吗？你建了一座什么样的教堂？

孩子们笑了，但也在静静地思考。

当我试图让聪聪起来回答时，他摇摇头拒绝了我。我笑了笑，没说什么。已经有很多孩子举手了，音乐的教堂啊，书香的教堂啊，诗歌的教堂啊，书法的教堂啊，孩子们的回答大致如此。

然后，我说，你们知道吗，这个假期，常老师建了一座很大很大的教堂，那个教堂里，有你们每个人的名字，有你们每个人的笑声。每天，当我发短信的时候，你们的名字就会出现在我面前，那座教堂就会大起来，亮起来，我就会在心里，轻轻地呼唤你们的名字——

用了世界上最轻最轻的声音，
轻轻地唤你们的名字每夜每夜。
写你们的名字，画你们的名字。
而梦见的是你们的发光的名字：
如日，如星，你们的名字。
如灯，如钻石，你们的名字。
如缤纷的火花，如闪电，你们的名字。
如原始森林的燃烧，你们的名字。

刻你们的名字！刻你们的名字在树上。
刻你们的名字在不凋的生命树上。
当这植物长成了参天的古木时，
啊，多好，多好，你们的名字也大起来。
大起来了，你们的名字。
亮起来了，你们的名字。
于是，轻轻轻轻轻轻轻轻地唤你们的名字——

我读得很轻很轻，教室里很静很静。“吕科文”，当我轻轻呼唤出第一个孩子的名字时，吕科文愣了一下，所有的孩子都愣了一下。我只是微笑着，轻轻呼唤出下一个孩子的名字，他们也只是笑着，不应答。聪聪，当我叫出聪聪的名字时，聪聪歪着小脑袋，笑了。不知道是从谁开始，轻轻地答了一声“在”。

“王梦尧。”

“在。”

“房宸赓。”

“在。”

哦，“在！”我忽然喜欢上了这个字。你在那里，他在那里，这比什么都重要啊。“到”，是对指令的回应，“在”，是心灵的默契啊。

一个名字，又一个名字，我的眼眶，竟有些湿润了。这些可爱的孩子啊，你们在这里，我在这里，我们将共同走过一段什么样的旅程呢？

后来，吴泽同告诉我，当他听到我叫他的名字时，他有一种奇怪的感觉。他说，也不知道是激动，还是感动，反正，他第一次感到自己的名字是那么好听！

我也没想到啊，就在这样的呼唤中，他们的名字，就这样亮起来了！

接下来，就是我们的诗词之旅。先请几个孩子单独背，特意请聪聪背了最难的一首《守岁》，他果真背得很好，同学们自然地给了他掌声。晓辉和张旭从容不迫的语调，是我最为欣赏的。然后同桌互相背，背过的，我就郑重地把他们的名字写在黑板上。黑板的左上角，写着一行字：优秀学生名字（老师为你们感到骄傲！）。

没想到啊，聪聪竟然第一个背完了十四首诗词，他的名字，就这样被写在了第一个！

一会儿工夫，黑板上写下了 31 个孩子的名字。还有五个孩子差几首没背好，名字没写上。一个孩子哭了，也许是羞愧吧。我说，假期作业没有完成好，无法写入优秀，你自己要为自己负责。

看着黑板上的名字，孩子们似乎格外开心。

看啊，我说，刻你们的名字，在不凋的生命树上。你们的名字啊，就这样大起来了，亮起来了！今天的你们是优秀的，只要不断努力，不放弃理想，明天的你们也一定是优秀的。那么，优秀学生的标准是什么呢？

这时候，下课铃响了。

等到再一节语文课，我把精心设计的“优秀学生标准”——也是从干老师那里拿来的，发给孩子们，我稍微做了一点修改。温暖的玫瑰红底色，有柔软的枝条伸过来。

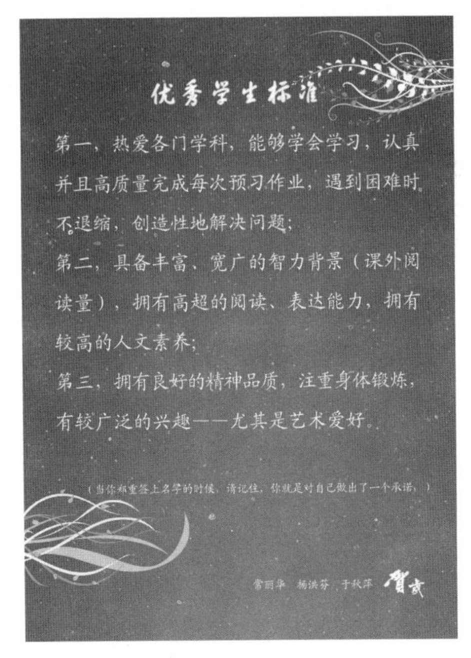

优秀学生标准

第一，热爱各门学科，能够学会学习，认真并且高质量完成每次预习作业，遇到困难时不退缩，创造性地解决问题；

第二，具备丰富、宽广的智力背景（课外阅读量），拥有高超的阅读、表达能力，拥有较高的人文素养；

第三，拥有良好的精神品质，注重身体锻炼，有较广泛的兴趣——尤其是艺术爱好。

（当你郑重签上名字的时候，请记住，你就是对自己做出了一个承诺。）

常丽华 杨洪芬 于秋萍

我逐条做了解释，然后让孩子们静静思考：哪些是你具备的？哪些是你现在不具备的？这时候，聪聪又处于游离状态，我拍了拍他，他似乎也看不进去。

稍作讨论，我问大家：你愿意朝着这三个目标去努力吗？如果你愿意，请举手告诉我。

孩子们毫不迟疑地举起了手。聪聪也举起了手。

我接着说：你觉得，经过我们半年的共同努力，你能达到这些标准吗？如果你觉得能，请举手告诉我。

有几个孩子迟疑了，没有举手。聪聪也没有举手，只是偷偷看我的表情。

我说，如果你觉得有困难，请及时告诉我和你的爸爸妈妈，因为在这个过程中，你不是一个人在努力，是我们共同在努力。如果你愿意为之努力的话，请你郑重地签上你的名字，请记住：这是你对自己的一个承诺。

没想到啊，所有的孩子，包括聪聪，毫不迟疑地拿起笔，认真地签上了自己的名字。他们一定知道，在通往"优秀"的路上，他们永远不会孤单。

就这样，开学的第一天，孩子们给了自己一个承诺。

然后我们上路。在路上，这个承诺将不断被提及，不断被印证，直到它成为引导孩子行动的力量。

而他们每个人的名字，就在与这个承诺融为一体的时候，会大起来，会亮起来。

晚上，我给家长的短信里，对那些优秀的孩子提出了表扬。一会儿，收到聪聪爸爸的短信：

> 谢谢你的鼓励。优美的诗词让孩子过了一个高雅的春节，我相信这些诗词对孩子一辈子的影响。这种高雅，也同时给予了我们家长。请您放心，我们会继续努力的！

我回复道：

> 聪聪的名字，排在 31 个优秀学生的第一个。高期待 + 细致地跟进，他的名字，一定会更大，更亮。也请您放心，我也会继续努力的。

诗词故事：斜风细雨不须归

张志和的《渔歌子》，是课本上的一首词，春天的诗词之旅，是从这首词开始的。

渔歌子

［唐］张志和

西塞山前白鹭飞，桃花流水鳜鱼肥。

青箬笠，绿蓑衣，斜风细雨不须归。

课堂上，我从检查预习开始，带着孩子们一步一步走进这首词里。预习单如下：

1. 读熟这首词。会写这首词里的生字。能借助注释理解这首词的意思。

2. 这首词就是一幅画，这是一幅什么样的画？画里面都有什么？

3. 作者为什么“不须归”？结合陶渊明的《归园田居（其三）》理解。

归园田居（其三）

［晋］陶渊明

种豆南山下，草盛豆苗稀。
晨兴理荒秽，带月荷锄归。
道狭草木长，夕露沾我衣。
衣沾不足惜，但使愿无违。

诗意解析：我在南山脚下种了一些豆子，豆田里的草很茂盛，豆苗却很稀疏。每天早晨，虫儿细语伴我到田间除草；夜晚，月儿陪我扛着锄头回家。回家的路啊，非常狭窄，草木又很茂盛，夜晚的露水沾湿了我的衣服。但是，衣服沾湿了有什么关系呢，只要我的愿望没有违背我的本意。

课堂上，先是检查预习。说到“蓑”这个字时，我顺便讲了讲它的结构：字的下半部分是分开的“衣”，中间加了“口”和一道横，说明是衣服破了需要补一补；上面加草字头，意思就是用草编成的衣服，风吹雨淋很容易破损——这么一说，孩子们就理解了蓑衣。

“这是属于春天的一首词，从哪里可以看出来？”

“从桃花能看出来。”刘志达说。

“还有，从‘青’和‘绿’也能看出来，”王文晓说，“这个渔父穿的和戴的，一定是刚刚编好的箬笠和蓑衣，是用春天新生的竹篾和草，否则，风吹日晒雨淋，箬笠和蓑衣的颜色一定不是‘青’和‘绿’，而是灰扑扑的了。”

嗬，真为她骄傲。这两个字，竟是我备课时没有想到的。后来他

们自学“大漠孤烟直，长河落日圆”这句诗，孩子们已能说到，沙漠之广袤，非一个“大”字所能表达。大漠之中，烽火台点燃的烟火，“孤”和“直”衬出沙漠之“大”；苍凉的景色里，一个“圆”字，又让人感到一丝温暖。

在浩瀚的古诗词里，在春天的意境里，我们真的可以渐行渐远。

接下来就进入到了诗歌的学习中。在指导学生读出节奏后，第二步就是读出感情。

“这首词本身就是一幅画，这是一幅什么样的画？画里都有什么？”

这是一幅美丽的风景画，有山、白鹭、桃花、流水、鳜鱼——孩子们一看就能知道。仅仅十四个字，作者就为我们勾勒出了一幅淡雅的山水画，远处的青山和白鹭，近处的桃花、流水和鳜鱼，动静交织，让人仿佛置身其间。文字真是奇妙，当我们从这十四个字里看到一幅画，然后再用幻灯片里的图画来印证文字时，孩子们说，无论什么样的画，都不及他们脑海里的画——诗词的意境，孩子们已经能感受到。他们对诗词，已经敏感起来了。

“这幅画里还有一个人，就是这个钓鱼的渔父。”吴泽同补充说。

“那么，这个渔父为什么不须归？”

这一问，孩子们还是有些愣住了。为什么？因为有雨具？因为没有钓着鱼？因为只是“斜风细雨”？虽然预习中让孩子结合着《归园田居》理解，还是没有孩子能说到。种种猜测后，我简单介绍了张志和因事被贬后就弃官回家，从此一叶小舟在江上飘荡，自称为“烟波钓徒”的故事——至此，孩子们就知道了，渔父就是诗人自己。然后，我们就讲到了陶渊明的《归园田居》：“种豆南山下，草盛豆苗稀。晨兴理荒秽，带月荷锄归。道狭草木长，夕露沾我衣。衣沾不足惜，但使愿无违。”

不知道几次听干老师讲这首诗了，每次听到最后，总是忍不住掉泪。一个用生命诠释这首诗的人，一个新教育的“农人”，在这片园子里，“衣沾不足惜，但使愿无违”；过着最简朴的生活，只为自己热爱的那棵草，那株豆苗，也像渔父一样，“青箬笠，绿蓑衣，斜风细雨不须归”。

当刘心雨流畅地说出这首诗的意思时，孩子们给了她热烈的掌声。

“陶渊明为什么说衣服沾湿了也没有关系啊，因为他的本性就是热爱大自然的。张志和为什么斜风细雨不须归啊？”

孩子们恍然大悟：原来，他的本性也是热爱大自然的。

这时候再读《渔歌子》，孩子们就能把词里面的安静读出来了。

从这首词开始，我把“以己证诗”的武器带到孩子们面前。

“我们如何用自己的生命体验来印证这首词？‘西塞山前白鹭飞，桃花流水鳜鱼肥。’春天多美啊，你能看到吗？如果不能，是什么遮蔽了你的眼睛？‘青箬笠，绿蓑衣，斜风细雨不须归。’我就是这个渔父啊，这间小小的教室里，有我的梦想。外面的喧哗和热闹与我何干？”这时候的幻灯片里，是我给孩子们上读书课的情景，“过一种幸福完整的教育生活，就是我所能拥有的最好的生活，在这样的生活里，斜风细雨不须归。”

“这样的生活，我们是否也可以拥有？”稍作停顿，幻灯片里，是我们共同生活的场景。

“我们遇到了那么多伟大的故事，在那些故事里，我们沉醉其间，流连忘返；我们已经不渴望豪华的玩具，名牌的服装……和故事里的人物对话，和他们同悲同喜，这时候的我们，就是——”

听我说到这里，孩子们就轻轻地吟诵出来——“斜风细雨不须归。”

我继续说，我们继续回忆着……

“我们写下了那么多的日记，我们和自己的心灵对话，聆听着自己的声音；用文字，我们留住了童年，也让童年有了斑斓的色彩。每一次写日记，都是灵魂最舒展的时候，这时候的我们，就是——”

“斜风细雨不须归。”

孩子们再一次轻轻吟诵，这句词，似乎就立在了他们面前。

“我们背诵了那么多诗歌，从儿童诗到古诗词，特别是寒假里，当很多孩子的笑声从你楼下传上来的时候，你仍旧沉醉在属于你的梅花诗词里，这时候的我们，就是——”

“斜风细雨不须归。”

这一次吟诵，几个孩子的嘴角露出了微笑，一定是骄傲于那刚刚过去的日子吧？

“我们的每一节课，开始充满了智力挑战。课堂上，我们更加投入，认真地迎接着老师抛出的一个又一个问题，我们思考，我们讨论，这时候的我们，就是——”

“斜风细雨不须归。”

幻灯片里演示的，就是昨天课堂的照片。孩子们笑了。

“我们练习书法，我们吹葫芦丝，我们走进大自然，我们热爱一切美好的事物，也痴迷于一切美好的事物之中，这时候的我们，就是——”

“斜风细雨不须归。”

最后一遍吟诵，感觉每一个字都醒了过来，它们唤起了孩子们的体验：原来，这真的就是我们的生活。

既然这就是我们的生活，那么，就这样上路吧！

诗词故事：曾为梅花醉似泥

开学后，我们用了几个晨诵的时间，温习了假期里背过的梅花诗词。陆游和李商隐的两首诗我尤为喜欢。

梅花绝句

［宋］陆游

当年走马锦西城，曾为梅花醉似泥。
二十里中香不断，青羊宫到浣花溪。

十一月中旬至扶风界见梅花

［唐］李商隐

匝路亭亭艳，非时裛裛香。素娥惟与月，青女不饶霜。
赠远虚盈手，伤离适断肠。为谁成早秀？不待作年芳。

我告诉孩子们，这么多梅花诗词里，我最钟情于陆游那句“曾为梅花醉似泥”。不知道在一个人长长的一生里，会有几次“曾为梅花醉似泥”的时刻？一腔爱国之志的陆游，也不过偶有空闲之时，痴一次，醉一次。

可是，我怎么知道，当他写下“王师北定中原日，家祭无忘告乃翁”时，是不是也为他终生的理想痴痴迷迷呢？那一刻，是不是也是他“曾为梅花醉似泥”的时刻？欢乐或者悲伤，都源于你心中的梦想。为梅花而醉，为理想而痴，都是一样的。就像干老师，那么多寂寞的日子，他书写着自己的梦想，每一个日子里，“曾为梅花醉似泥”。就像马玲老师，几乎在每个凌晨之后，每一场盛宴都在她的指尖流过，万籁俱寂的时候，“曾为梅花醉似泥”啊。

当我说这些话的时候，孩子们仿佛又一次看到了他们熟悉的干老师和马老师——2006 年的 5 月份，干老师和马老师曾经来到我们教室，和孩子们共同生活了一个星期。

“曾为梅花醉似泥”，我的这些孩子们，什么时候才能沉入这种境界里？这些诗词的熏陶，又能给予他们什么呢？

虽然现在我还看不出来。但是，我相信岁月，我相信种子。

一读李商隐的诗，孩子们就笑起来，他们都知道我喜欢那些美妙的叠词：“‘亭亭艳’，‘袅袅香’——呵呵，真是美妙的词语啊，你仿佛看到梅花的姿态，仿佛也能闻到它的香气。只是，它开得太早了呀。”我陶醉其中。

“是啊，是啊，十一月中旬，是太早了。”一个孩子说。

“我估计是在这里送别朋友呢，不愿意朋友走，就埋怨梅花开得早。”吴泽同对诗的感觉真是好。

“埋怨梅花开得早，埋怨嫦娥只待在月亮里，埋怨主管风霜的女神只懂得下霜——内心里的不愿离别啊，就这样刻画得淋漓尽致。可是，终究要分别，送什么好呢？‘空’与‘满’，都让人心碎。”我轻轻地表达，孩子们就这样静静地感受。

“最后还是转到梅花上，你这么早开放是为谁啊？为什么不在梅花竞相开放的时候开？这一问，问得人肝肠寸断。”说到这儿，我竟有些哽咽。

最后，我请同学们把所有的梅花诗词合起来读一遍，那朗朗的声音，如天籁一般，是最美的诗词。我听着，痴迷着，一时间，竟恍恍惚惚——真是“曾为梅花醉似泥”啊。

曾为梅花醉似泥——梅花诗词之旅，就这样画上了一个句号。

补记

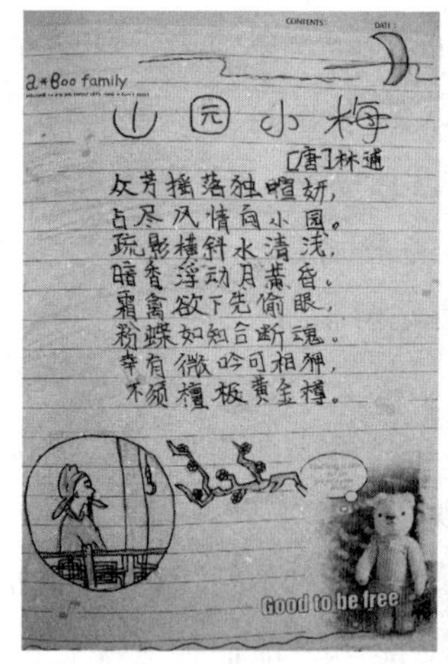

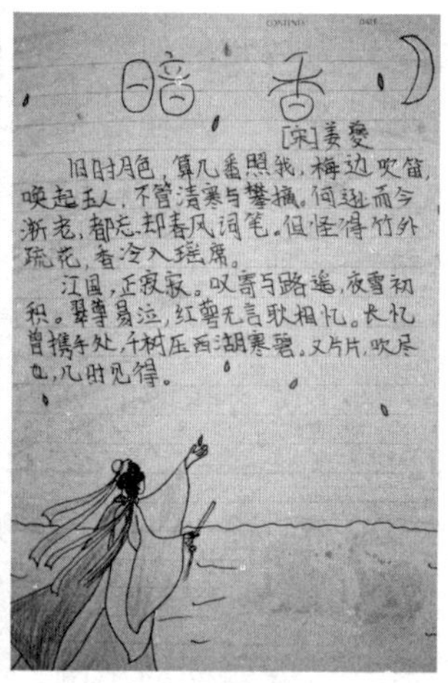

放假时，那盆腊梅花也落了，我把它搬到家里。春天来临时，它长出了葱茏的叶子。当冬天再一次到来时，嫩黄的花苞，点缀在绿叶之间——来年的小寒那天，我要把它再搬到教室里，告诉孩子们，这就是生命，这就是轮回。一朵花，就是一个许诺的奇迹，它看到了我们每个人的成长。四季变化，岁月轮回，很多东西都变了，可是它没变，它依然是我们吟诵过的“众芳摇落独暄妍，占尽风情向小园。疏影横斜水清浅，暗香浮动月黄昏”。这就是一种诗意的存在，是我们所能拥有的诗意的生活。

后来听陈美丽老师的梅花诗词课程，感觉她课程的意识更强一些：从自然之梅、生命之梅到人格之梅，以“梅花三弄”串起来。而我带

着孩子们走过的这段旅程，还是随意了些。如果再带一轮，我会按照梅花开放的时间顺序分三段来进行：早开的梅花、盛开的梅花、开败的梅花，把梅花和我们的生活编织的同时，让梅花的意象凸显出来。

诗词故事：一朵花，就是一个承诺的故事

唯有岁月，才能给种子以证明。

孩子们很是爱惜冬至那天放在教室里的水仙。每天，他们都记得给它们换水，有太阳的日子，就搬出去让它们晒晒太阳。可是，一天又一天，水仙怎么也不开花。只有那碧绿的叶子，一天天执著地生长着。

孩子们似乎有些失望："也许，我们放假时看不到它们开花了吧？"

直到期末考试那天，一早，孩子们惊异地发现，水仙终于开出了两朵花！洁白的花瓣，嫩黄色的花蕊。

孩子们惊喜不已。

就是这两朵花，见证了孩子们在考场上的优异成绩。

一朵花，就是一个承诺的故事。

放假那天，水仙已经陆续开出了六七朵花。

假期里，我把它们搬回家。春节过后，是它们最灿烂的时刻，多少朵花啊，挨挨挤挤地开放着。可惜，孩子们终究没有看到。

最灿烂的时刻，也是它落幕的时刻。人生也大抵如此。

可是，它"水上轻盈步微月"的姿态，毕竟永远留在孩子们心里了。

开学后第三天的晨诵，就来读这首诗。电脑里的它，似乎含笑告诉孩子们，只要你愿意，就可以永远拥有"水上轻盈步微月"的时光。

王充道送水仙花五十枝

［宋］黄庭坚

凌波仙子生尘袜，水上轻盈步微月。
是谁招此断肠魂，种作寒花寄愁绝。
含香体素欲倾城，山矾是弟梅是兄。
坐对真成被花恼，出门一笑大江横。

第一句是形容水中仙女“洛神”翩若惊鸿的曼妙神姿，就是写美丽的女仙脚穿罗袜，亭亭站立于水波之上。然后，我就给孩子们讲了洛神的民间故事。而“微月”这个词，在仙子凌波出现的场面里，添加了一个特定的时间：微月之夜。于是，仙子凌波的画面，便又多添了一份幽静与神秘。

第二句作者才将洛神这一水中仙子的形象，转到水仙上来：是谁将洛神美丽凄婉的断肠之魂，愁绝之思，又用怎样的法力，变作如此美丽的“寒冬之花”？

接下来，诗人便素描水仙了：“含香体素欲倾城，山矾是弟梅是兄。”水仙，除叶若碧玉，茎与花都是白色，花有奇香，国色天香，一顾倾城。这样的色香俱绝，只有梅花与山矾花，才是它的兄弟姊妹。山矾也是一种南方之花，白色，香气浓烈。

但诗人毕竟也受过“豪放诗人”的影响，在细细地写花之后，却加了另外一个特殊的尾巴：“坐对真成被花恼，出门一笑大江横。”

坐对着水仙花的清绝，联想到洛神，人竟然变得多愁善感起来，于是出门，便见大江横于眼前，令人心胸陡然开阔，直可为之大笑一声。

讲到这里，孩子们笑了。然后，我们再读，从细腻到豪放，从多愁善感到英雄本色，孩子们用声音，准确地传达了诗歌的意义。

第二节 惊蛰

2008年3月5日是惊蛰。太阳继续向南回归，黄经此时在345°上。

生命之旅：辛勤劳作

惊蛰前一天，就收到房宸赓妈妈的短信：惊蛰来了！雷声来了！冬眠的动物苏醒过来了！农民要耕种了！你要带着孩子们读什么啊？

四个感叹号，一个问号，慌得我赶紧请教干老师：惊蛰了，什么诗合适啊？

干老师说，就用韦应物的《观田家》吧。

韦应物，这个富家子弟，看到惊蛰后农民的辛苦劳动，想到自己从不劳动却衣食无忧，心里非常惭愧，写下了这首诗：

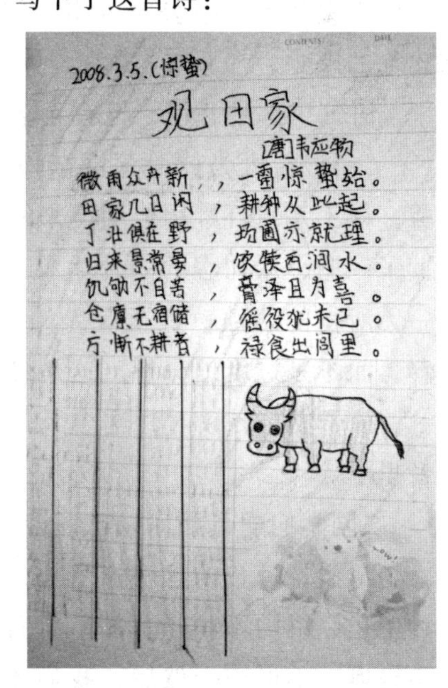

观田家

［唐］韦应物

微雨众卉新，一雷惊蛰始。
田家几日闲，耕种从此起。
丁壮俱在野，场圃亦就理。
归来景常晏，饮犊西涧水。
饥劬不自苦，膏泽且为喜。
仓廪无宿储，徭役犹未已。
方惭不耕者，禄食出闾里。

晨诵时，我先简单介绍了惊蛰的特点，然后就带着孩子们走进这首诗。全诗分为三个部分，第一、二两句写惊蛰这一天的风景：雷总是伴随着风雨的，一树树的花儿被雨水洗刷得格外新鲜。

“你能看到初春的一片生气吗？请把你看到的读出来——”

语调里，是一声雷的惊喜。

接下来十句写的就是惊蛰之后农人们的忙碌和辛劳：

种田人一年能有多少休闲日呢？刚刚收割过去不久，春耕就又开始了。壮劳力都在田里干活，而不在田里干重活的老人、孩子以及妇女，也把场地及菜圃收拾得停停当当。忙碌了一天的农人回家时，往往很迟，太阳光都过了午。回来时还要把小牛牵到西涧去饮水。过午还来不及吃饭，当然很饿，但自己却不以为苦，心里只愿平安与丰收，所以一场春雨，就会带给自己以欣喜。

“这就是我们的先人啊，面朝黄土背朝天的日子，一场春雨，就能洗净他们所有的辛劳。在这样一个春耕的日子里，请用你的朗读，表达出你的敬意。”

一遍，再一遍；男生读，女生再读。

“可是，一年如此辛苦，农民们的生活究竟怎样呢？仓库里没有储备的粮食，随时有面临饥饿的危险。而另一方面，衙门里还经常要来抓壮丁去从事一些公家的事。想想啊，这是怎样的一种生存状态！读出你的感觉。”

语气里，是悲愤，也有无奈。

“所以诗人为此而深深惭愧：我这个不耕种的人，吃的喝的用的，哪一样不是老百姓用劳动换来的呢？”说到这里，我从头到尾把这首诗读了一遍，从初春的一片生气，到农民的辛劳和喜悦，再到辛劳之后一无所得的悲愤，直至诗人的惭愧——情感的变化，需要用声音来阐释，而不是过度地分析，这是晨诵的要义之一。

孩子们再齐读时，这个节气里的清新和农民的辛勤劳作就都在声音里了。

“同学们啊，如何以己证诗？想象一下，你就是一个农人，在这样一个早晨，惊蛰的这一声春雷之后，你是否已经醒过来？然后自己耕种不止、饥劬不惧——每一篇课文，就是你耕种的土地；面对未知，不畏惧，不退缩。然后，我们才能用双手向老天祈求幸福，请把你自己放到这首诗里，读——”

这时候的读，是放进了生命体验的诵读：生机，不只是来自大自然，更是孩子们自己的生命。

“以己证诗”，诗歌因此再一次切入进儿童的生命，在这样一个劳作的节气里。

因为这个节气，我从学校的仓库里找出了十几个小花盆，拜托张云柏的爸爸买了一些花种子、菜种子。晨诵之后，我们就郑重地把这些种子种到花盆里，静静地等待着它们破土而出。

孩子们对自己的种子很是惦记，他们开始写观察日记，就像农夫那样，给种子松土、浇水。当种子陆陆续续冒出芽芽时，聪慧的李沂晓率先模仿蔬菜大棚的样子，用塑料薄膜把她和好朋友的花盆蒙起来，然后在顶端戳开一些小孔透气。她说：“这是我们种子的教室，它们对教室的要求很苛刻！”于是，她的那一盆，始终是长得最好的一盆。

这个美丽一万倍的李沂晓啊！

节日故事：“三八”妇女节

2008 年“三八”妇女节是个周六。周五的晨诵，我们重温了孟郊的《游子吟》，学习了他的另一首《游子诗》和苏轼的《萱草》。周五给家长和孩子们的信里，我写下了这样的话：

> 早在康乃馨成为母爱的象征之前，我国也有一种母亲之花，它就是萱草。
>
> 萱草在我国有几千年栽培历史，萱草又名谖草，谖就是忘的意思。古时候当游子要远行时，就会先在北堂种萱草，希望母亲减轻对孩子的思念，忘却烦忧。孟郊有诗为证：

游子诗

［唐］孟郊

萱草生堂阶，
游子行天涯。
慈母倚堂门，
不见萱草花。

一个“倚”字，读来让人心酸。想必已是头发斑白的老母亲，望穿秋水，却不见儿子归来。人长大了，总是要上路的啊，纷杂的尘世里，那么多事情浮泛而来，还有多少时间会想起“倚堂门”的老母？

然而，夏天，当萱草开满山坡的时候，却是满眼黄灿灿的花。一朵又一朵，淡雅地站在端直的青茎之上，点缀在修长的翠叶之间，纤秀的花瓣绽放后向下弯曲，露出饱满的花蕊，黄得晶莹剔透。

萱 草

［宋］苏轼

萱草虽微花，
孤秀能自拔。
亭亭乱叶中，
一一芳心插。

亲爱的同学们，多少年以后，你们也要远离母亲一个人闯荡世界。你们会把母亲花永远种在心里吗？

星期六是“三八”妇女节，请把孟郊的《游子诗》和苏轼的《萱草》背给妈妈听，然后把两首诗抄在“农历游记”的本子上，配上画，同时想一想：种一株母亲花，你开始行动了吗？

这个周末，你能让母亲嗅到那株花的芬芳吗？母亲们，如果您嗅到了，请您写一写，也让我们一起分享您的喜悦。

周一的晨诵，我们温习了这两首诗。然后看家长的反馈，很感动。李新的妈妈写道：

如果时光能够倒流，我愿意永远停留在这一刻。今天，李新让我检查他的英语检查背诵情况，背了没几句，因为不熟，他就有点不耐烦了。我让他背熟以后再找我检查，因为我不想争吵。他居然说：“妈妈，我不想跟你争吵了，这样会伤害我们母子的感情。”说完，自己就去背英语了。我的眼泪“刷”就流了下来，这是幸福的眼泪。常老师我是多么希望你能和我一起分享这幸福的时刻。大恩不言谢，如果说孩子在心里种了一株母亲花，不如说你们在孩子心里播下了爱的种子，让我们做母亲的收获着爱的果实。

李新，这是一个怎样的孩子？一年级，因为住校问题，他不愿意来上学，曾经把数学老师的眼镜一拳打飞；二年级，因为日记问题，家庭战事几乎不断；三年级，每个任课老师都因为他的问题找过我。有一次，刚刚大学毕业的钢琴老师哭着找我说，校长都在听她上钢琴课呢，李新因为弹琴姿势不对，老师只是轻轻拍了拍他的小脸提醒他，他就勃然大怒：你为什么打我？

我和他之间，也不可避免地发生了战争。因为连着几个老师找我，我试图和他谈谈。他似乎知道我要找他谈什么，总是头一扭：我不谈！最终，我发火了，克制不住地说了很难听的话，他背着书包离校出走，我所有的自信在那一刻被他击得粉碎，很长一段时间，我都不知道如何去面对他。

我一直很遗憾自己不懂儿童心理学——如果我懂，李新在成长路上就会少走很多弯路。我后来所做的一切，不过是基于我的本能：我爱他，我爱着每一个孩子，我相信爱能融化坚冰。然后，我把故事带到他面前，把诗歌带到他面前，把音乐带到他面前——其实这还远远不够。从一年级到四年级，四年的时间啊，我们俩是跌跌撞撞走过来的。毕竟，我看到了他的成长，他妈妈也看到了他的成长。

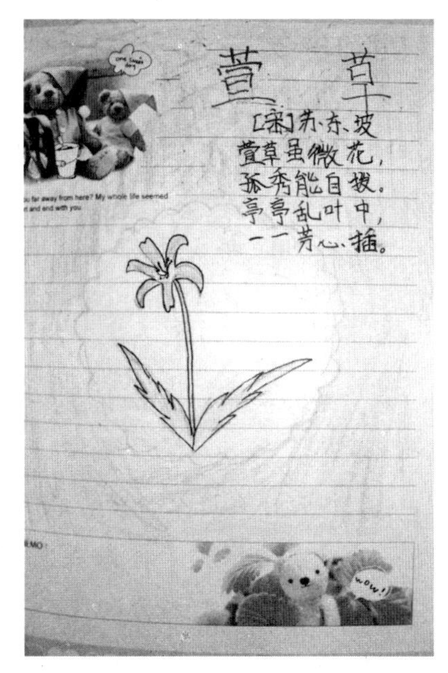

看孩子的日记，更是精彩。他们说，理解了母亲，就是把母亲花种在了心里。崔艺格日记的结尾更是让我惊异，她说：母亲心里的子女

花已经开得异常灿烂，我心里的母亲花却刚刚发芽，那就从今天开始吧，让阳光进来，让爱进来，让理解进来，我相信，用不了多久，我心中母亲花也能芳香四溢。

一个人，如果不知道人性的伟大为何物，心中也没有具体的形象，那么要保留对生活美好的幻想是很困难的。“萱草生堂阶，游子行天涯。慈母倚堂门，不见萱草花。”萱草花，母亲花，子女花，我们吟诵过的诗词，成为我们共同生活中的一个密码，成为美好人性的一粒种子，种植在童年的岁月里。

班级故事：第三次读《夏洛的网》

有两本书，三年级之后是我每年都要带着孩子们重读的。一本是《一百条裙子》，一本是《夏洛的网》。

“三八”妇女节之后，我们第三次读《夏洛的网》。第一次上是三年级，干老师和马老师来我们学校时，干老师用《夏洛的网》来帮助孩子们理解冯友兰的《人生三境界》——在这之前，我们已经读完了《夏洛的网》，也看了这部电影。干老师的那堂课上，孩子们理解得似乎有些艰难。于是，我又自己在课堂上带领孩子们重新再读，主题是“创造生命的奇迹”。那堂课之后，孩子们写下了这样的日记：

2007年5月22日

我眼中的夏洛

胡惠涵

夏洛是一只蜘蛛，一只很不普通的蜘蛛，她属于天地境界。

为什么这么说呢？因为夏洛为威尔伯一次又一次地织网，让威尔伯摆脱了被做成熏肉火腿的命运。为什么夏洛决定帮助威尔伯呢？因为她发现威尔伯是一只善良的、热爱生活的小猪，她于是决定帮助他。

她为威尔伯织了四次网。第一次是王牌猪，因为织了这张网，别人就不会把威尔伯做成火腿了。夏洛的第二次、第三次、第四次网都是织给威尔伯看的。夏洛想让威尔伯了不起，就织了“了不起”，威尔伯真的就感觉自己了不起了；夏洛想让威尔伯光彩照人，就织了“光彩照人”，威尔伯就真的光彩照人了；最后一张网织的是“谦卑”，那时候的威尔伯真的就是谦卑的。

这是夏洛创造的奇迹，她帮助了威尔伯，也提升了自己生命的价值。

夏洛还创造了一个奇迹：做了一个防水的有营养的卵袋，里面有545只小蜘蛛——这是上帝赋予她的使命。

夏洛还改变了谷仓里动物们对蜘蛛的看法。一开始，动物们都不喜欢夏洛，马一见到夏洛甚至晕了过去。后来的情况就不一样了，夏洛挽救了威尔伯，彻底改变了动物对自己的看法。

夏洛就这样度过了自己的一生，度过了春夏秋冬，然后静静地死去了。但是，她却永远活在我心里，活在我们每一个人心里。

一个人活着，只为了挣点工资是没有任何意义的。要活得有意义，就要创造自己生命的奇迹，这是夏洛给我的最大的启示。

如何创造自己生命的奇迹？那堂课上，我只把这个问题留给孩子，没有让他们回答。因为这个问题的答案是需要岁月来验证的。我说，谁是你生命中的夏洛？他为你织了一张什么样的网？你又是谁的夏洛？你曾经为他织过一张什么样的网？

然后，“夏洛的网”就成为我们之间的一个密码。这张网的奥秘就在于：当父母和老师为你织出一张张写有“爱”“坚强”“诚实”“正直”等美妙词语的网的时候，你是否像威尔伯那样，按照那张网去努力了？

那堂课之后，我们又共读了《绿野仙踪》。一周的时间，我们认识了多萝西，又在电影中看到了灰色的卡萨斯，绿色的奥芝国。那是一次奇妙的旅程。在孩子们基本上把书读懂以后，我们又用了三天的时间来排演童话剧。孩子自由组合，自由排练，我只给他们一点提示。读书课上，当孩子们让一幕幕童话剧在我们面前展开的时候，所有听课的老师都赞叹不已。然后，当我把一个个奇妙的信封送到每一个孩子手里的时候，当孩子们打开，看到里面写着的是他们期盼已久的词语，比如“克制”“高贵”“领袖”“汽车大王”等，孩子们开心地笑了。我说，《绿野仙踪》里的稻草人想要一个脑子，铁皮人想要一颗心，狮子想要勇气，这是他们内心的渴望，他们在为这个渴望而努力着，于是，他们就具备了那些美好的品质。你们也一样，只要你们在追求着，我就能看到你们身上的美好品质。而这些词语，就是我为你们织的网——这一次，我做了每个孩子的夏洛。

现在，四年级，我们再一次拿出《夏洛的网》，再一次静静地读，静静地讨论，这次的主题是：一年了，“夏洛”网上的那些词语，内化在你的生命里了吗？

我们一起回顾了故事之后，李新第一个站起来。他说，在《绿野仙踪》的读书课上，老师为他织了一张写有“克制”的网，一年过去了，他虽然努力克制自己的情绪，可有时候还是控制不住地发脾气，让老师也一次次为他而苦恼……说到这里，他哭了。

张云柏说，老师为他织了一张写有“科学家”的网，给予了他很高的期望，可是，他说自己做得还很不够……说到这里，他眼圈也红了。

这就是共同生活的一个个故事，让我们生活在一起，成为真正意义上的“一家人”。

崔淦维说，老师为他织了一张写有“书法家”的网，他在努力地让这张网成为现实。然后他说，在前一段时间的中国少儿书法大赛中，他拿到了一等奖。

孩子们把最热烈的掌声给了他。

对每个孩子来说，老师和父母都是他们的夏洛，我们那么郑重地给他们织了一张又一张网，他们是否按照网上织的那个目标努力着——这是班级生活和家庭生活的意义所在。一首诗，一本书，都要放在时间的河流里，放在老师、家长和孩子共同生活的河流里，才能看到它们的力量。

最后，我拿出早准备好的印在纸上的一张网，说，自己为自己织一张网吧，写下自己的梦想。一年之后，我们再来讨论：你在为自己的梦想努力吗？你能兑现自己的诺言吗？

补记

一年之后，是五年级下学期了。那时候，我们已经开始书写自己的梦想。每个孩子都拥有一个精美的梦想日记本。我告诉孩子们，梦想是人生最好的奖赏，没有梦想的人生是不值得的。每周，孩子们都在记录自己为梦想所做的各种准备。这是一本厚厚的日记，是一个孩子为童年交上的一份完美的答卷。王梦尧，立志要做一名像我一样的语文老师。她对知识的热爱，她对人的宽容和爱，常常让我惊叹。她说，她要好好保存自己“农历游记”的本子，将来，她要用它做教材。王文晓，一名画家。她家里有一摞又一摞图画书，生活在图画书里的女孩子，就像童话中的公主，不染尘埃。张云柏，一名伟大的科学家。在家里，他拥有自己的实验室，他所做的一个个科学实验，已经非常专业。刘心雨，一名精通四国语言的翻译家。这个孩子身上，有着一般孩子很难具备的“领袖”气质，她在千人的英语比赛中脱颖而出，各门功课非常好……

一本《夏洛的网》，看着我们从三年级走到五年级。网上的字，就这样熠熠闪光。

诗词故事：绿柳才黄半未匀

早春的景色，最得我心。韩愈的《早春》和杨巨源的《城东早春》，更是于我心有戚戚焉。

这周的春天诗词之旅，我们欣赏的，就是这两首诗。

也巧，周二的晚上，一场春雨过后，周三早上的校园，空气里都透着一股新鲜的味道。

那天的晨诵，就来读韩愈的《早春》。

早 春

［唐］韩愈

天街小雨润如酥，草色遥看近却无。
最是一年春好处，绝胜烟柳满皇都。

要有欣赏的姿态啊，否则，怎么能感受“草色遥看近却无”的奇妙。于是，那天下午的活动时间，我带孩子们走出校园，去感受“最是一年春好处”的景色。我们来到金茵生活小区，看哪，冬青的嫩芽冒出来了，每一片绿叶上，好像都有一个新的生命在颤动；迎春花开出了淡淡的花，在风中摇曳着；被那些顽皮孩子烧焦了的草地上，小草也睁开了眼睛，这儿一片绿，那儿一片绿；柳树嫩黄色的枝芽，远远看去，似有似无；还有那两株玉兰，花儿正是含苞待放的时候，白色的、粉色的花苞，最是娇羞，也最是动人。

真是“最是一年春好处，绝胜烟柳满皇都”啊!

一会儿的工夫，孩子们就欢呼着散开了，草地上到处是他们的身影。这新春的景色啊，这新春一般的孩子们。

第二天的晨诵，我们就来吟诵杨巨源的诗。

城东早春

［唐］杨巨源

诗家清景在新春，绿柳才黄半未匀。
若待上林花似锦，出门俱是看花人。

且让我，在这安静的时光里，看着这些“绿柳才黄半未匀”的孩子们，看着他们生命花朵一点点绽放。繁花似锦的时候，我愿意，且以欣喜的姿态，回到最初的寂寞里。

早春里的第三个晨诵，是《长歌行》。

长歌行

汉乐府

青青园中葵，朝露待日晞。
阳春布德泽，万物生光辉。
常恐秋节至，焜黄华叶衰。
百川东到海，何时复西归？
少壮不努力，老大徒伤悲。

这首诗里，我最喜欢的是“阳春布德泽，万物生光辉”，一种深切的感恩之心。

教室里的花盆里，孩子们种下的草种子、菜种子、花种子已经陆陆续续发芽了。他们每天不知道要看几遍，一切生命都是大自然的馈赠——阳春布德泽，世界才充满了生机。

介绍了乐府诗，对照着幻灯片里的注释，孩子们很轻松地就理解了诗意，接下来的诵读，就是和孩子生活的编织了。借助幻灯片里的提示，孩子们的语调也在悄悄发生着变化——

第一遍读：

青青园中葵，春天多么美好啊！让我们一起来赞颂春天吧！

孩子们朗朗的语调里，怀着欣喜。

第二遍读：

阳春布德泽啊，一切生命，都是大自然的馈赠，让我们怀着感恩的心情来读。

这时候的幻灯片里，是“绿柳才黄半未匀”的柳树，是含苞欲放的玉兰花，是孩子们欢跳着的身影。

第三遍读：

看哪，一切生命都在春天里萌发，生命的力量有多么强大！请读出你对生命的珍惜。

孩子们看到的，是他们自己种下的种子，是他们对一切生命的期待。这时候的读啊，已经浇铸了他们的情感。

第四遍读：

春天过去了，就再也不会回来。让我们珍惜生命中的每一天吧，读出你的感受。

昨天，我们刚刚学了杏林子的《生命生命》，那用生命写下来的字字句句啊，曾经那么深切地打动了孩子们。此刻，我们再来诵读和生命相关的诗，真的很不一样啊。那么严肃庄重的脸，那么整齐地蕴含了对生命感悟的语调，听来，真是让人动容啊。

仍然是“以己证诗”。

阳春布德泽——怀着感恩的心，就这样，走过一天又一天。

第三节　春分

“绿柳才黄半未匀”的早春已过，仲春悄悄来临。

2008 年 3 月 20 日是春分，一年当中白天与黑夜等长的日子。这时候，太阳黄经为 0°。

生命之旅：风和日丽的早上

前一天，就有孩子在念叨：明天春分呢，我们背什么啊？

干老师帮我选了欧阳修的《阮郎归》。晨诵之前，我把这首诗打印了发给每个孩子，并作了注释。

阮郎归

［宋］欧阳修

南园春半踏青时，[1]风和闻马嘶，[2]青梅如豆柳如眉，[3]日长蝴蝶飞。[4]

花露重，草烟低，[5]人家帘幕垂，秋千慵困解罗衣，[6]画梁双燕归。

注解：

①**春半**：春分。 ②**嘶**：叫。 ③**青梅**：南方的一种水果，青绿色，肉多，味酸。 ④**日长**：白天逐渐变长。 ⑤**花露重**：花儿沾了露水，重了，下垂了。**草烟低**：草被烟雾笼罩。 ⑥**慵困**：懒散困乏。

这是一幅美丽的春分风景图。晨诵开始了，幻灯片里，青梅如豆柳如眉。

我先告诉大家春分的意义：春分麦起身，一刻值千金。春不分不暖啊，春分之后，白天逐渐变长，这时候去踏青，当有别致的情趣。一位美丽的女子，就在窗外明媚的阳光里踏青，她看到了什么？

有班得瑞的《春野》作为音乐背景，当我轻轻地把这首诗读出时，孩子们不自觉地鼓掌。

“青梅如豆柳如眉啊，这不仅仅是赞美春天，更是在赞美这位美丽女子的生命。大家看啊，春分之时，这位少女去南园踏青。风和日丽，马嘶声声，车马来往，一片热闹景象。青梅结子如豆，柳叶舒展如眉，日长气暖，蝴蝶双双飞舞，大自然中的生命都处在蓬勃之中。”

孩子们含笑吟诵上阕。

我又让孩子们自己读读下阕，看看下阕描写的是一天中的什么时候了。崔艺格说：“这是傍晚了，你看，双燕归来，那是傍晚；帘幕垂，那是傍晚；花儿沾了露水，那是傍晚。”

“是啊，眨眼之间，天色已晚，花儿沾上了露水，重了，下垂了；草色迷离，如烟般美丽。大户人家的帘幕，悄悄垂了下来。帘幕背后，少妇在园子里荡秋千，累了就解衣休息。她抬头一看，只见画堂前，双燕飞归。多么宁静的时刻。”

接下来，就是在我的引导之下，孩子们反复诵读。

多么美好的仲春景色啊！风和日丽，白天逐渐变长，让我们随着那位美丽的女子，去郊外踏青吧！

你看到那双双飞舞的蝴蝶了吗？你欣赏到那如豆的青梅、如眉的柳叶了吗？所有的女孩子啊，“青梅如豆柳如眉”，写的就是你们，请所有女孩子读。

常严一啊，再过多少年，也是这样一个美丽的春分日，你妈妈踏青归来，想到那双飞的蝴蝶，看到眼前飞归的双燕，不禁思念她最亲爱的儿子，常严一啊，请你为妈妈吟诵这首词吧！

孩子们笑了。常严一也笑了。当朗朗的声音传出时，教室里，就有了一只只飞舞着的蝴蝶，在这个风和日丽的春分的早晨——“南园春半踏青时，风和闻马嘶，青梅如豆柳如眉，日长蝴蝶飞。花露重，草烟低，人家帘幕垂，秋千慵困解罗衣，画梁双燕归。”

班级故事：一个仪式、一次聚会、一场庆典

生命是需要仪式的。因为仪式，我们的心里才充满渴望。

生命是需要聚会的。因为聚会，我们才惊喜地发现，原来，我们是如此的息息相通。

生命的路上，只要我们坚定地走着，也总会遇到隆重的庆典。

这个学期的第一次家长会，仍然是我和家长、孩子们之间的一个仪式、一次聚会、一场庆典。

（一）重温古诗词之旅

在农历的天空下，我们的古诗词之旅已经走了很长一段路。这次家长会，我们将一起重温这段旅程。

周五那天，我和孩子们做了简单的设计和排练。具体的呈现形式，我大多听取了孩子们的建议。周五晚上六点半，爸爸妈妈们准时来到了教室。之前，教室里传出的歌声是《相亲相爱的一家人》。

开始了。音乐换成空灵的古筝曲《高山流水》。

我开始讲述我们的“农历游记”。幻灯片里出示的，是严凌君老师的一段话：这是一个奇妙的世界，我们甚至无法用语言来描述。那个面朝黄土背朝天，汗滴禾下土的农人，是我的父亲；那个机杼当户，画荻刺字的妇人，是我的母亲；那个学富五车，斗酒诗百篇的才子，是我的兄长；那个牛背上吹笛，小溪边卧剥莲蓬的顽童，是我的小弟……那是我们共同的家园。就让我们一起回家吧！冬天有红泥小火炉温酒，夏夜虫声新透绿纱窗，春天燕子梁间呢喃，秋天禾香麦熟。

然后，孩子们安静地走上台来，站得整整齐齐。36 个孩子，分三排站着，女孩子在中间，穿着我们的女生服；男孩子站在两边。坐在下面的家长们，也把目光定格在了自己最亲爱的孩子的脸上。

呵呵，多么温馨的感觉。

朗诵开始了。每一首诗前面，都有我的一段引读。

当最长的黑夜过去，太阳就从南回归线上，向着北方，向着我们逐渐回归。冬至那天，我们一起来吟诵杜甫的《小至》和《至后》：

天时人事日相催，冬至阳生春又来。
刺绣五纹添弱线，吹葭六琯动浮灰。
岸容待腊将舒柳，山意冲寒欲放梅。
云物不殊乡国异，教儿且覆掌中杯。

诗里的孤独与宁静，是一个唐朝漂泊者的心境。冬至之后日初长啊！

冬至至后日初长，远在剑南思洛阳。
青袍白马有何意，金谷铜驼非故乡。

梅花欲开不自觉，棣萼一别永相望。

愁极本凭诗遣兴，诗成吟咏转凄凉。

异乡情结，就这样融化在了千古诗句里。寒冬，当教室的一角开了一株腊梅时，我们的梅花诗词之旅也开始了。第一首描写梅花的诗是南北朝陆凯的《赠范晔》：

折梅逢驿使，寄与陇头人。

江南无所有，聊赠一枝春。

在真正的朋友眼中，“烟柳繁华地”的“江南无所有”，一枝梅花的分量该有多重？张谓和齐己的《早梅》，则向我们传递着另一种温暖。

……

就这样，一首又一首的梅花诗词，在那个夜晚，在那间小小的教室里，在孩子们朗朗的诵读中，在家长们热切的眼神中，慢慢地，醒了过来。

十三首梅花诗词背完之后，孩子们安静地坐到了教室两旁的小板凳上。电脑里响起来的，是邓丽君婉转的歌声：

梅花梅花满天下
愈冷它愈开花
梅花坚忍象征我们
巍巍的大中华
看啊遍地开了梅花
有土地就有它
冰雪风雨它都不怕
它是我的国花
……

随着音乐，孩子和家长们不自觉地哼唱起来。那歌声，因了我们背过的梅花诗词，就有了与原来不一样的意义。

接下来的诵读，是每个孩子单独的展示。是的，是每个孩子，他们要在所有家长的目光中，走上台来。

第一首是三九第一天背诵的《蒹葭》。诵读的是刘心雨和刘晓辉。

这两个孩子的语感，可不是一般的好。

女：蒹葭苍苍，白露为霜。所谓伊人，在水一方。

男：溯洄从之，道阻且长。溯游从之，宛在水中央。

……

刘晓辉特别逗，背着手，那种来来回回寻觅的感觉，竟被他演绎得惟妙惟肖。当他俩表演完，电脑里响起《在水一方》的主题曲时，妈妈们都笑了：年轻时，我们曾经多么痴迷于这首歌啊！于是，我们的歌声也再一次响起来。

四首雪的诗词之后，苏轼的《守岁》《春节序曲》响起来时，教室里马上洋溢着喜庆的气氛。几个孩子背诵完后，纷纷鞠躬拜年。那熟悉的感觉，一下子写到每个人的脸上。

《元日》这首诗，则是三个女孩子在《欢乐中国年》的歌声中，舞着手绢花走上台来的。接着，走过了的岁月又重新来过。元宵节来了，无论旦夕，都有寻觅，灯火阑珊处，不知道是谁寂寞的影子。“三八”妇女节，在《游子吟》《游子诗》和《萱草》的诵读声中，妈妈们的眼眶有些湿润了，而五个孩子的心灵独白《在心里，种一株母亲花》，则赢得了在场每一位父母热烈的掌声。

一朵花，就是一个许诺的奇迹，图片和诗词的结合，让我们再一次感受到了水仙花“水上轻盈步微月”的美丽姿态；“雨水”到了，我们“宿雨乘轻屐”；“一雷惊蛰始”，我们开始劳作了；“春分”又至，“青梅如豆柳如眉”啊，这蓬勃的生命，真是让人神往不已……

一首又一首，一个孩子又一个孩子……

当聪聪踱着步朗诵着《游园不值》时，教室里响起的，竟然是最热烈的掌声。无论掌声是来自孩子，还是来自家长这个真正的共同体，他们对每个孩子的关注，也是如此的细微。

最后，我们在《渔歌子》的歌声中结束了这次诗词之旅。

孩子们到另一个班里看《哈利·波特》的电影去了，家长们继续留了下来，我们才开始家长会。

（二）从优秀走向卓越

这是所有人的心愿。

可是，何其艰难。

故事，仍然从干老师的“我在建一座教堂”开始，然后在一份份优秀作业的展示中，留给家长更多的思考：如何让孩子知道他的使命和愿景？

怎么办？

幻灯片里，“怎么办”这三个字似乎分量格外重。

怎么办？高期待加细致地跟进。

接下来，我慢慢叙述了开学第一天的故事，当每个孩子在“优秀学生标准”下面签上自己的名字时，他们就是对自己做了一份承诺。可是，孩子毕竟是孩子啊，他需要来自家长和老师的帮助。

然后，我讲述了常严一的成长，张云柏的执著和李沂晓的完美，这三个孩子的故事，不知道能给家长多少触动。最后，我郑重地代表数学老师和英语老师对家长做出了如下承诺：

我们把促进每个学生的学业进步，当成是教师的最高荣誉；

对每个学生怀着高度的成功期待，并悉心跟进对其学习的指导；

不采取题海战术，引导家长提高家庭教育品质，但不将教育责任推诿于家庭；

确保课堂教学的高效；呈现所教学科的丰富性与魅力；在各学科教学中，促进学生的理解力（在可理解的学科里，反对死记硬背）。

有人会怀疑承诺的意义，但是，在那一刻，那样神圣庄严的会议上，我丝毫不怀疑它的意义。

两个多小时的时间，眨眼，就这么过去了。

一个仪式、一次聚会、一场庆典——我很喜欢，也很满足。

第四节　清明

二十四节气中，只有清明既是节日，又是节气。万物生长此时，皆清洁而明净，故谓之清明。

2008 年 4 月 4 日是清明节。

生命之旅：清明专题

清明之所以成为节日，和寒食节有关。清明前两天是小寒食，前一天是寒食。据说，寒食节是为了纪念不肯下山而宁肯被火烧死的介子推。清明前后，在《清明上河图》的画卷里，我们用了一周多的时间诵读了六首诗。

寒　食

[唐] 孟云卿

二月江南花满枝，他乡寒食远堪悲。
贫居往往无烟火，不独明朝为子推。

客居他乡的诗人，寒食这天家里没有烟火，不仅仅是为纪念介子推啊。那满枝的花儿，更衬托出唐朝漂泊者的心情。

寒　食

[唐] 韩翃

春城无处不飞花，寒食东风御柳斜。
日暮汉宫传蜡烛，轻烟散入五侯家。

长安城里柳絮飞舞，落红无数，御苑里的柳树在袅袅东风中摇摆。暮色已深，从皇宫传出的御柳之火，轻轻散入了“五侯”之家。寒食这天，为什么家家禁火而汉宫传烛独异？汉朝的历史，就是我们唐朝的今天啊！

寒食寄京师诸弟

[唐] 韦应物

雨中禁火空斋冷，江上流莺独坐听。
把酒看花想诸弟，杜陵寒食草青青。

草又青了，花又开了，冷冷清清中，更加思念亲人。

寒食夜

［唐］韩偓

恻恻轻寒翦翦风，小梅飘雪杏花红。
夜深斜搭秋千索，楼阁朦胧烟雨中。

寒食夜的秋千啊，千年之后，仍然留在烟雨之中。

清　明

［唐］杜牧

清明时节雨纷纷，路上行人欲断魂。
借问酒家何处有，牧童遥指杏花村。

清明节又称扫坟节、鬼节，祭奠之人怎不断魂？诗歌最后的温暖，让这首诗妇孺皆知。

四时田园杂兴

［宋］范成大

高田二麦接山青，傍水低田绿未耕。
桃杏满村春似锦，踏歌椎鼓过清明。

寒食夜不只是清冷，不只是断魂，清明这天，原来也如此灿烂。

孩子们都说，给先人祭奠，大人是不允许他们跟着去的。学校的扫墓活动，因为假期，也就取消了。

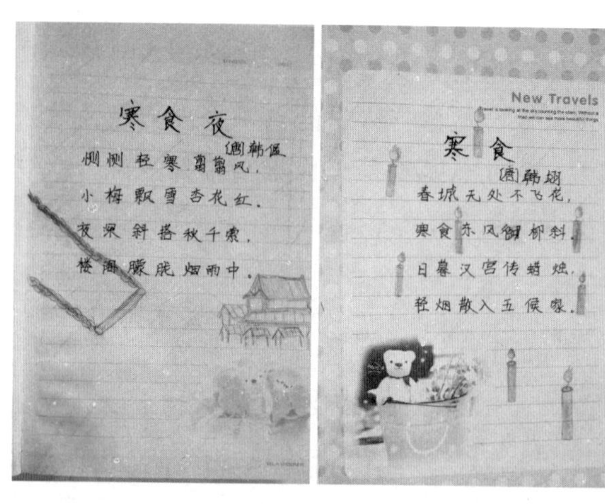

那么，就让我们在这些诗词里，去感受独属于我们这个民族的文化吧。

补记

这个专题当时没有做记录，就只能这样呈现了。

第二年清明节放假时，因为我们当时在做儒家课程，就利用假期踏上了一趟朝圣之旅——去孔子的故乡祭拜孔子，去圣山泰山朝拜。

出发前，我们在车上吟诵“暮春者，春服既成，冠者五六人，童子六七人，浴乎沂，风乎舞雩，咏而归”；在杏坛一侧，我们盘腿而坐，轻轻地吟诵了我们背过的《论语》；去泰山的路上，我请孩子和家长谈自己祭拜孔子的感受，然后背诵了杜甫的《望岳》。

这是一次神圣的旅程，因为这次旅程，清明的意义一下凸显出来。

朝圣之旅

王文晓

从开学到现在，我们一直沉浸在孔子带给我们的思考中。“子曰”“子曰”“子曰”……听得久了，就感觉这“子曰”是如此亲切。

常老师也开始絮絮叨叨，清明节，我们就去祭拜孔子吧，如果你们喜欢的话。

怎么可能不喜欢呢？两个月的时间了吧，每天的晨诵，我们都在和孔子对话，我们认真聆听，也认真反省自己。在我们眼里，孔子就像一个一直笑眯眯的老爷爷，在对着我们说啊唱啊说啊唱啊。我们真的很想去祭拜他。于是，就都盼着清明节快一些来到。

清明节终于到了。常老师说，孔子是人中之泰山，泰山是山中之孔丘，这次旅程，我们不但要去祭拜孔子，还要去攀登泰山——这将是一次很不寻常的朝圣之旅。

我们的心里，又更多了一份期待。

第一天，我们乘了四个小时的汽车，来到了孔子故里——曲阜，参观了孔林、孔庙和孔府。孔林是孔子及子孙后代的坟墓。一进孔林，就有一种肃穆感。走在潮湿的、长满了青苔的青石板路上，看着路两边高大的柏树，心里油然而生敬畏。按理说，有坟墓的地方就有乌鸦，可孔林不一样，连乌鸦的影子都没有，只听到清脆的鸟叫声，只看到偶尔从树顶飞出的黄色或白色的鸟儿。当来到孔子墓前时，我们怀着真诚的敬畏之心拜了三拜。

我们又去了孔庙，这是历代帝王祭奠孔子的地方。一进孔庙，就是一片幽静的树林，林子里白鹭成群结队，仿佛这里就是它们的天堂。孔庙中碑刻很多，留下的故事也很多。我印象最深的地方是“杏坛”，是孔子当年开坛讲学的地方。孔子一生颠沛流离，辅佐君王的理想一直没有实现，晚年致力于教育，致力于整理典籍，为我们留下了这么丰富的思想财富。在杏坛一侧，常老师让我们盘腿而坐，温习我们背诵过的《论语》。一开始，我有些不太情愿，害怕蚂蚁爬到我身上。但是当我坐下来，当我们在常老师的引领下背诵，心灵也就慢慢地进入了孔子的思想世界里。“学而时习之，不亦说乎！有朋自远方来，不亦乐乎！人不知而不愠，不亦君子乎！”2009年4月5日的那个下午，孔子的声音，我们的声音，就这样交融在一起。

而那些来来往往朝拜的人，他们当中有多少人是理解孔子的？如果他们只是忙着在大成殿前拍照，在杏坛前留影——这样的朝拜有什么意义？“祭如在，祭神如神在”，没有了诚意，就没有了意义。而我在孔子墓前的三拜，在杏坛一侧的吟诵，心里的神圣感是越来越强烈的。孔子若知，一定非常欣慰。

孔府的印象不是很深。

第二天，我们去攀登圣山——泰山。临行前，常老师告诉我们，泰山的“泰”就是平安、安定的意思，又因为它在东方，所以，历代帝王来这里封禅，更让泰山拥有了至高无上的地位和尊严。孔子“登泰山而小天下”，则让我们看到了孔子开阔的胸襟。我们从中天门开始攀登，一步一个台阶，爬到十八盘时，我已经是气喘吁吁了。抬头望了望高耸入云的南天门，我在心里暗暗地为自己鼓劲：加油！为了让自己的心灵得到净化，加油！就这样，一步又一步，一个台阶又一个台阶，我用自己的脚步丈量了这座圣山。当我登上南天门，到达玉皇顶，才真正理解了杜甫的“会当凌绝顶，一览众山小”的意思。一个人，只有到达更高的地方，才能胸怀天下啊。杜甫，这个儒家的弟子，虽然写这首诗时只有二十几岁，却也是深深懂得孔子的。

回来的路上，吴泽同的妈妈给我们讲述了她奶奶的故事。她奶奶从六十岁开始爬泰山，一直爬到她去世的那一年。讲着讲着，吴泽同的妈妈就掉泪了。她说这次爬泰山，就是闻着奶奶的气息来的。一个年过花甲的老人，用她的三寸金莲，唱着歌儿从泰山最低处开始爬，一步一步，是什么力量在支持着她？常老师说，这就是信仰。

“信仰的缺失，是人类最大的缺失。”常老师的这句话我还不是太懂。但是，这次朝圣之旅，我收获很大，对中国文化也有了更深的敬畏。我为中国有这样的圣山、圣人而自豪；我为自己能生活在这片土地上而自豪。

节日故事：又是一年三月三

清明前后，还有一个被人们日渐忘记的古老节日：三月三，又叫上巳节。这个节日在汉代以前定为三月上旬的巳日，后来固定在夏历三月初三。上巳节时，人们成群结队到水边用香草熏洗或沐浴，以祈求幸福，袚除不祥，古语称之为“袚禊”。后来，经历代文人诗词歌赋的熏染，成为一个在中国文化史上有特殊地位的游宴节日。三月三这天，文人雅士水滨结伴宴饮，并引水环曲成渠，曰“曲水”，然后将盛酒的“觞”浮于水面，从上游放出，使之顺流漂浮而下，借助水流之力传杯送盏，当杯子缓缓经过宾客面前时，即可取过一饮而尽，然后吟诗作赋，以抒情怀，这就是“流觞曲水”。

早上的教室里，飘着《又是一年三月三》这首旋律欢快的歌：

又是一年三月三
风筝飞满天
牵着我的思念和梦幻

走回到童年

……

没有了“祓禊”，也没有了“流觞曲水”，童年的记忆里，只有漫天飞舞的风筝。而今天的孩子，风筝也没有了，只有书包和作业。

那天的晨诵，我带着孩子读唐朝高瑾的《三月三日宴王明府山亭》。后来，干老师告诉我，三月三最应该吟诵的，是孔子的“暮春者，春服既成，冠者五六人，童子六七人，浴乎沂，风乎舞雩，咏而归”。想想啊，在这美好的春光里，穿上新做的春装，约上五六个朋友，带上六七个孩子。到刚刚开动的沂水中把自己洗涤干净，然后到舞雩台上进行一场心灵的仪式，让自己和大自然一起迎来万物开化、春风萌动、大地复苏。再然后，就高高兴兴地唱着歌儿回去了。恒远的自然，鲜活的生命，还有比这更美好的人生境界吗？

然后，再读读王羲之《兰亭集序》的一部分：

永和九年，岁在癸丑，暮春之初，会于会稽山阴之兰亭，修禊事也。群贤毕至，少长咸集。此地有崇山峻岭，茂林修竹；又有清流激湍，映带左右，引以为流觞曲水，列坐其次。虽无丝竹管弦之盛，一觞一咏，亦足以畅叙幽情。是日也，天朗气清，惠风和畅，仰观宇宙之大，俯察品类之盛，所以游目骋怀，足以极视听之娱，信可乐也。

在这样的文字里，我们也能随着吟诵回到千年前，回到那“流觞曲水”的无限乐趣里，感受先人们如何诗意地栖居在大地上。

现在的三月三，只有一些少数民族仍然保留着浓郁的节日气息——古老的东西渐渐消失时，人类也离大自然越来越远了。那天，我们还一起欣赏了黎族的舞蹈：《三月三》。

优美的舞蹈，快乐的黎家青年男女。孩子们一边看，一边乐呵呵地笑。一个民族，以这样载歌载舞的方式，叙说着那些古老的故事，多少年后的我们，也在欣赏的过程当中，感受着人类最美好的情感。

下课了，熟悉的歌声，依旧在教室里回响。

记得那年三月三
一夜难合眼
望着墙角糊好的风筝
不觉亮了天
……

补记

在这个节气里，除了诵读内容的不当，还有最大的一个遗憾：没有带着孩子走出教室，走进大自然。再带一个班级时，我一定要在三月三这天，唱着这首熟悉的歌，带着孩子们到大自然中放风筝去。

第五节 谷雨

欢声笑语中，太阳黄经到了30°，2008年4月20日谷雨来了。
谷雨，雨水生五谷的意思。这时候雨水较多，滋润大地，五谷得以生长。

生命之旅：栀子花与养蚕之旅

前几天带孩子们出去赏花，看到雪白的栀子花时，怔忡了很久。尤其单瓣的栀子花，尤为喜欢。年少时对它情有独钟，因为它的另一个名字："同心花"。校园里看不到栀子花，我就用相机拍了下来，带到教室里。

雨过山村

［唐］王建

雨里鸡鸣一两家，竹溪村路板桥斜。
妇姑相唤浴蚕去，闲着中庭栀子花。

真是一首美妙的诗歌。宁静的雨，宁静的早晨，宁静的山村。妇姑相唤而行，栀子花静静开放。

我用最简单的语言说了这首诗的意思，接下来就是我们的吟诵。

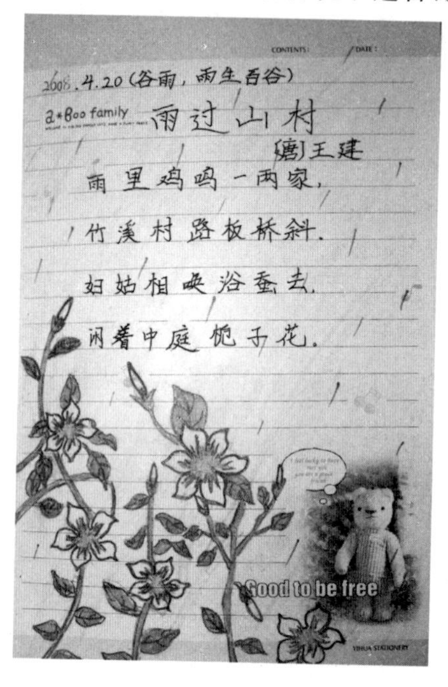

“你们，就是这一树的栀子花啊。雨后的一切，尽在你的眼里。”

孩子们不自觉地挺直了腰板，声音也亮了很多。

“最妙的是‘闲’字。一两声鸡鸣，山村醒过来，妇姑忙着浴蚕，两个人说说笑笑，亲亲热热，农忙世界啊，她们没有闲暇欣赏栀子花，栀子花却有的是时间欣赏这雨后的山村。”

孩子们的浅笑轻吟中，栀子花也醒了过来。

“惠敏啊，你是那朵最静的栀子花，可有时间来欣赏整个春天啊？”

惠敏不好意思地笑了。这个文静的孩子，用了最柔美的声音，传达着她内心的喜悦。

“梦尧啊，你也是一朵芳香的栀子花，整个山村可在你心里啊？”

梦尧是班里最宽容最大度的一个孩子，她真的就如一朵芳香的栀子花，静静地绽放她的美丽。她的声音，也是那样的美丽。

雨浥栀子冉冉香啊。这传递着芳香的诗歌，散发着芳香的孩子们。

有谚语说：谷雨西厢宜养蚕。谷雨左右，孩子们也开始了他们的养蚕之旅。蚕种买来了，孩子们相约放学后一起去采桑叶。他们每人准备了一个纸盒子，在盒子里铺上软软的纸，把新鲜的桑叶放进去。一天一天的，变成蚁蚕了，变成有点发白的小蚕了，然后变长变白，终于全白了！蜕皮的时候，上面有好多褶皱，粗糙得很。蜕几次皮之后，蚕就要做茧。孩子们把盒子里面的桑叶全部倒掉，蚕儿们在任意一个角落里，吐丝，做茧。

这是一个很长的过程，孩子们却有足够的耐心，每天都互相汇报自己蚕儿们的状况。结茧后，孩子们把白色、粉色的茧带到学校里，分给低年级的弟弟妹妹们，得意得很。

他们看到的，是一个完整的生命成长的过程。

诗词故事：花之咏

一直以来，每天都是这样安静地度过。

就像随着流水远去的桃花，静静地，似乎一切都消逝了。然而，总有一些什么东西会留下来，总有一些人会记得，那些日子里曾经有过的绚烂。

春分之后，我们的桃花诗词之旅就开始了。

（一）桃之夭夭

桃　夭

《诗经·周南》

桃之夭夭，灼灼其华。之子于归，宜其室家。
桃之夭夭，有蕡其实。之子于归，宜其家室。
桃之夭夭，其叶蓁蓁。之子于归，宜其家人。

那天早上一到校，就有孩子告诉我，王雨以英语老师的名义批阅了所有同学的英语作业本，批语凌乱不堪，更让人不能忍受的是，她竟然撕了几个同学的作业，上面赫然用红笔写着：不认真，重写！

我愕然。然而，这样的事情发生在她身上，也不觉得突然。因为种种复杂的原因，她用这样一种极端的方式，来表达自己的渴望和愤怒。然而，这个孩子，又是那么热爱着写作。在《夏洛的网》那节课上，我曾经送她一张写有“作家”的网，她于是疯狂地热爱上了日记，每天不停地写。那段时间，我真是喜欢她。可是，她又不断地犯错：拿了一年级自由书柜里的图画书；从家里拿出几百元的零花钱去花；脏话不小心就从她嘴里蹦出来……她在矛盾中挣扎着，成长着。

直到发生了这件事情。

那天的晨诵，我什么都没说。只是从《桃夭》开始，讲述一个美

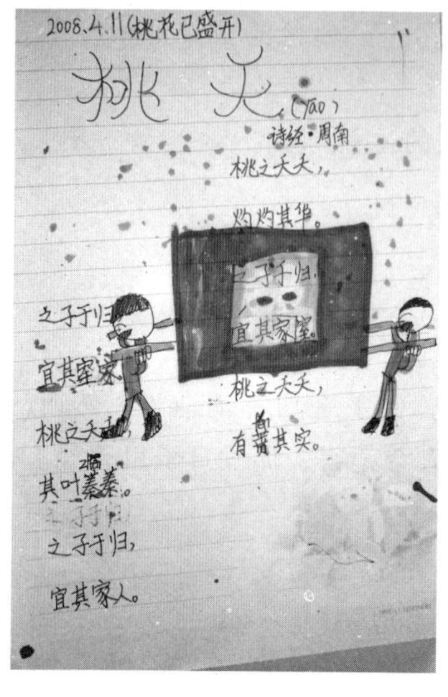

丽的女子，讲述这个女子内外兼修的美丽，然后我说，这首诗，就送给王雨吧，希望将来的她能给自己最亲爱的人带去幸福。

她低下了头。她的内心里，真的会感到羞愧吗？

我不知道，只有慢慢等待。

相信岁月，相信种子。（五年级下学期，王雨真是让我欣喜。她虽然还会犯错，虽然还不能被每个同学接受，“作家”的梦想却让她超越了自己。她的文章不但写得精彩，而且被选为组长，组内同学遇到写作问题，她都以身示范，经常亲自给他们修改文章，然后抄下来再交到我那里。她是班里第一个得到“卓越组长”荣誉的孩子。）

那天的晨诵其实很有意思。接下来，我们变换着不同的方式读，男孩子读给所有的女孩子听，女孩子读给自己最好的朋友听，我读给所有的男孩子和女孩子听，告诉他们什么样的女子才是最美丽的。

那是周五的晨诵。

周末，我带着孩子们去百里之外的桃花溪看桃花，他们惊呼着，快看啊，满山的桃花，真的是桃之夭夭啊！

是啊，不要埋怨看不到春天，只要你的内心足够宁静，就可以拥有整个世界。于是，我们接着来吟诵：

大林寺桃花

［唐］白居易

人间四月芳菲尽，山寺桃花始盛开。
长恨春归无觅处，不知转入此中来。

何谓“长恨”？何谓“不知”？这两个词语，也让我大为震惊。似乎看到自己年少轻狂的那些日子。只是孩子不懂得，其实，他们现在也不需要懂得。

他们需要懂得的，是对世间万物的欣赏和珍爱，无论是绚烂还是不起眼。那么，接下来就吟诵这首诗吧：

江畔独步寻花（其五）

［唐］杜甫

黄师塔前江水东，春光懒困倚微风。
桃花一簇开无主，可爱深红爱浅红？

那天的晨诵，我笑着说，可爱深红爱浅红？你们36个同学，我更爱谁一些？美丽一万倍的李沂晓？需要毅力的冀振岳？把故事唤醒的崔晨？……我爱你们每一个。无论深红还是浅红，我爱着整个春天。

然而，春天总会过去啊，明年的春天再来时，你们还会记得我们此时吟诵过的诗吗？还会记得你们此刻美丽如花吗？

题都城南庄

［唐］崔护

去年今日此门中，人面桃花相映红。
人面不知何处去，桃花依旧笑春风。

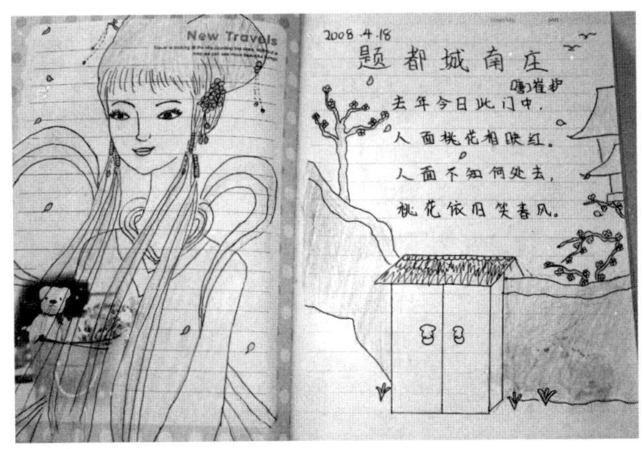

“桃花依旧笑春风”一个“依旧”，一个“笑”，却是无尽的思念。孩子们还不能完全读懂这首诗。毕竟，他们只是不知道思念为何物的孩子们。

花落了，落在水里，自在而潇洒。真是喜欢极了李白的《山中问答》：

山中问答

［唐］李白

问余何意栖碧山，笑而不答心自闲。
桃花流水窅然去，别有天地非人间。

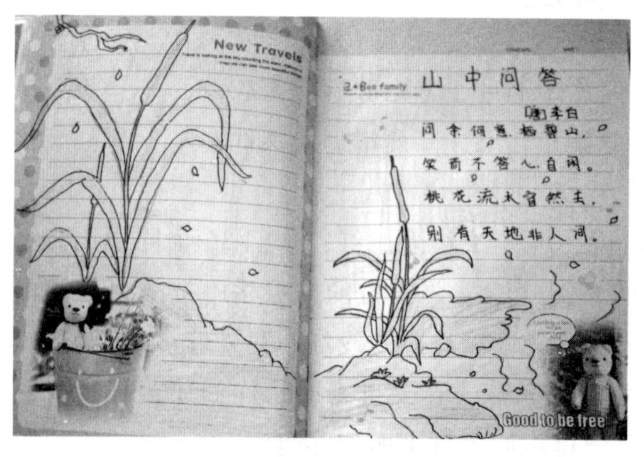

真是旷达！读这样的诗，只是觉得一种无法言说的满足。“桃花流水窅然去”，外界的一切又与我何干？只沉浸在自己的世界里，“别有天地非人间”啊。

于是，那天的晨诵，我一遍一遍地问着孩子们——

崔淦维啊，问余何意著文章？

崔淦维笑盈盈地看着我，不答。孩子们于是一起朗诵——

“笑而不答心自闲。桃花流水窅然去，别有天地非人间。”

再问另一个孩子——

刘心雨啊，问余何意读诗书？

刘心雨也笑盈盈地，不答。孩子们于是一起朗诵——

“笑而不答心自闲。桃花流水窅然去，别有天地非人间。”

……

嗬，真是有趣啊。几遍下来，一切都在问答之中了。

可是，桃花随着流水到哪里去了呢？就来读张旭的这首诗吧！

桃花溪

［唐］张旭

隐隐飞桥隔野烟，石矶西畔问渔船。
桃花尽日随流水，洞在清溪何处边。

班里也有一个叫张旭的孩子，同样也疯狂地热爱着写作。上个周末的日记，他居然开始写校园小说，而且一次竟然写了十七页纸，还意犹未尽。我说，千年后，相信也会有一位老师，带着他的学生，读着我们班张旭的文章！张旭低下头，笑了，我看见他的脸红了。

就是因为这首诗，我们的张旭疯狂地迷恋上了写诗——他也因此确立了自己的梦想：成为一个伟大的诗人。为此，我不知道该怎样感谢唐朝的这个张旭！

洞在清溪何处边？洞在清溪何处边？于是，我们就来到了陶渊明的《桃花源记》里了。接下来，我们用了两个晨诵和一节语文课的时间，沉醉在桃花源里：

“阡陌交通，鸡犬相闻，黄发垂髫，怡然自乐。”

那节语文课的前半部分，孩子们学起来没有遇到太大的障碍。到了“课文的结尾暗示了什么”这个问题时，如我所料，孩子们都说是“不讲信用的人和想偷窥别人秘密的人，都不会有好的结果”。呵呵，不过是些十岁的孩子啊。

接下来，随着对陶渊明的理解，孩子们也就理解了这是一个童话，是人类一个永远的梦想。当谈到桃花源对我们今天的意义时，同样遇到了障碍。

其实，有些话题无法和这些十岁的孩子说清楚，他们也天真地说，这样的桃花源，我们现在的生活中就有啊，比如住在农村的爷爷奶奶家，就是“阡陌交通，鸡犬相闻，黄发垂髫，怡然自乐”。

我只是点头，然后告诉他们，“桃源”已经成为一个象征，两千年来，它成为中国文人一个永恒的精神家园。每个人，其实是可以超越物质而直抵精神生活的，那么，你们拥有自己的“桃源”吗？

这个问题，我们在读童书时就不断地被提及，比如你是否拥有自己的永无岛？你是否如多萝西一样走在一条寻找自我的道路上？所以，孩子们也能准确地理解“桃源”对他们的意义：沉浸在书中、日记里、难题中、艺术中时，他们都能怡然自乐，浑然忘记了身外的世界。

说这些话的时候，孩子们显得特别开心，似乎也特别得意。

而我相信，随着年龄的增长，他们必定会有新的认识。

（二）百花次第开

桃花之后，海棠、杜鹃、芍药、蔷薇次第开放，我们就来吟诵有关的诗词：

海　棠

［宋］苏轼

东风袅袅泛崇光，
香雾空蒙月转廊。
只恐夜深花睡去，
故烧高烛照红妆。

白天的海棠高洁美丽，夜晚的海棠香气袭人——有谁不爱？怎会不爱？可是，月亮转过回廊那边了，已经照不到海棠。夜深了，我怎忍心让海棠独自栖身于幽暗之中？要知道，她是积蓄了整整一个春天的努力，才有如此美丽的芳容啊。我若不珍惜，谁会珍惜？于是，这个爱花的人，就点了蜡烛，照亮海棠，也照亮了自己。

你能听到花开时的声音吗？你能听懂花儿的语言吗？

在“无我”的境界里，你才能真正听懂……

李沂晓的妈妈一直心心念念着去看杜鹃，一不小心却错过了。当她把朋友去看杜鹃花的照片发给我时，我一下子被震撼了：满山的杜鹃，如啼血一般，恍如那个凄美的传说。

带着遗憾，和孩子们读李白的《宣城见杜鹃花》。

宣城见杜鹃花

［唐］李白

蜀国曾闻子规鸟，宣城还见杜鹃花。
一叫一回肠一断，三春三月忆三巴。

暮春三月，寄寓在宣城的李白，看到杜鹃花开了。这杜鹃不是故乡的花吗？诗人的乡思因此被触动了。他的故乡在蜀中，每逢杜鹃花开的时候，子规鸟就开始啼鸣了。这一声声啼叫，仿佛也在叫诗人赶紧回家。可是，一个无法停止的漂泊者，哪里是说回就回呢？然而，这子规鸟啼叫起来没完没了，诗人的愁肠也断成一寸寸的了。在这明媚的三月春光里，我怎能不时时念叨着家乡三巴？

不归路，不归鸟，不归人。

孩子们说，太伤感了。这个春天里，不应该这么伤感啊。

我说，这是人类亘古的感情。不是所有的花儿都是笑的。再读读吧，放到你生命的深处……

春　日

［宋］秦观

一夕轻雷落万丝，
霁光浮瓦碧参差。
有情芍药含春泪，
无力蔷薇卧晓枝。

金茵小学有一面花墙，是百米长的一墙的蔷薇。白色的，粉色的，小巧而精致。

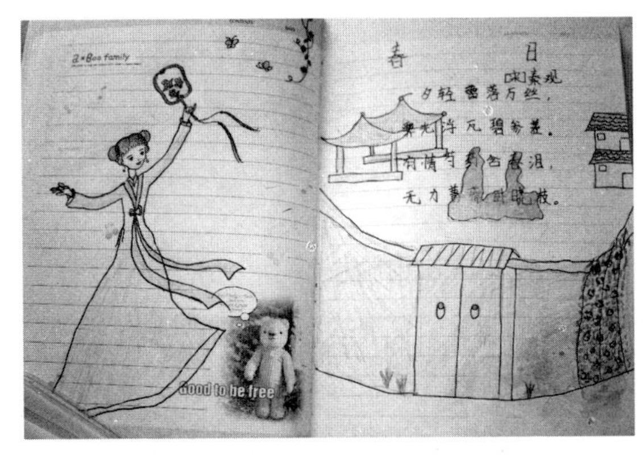

好多孩子每天都从那里走过。

看啊，轻雷响过，春雨淅沥而下。一会儿，天晴了，阳光好像在刚刚被雨洗过的碧瓦间浮动。这时候，芍药带雨含泪，脉脉含情，蔷薇静卧枝蔓，娇艳妩媚。

反复诵读，只觉清新自然，唇齿含香。

（三）唯有牡丹真国色

谷雨之后，牡丹就开了。

对牡丹，我一直怀有一种敬畏。小时候读聊斋故事，读到牡丹仙子不屈服于淫威，就先然地有了敬佩。然后看到那大朵大朵的牡丹花，那么雍容华贵，那么绚丽娇艳，似乎，那是一个和我隔绝着的世界。

我觉得我一直无法接近她。

多少年之后，直到准备带着孩子们读读有关牡丹的诗词，才真正走进她的世界。

牡丹开花了，李沂晓在花丛中的照片传递着那花开的声音。

那是五一放假的前一天。用了一节语文课的时间，我们随着李沂晓，随着她看到的那一朵朵绚烂的牡丹花，走进了一个秀韵多姿的世界。

赏牡丹

［唐］刘禹锡

庭前芍药妖无格，池上芙蕖净少情。
唯有牡丹真国色，花开时节动京城。

理解了意思后，孩子们开始换词游戏：

庭前芍药妖无格，池上芙蕖净少情。
唯有沂晓真国色，花开时节动京城。
……

男孩子只是乐呵呵地听，听着女孩子们把自己好朋友的名字一一加进去，听着她们把“京城”改成“临淄”，听着这些只属于女孩子的诗。最后，一个女孩子把“芍药”、“芙蕖”和“牡丹”都换成班里女孩子的名字，逗得大家直笑。我当然要说，花可以比较，人不可以比较的。

牡丹

［唐］皮日休

落尽残红始吐芳，
佳名唤作百花王。
竟夸天下无双艳，
独占人间第一香。

这首诗很好理解。特别，大家看到身着白衣的李沂晓立在牡丹丛中，向着我们嫣然一笑时，那种悠然神会的感觉，让这首诗也一下有了花香。

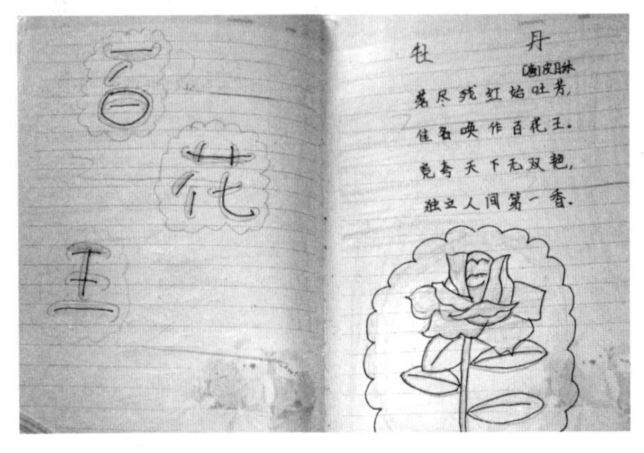

接下来的幻灯片里，是美丽的许秋玲阿姨，她是我们学校家长委员会的秘书长，对学校、班级都投入了最大的热情。她也是一个事业上的女强人。我说，许阿姨就像这骄人的牡丹花，独占人间第一香啊！就请房宸赓为他的妈妈送出这首诗吧！

落尽残红始吐芳，佳名唤作百花王。
竟夸天下无双艳，独占人间第一香。

房宸赓的朗读，满含了深情，孩子们给予了他热烈的掌声。

惜牡丹花

［唐］白居易

惆怅阶前红牡丹，晚来唯有两枝残。
明朝风起应吹尽，夜惜衰红把火看。

待到牡丹占断春光的时候，一春花事已经将到尽期。白居易独辟蹊径，由鲜花盛开之时想到红衰香褪之日，那种惜花之情表达得更加酣畅淋漓。特别“唯有”两个字，诗人的敏感一览无余。

红牡丹

［唐］王维

绿艳闲且静，红衣浅复深。
花心愁欲断，春色岂知心。

王维的《红牡丹》，是镌刻于石头上的一首诗，简单讲解之后，我说，哪个女孩子是“绿艳闲且静”啊？孩子们异口同声地指向了王梦尧。呵呵，这个女孩子，永远都是那么安静，那么，这首诗，就送给王梦尧吧。而接下来的幻灯片里，就是王梦尧正在观赏红牡丹的情景。

然而，这满园的牡丹，已经凋零了不少。幻灯片里出示的，是王文晓捡拾落下来的牡丹花瓣的情景，是谁要执意把牡丹花的魂魄留住啊？我们再一起来诵读：

惆怅阶前红牡丹，晚来唯有两枝残。
明朝风起应吹尽，夜惜衰红把火看。

如果仅仅到这里，对牡丹的了解还不够。于是，带着孩子们，继续往前走一走。先说说洛阳牡丹的故事，再讲讲聊斋故事里的《葛巾》。

洛阳常大用酷爱牡丹。听说曹州牡丹天下第一，他就跑到曹州，住在一个大花园内，天天等着牡丹开放。待牡丹含苞欲放时，大用已身无分文了，他将值钱的东西和衣服典卖，仍等着看花。一天，大用碰到一艳丽女子，两人一见钟情，那女子跟着大用回到洛阳，嫁给大用，她就是葛巾。后来，葛巾又把妹妹玉版嫁给了大用弟弟大器。一年后各生一子。两位女郎从不说自己的身世，在大用兄弟再三追问下她们才说：自己姓魏，母亲被封为曹国夫人。大用听了更是奇怪。一是曹州没有魏姓，二是这样大的家族丢两个女儿怎么没人找。

带着这两个谜，大用又来到曹州，找到那座花园的主人，问起当地可有曹国夫人。主人领他到一株大牡丹前说："这就是曹国夫人。"大用这才知道自己的妻子和弟妹都是牡丹花神变的。大用回到家后，葛巾告之："三年前，看到你对牡丹情深，很感动，便变为女子嫁你，现在你知道真情，我要走了。"说完和玉版把孩子往地上一放，就无影无踪了。几天后，在放儿子的地方长出两株牡丹，一紫一白，花朵像盘子大，花色艳丽。后人将这两种名花叫"葛巾紫"、"玉版白"。

当幻灯片里出现一株紫色牡丹时，我问孩子们，你会想到她就是葛巾吗？而你看到那株洁白如云的牡丹时，会想到她是玉版吗？我童年时所有的幻想，无不来自这些花仙、狐仙啊。忧伤的时候，会呆呆地看着天上的一朵云，呆呆地想：那也是一个仙子吗？她会带我走吗？或者跑到田野里，看到那满山的野花，幻想着自己摇身一变，成为其中的一朵，再不要回来。

你们呢？你们总幻想着拥有一个魔棒，幻想着那来自遥远天国的小仙子。

随着幻灯片中美轮美奂的牡丹花的出现，更勾起了孩子们赏牡丹的心情。于是，五一那天，带着爱花的孩子们，赏牡丹去！

坐车一个半小时，就到了那座"万亩牡丹园"。那真是牡丹园啊！紫色的、粉红的、大红的、白色的牡丹花，泼泼洒洒地开放着，真的

是倾国倾城，国色天香。孩子们欢呼着，流连于牡丹的花香中。看到那镌刻于石头上的牡丹时，更是一种似见到老朋友的快乐。五一节后的第一个晨诵，我们再一次把生活和诗编织在了一起。看哪，孩子们的笑脸，就这样掩映于牡丹之中：

庭前芍药妖无格，池上芙蕖净少情。
唯有牡丹真国色，花开时节动京城。

牡丹的高贵，就这样种在孩子们心里了。

（四）暮春荼蘼

谷雨之后，一候牡丹，二候荼蘼，三候楝花。这时候，花事就要结束了。

《花之咏》课程的最后一首古诗，是王淇的《春暮游小园》。

春暮游小园

［宋］王淇

一从梅粉褪残妆，
涂抹新红上海棠。
开到荼蘼花事了，
丝丝夭棘出莓墙。

荼蘼是另一个品种的蔷薇，把她的图片给孩子们看，他们也很茫然，想不出在哪里见过她。

也没关系，我们就在诗里和她对话吧。梅花凋谢的时候，海棠开始绽放。等到荼蘼怒放的时候，春天就要结束了。这时候，荼蘼花带刺的枝条从长满青苔的墙壁伸出来，她一定也是很不舍得吧？

你们呢？不管舍不舍得，春天，真的就要结束了。

（五）花之咏

每一朵花里，都有一个故事。每一个孩子，就是一首诗，就是一朵最绚烂的花。在和春天说“再见”的时候，我们又用一节语文课的时间，学了纪伯伦的《花之咏》。

花之咏

［黎巴嫩］纪伯伦

我是一句话，大自然把我吐了出来，
又把我收了回去，藏在她的心室里，然后再把我吐了出来。
我是一颗星星，从湛蓝的天幕坠落到碧绿的地毯上。
我是大地的女儿，冬天把我孕育，
春天把我降生，夏天把我抚养，秋天催我入睡。
我是情侣间的一份礼品；
我是新娘头上的一顶彩冠；
我也是生者致以死者的一件赠物。
清晨，我与微风携手宣报光明的到来；
黄昏，我和百鸟一起向他告别。
平原上，我舞姿轻盈，为她打扮；
空气里，我叹吁呼吸，使她芳香四溢。
我拥抱大地，黑夜便眨着无数只眼睛看着我；
我召来白天，为的是用他的独眼观看世界。
我啜饮露水的琼浆，聆听鸟儿的歌唱，合着青草的拍子起舞。
我永远仰目朝天，不为看到我的幻想，而是为了看到光明。
这是人类尚未学到的哲理。
我永远仰目朝天，不是为了看到幻想，而是为了看到光明。

每一句话，都配着精美的幻灯片，芬芳的玫瑰，洁白的百合，蓝色的鸢尾，高贵的郁金香……她们的仰目朝天，就是为了看到光明，我们永远仰目朝天，不也是为了看到光明吗？

这人类尚未学到的真理，在我们经历了这样一段长长的旅程之后，孩子们能在以后的岁月里不断参悟吗？

然后，我把法国诗人巴尔蒙特的《为了看看太阳，我来到世上》又带到孩子们面前。

为了看看太阳，我来到世上

［法］巴尔蒙特

我来到这个世界为的是看太阳，
和蔚蓝色的田野。
我来到这个世界为的是看太阳，
和连绵的群山。
我来到这个世界为的是看大海，
和百花盛开的峡谷。
我与世界签订了合约，
我是世界的真主。

我战胜了冷漠无言的冰川，
我创造了自己的理想。
我每时每刻都充满了启示，
我时时刻刻都在歌唱。
我的理想来自苦难，
但我因此而受人喜爱。
试问天下谁能与我的歌声媲美？
无人、无人媲美。

我来到这个世界为的是看太阳，
而一旦天光熄灭，
我也仍将歌唱……
我要歌颂太阳，

直到人生的最后时光！

“我要歌颂太阳，直到人生的最后时光！”这是我们这个春天里的誓言。

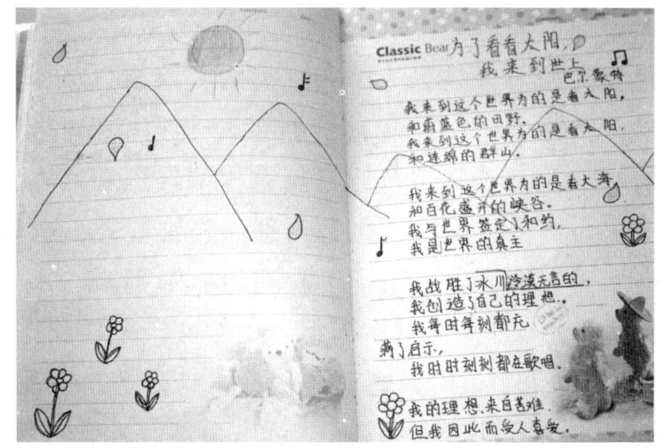

野外，大片大片的金鸡菊开得最灿烂的时候，我送给了孩子们一份特殊的礼物：在金鸡菊的簇拥下，留下了一张全班合影。我们就用这灿烂的笑容，纪念我们读过的那些花的诗词，纪念我们走过的这一段美丽的春天路程。

诗词故事：告别春天

春天结束时，我们读完苏联作家维·比安基的春季《森林报》，班级书架上的一套《新博物丛书》因此成为同学们最喜欢的书，因为这套书，很多孩子迷恋上了花花草草，也开始注意观察大自然中的各种植物，有的孩子已经能分辨身边的花草、树木和昆虫各属于什么科目。因为这样的阅读，他们一下子就对大自然敏感起来。

春天对我们来说，意味着什么？意味着当孩子们看到柳树发芽时，会吟诵“诗家清景在新春，绿柳才黄半未匀”，他们可以感受到生命的萌发；意味着当各种花儿竞相开放时，他们会吟诵“黄四娘家花满蹊，千朵万朵压枝低”，他们可以听懂花的语言，可以大声告诉自己，我永远仰目朝天，不是为了看到幻想，而是为了看到光明；还意味着春天结束时，他们会吟诵“江碧鸟逾白，山青花欲燃。今春看又过，何日是归年”。孩子们会没有遗憾地从容地往前走。亲近自然，亲近诗歌，在物候的变化当中，我们回归一种朴素的生活，诗意地栖居在大地上。

“为了看看太阳，我来到世上。”现在，我们终于可以欣慰地对春天说一声“再见”了。

只是，本该有的仪式仍然没有。

还好，第二年的春天结束时，我们有了一个补过的机会。立夏到来之前，我们用两个晨诵的时间，复习一年前春天里吟诵过的诗歌。这样的温习，是另一个意义上的“唤醒”。孩子们惊喜地发现，我们仍然能清晰地记得一年前的诗歌。当我把我们生活过的幻灯片一一放过时，大家都感觉恍若昨日。这样的经历和回顾，更显得弥足珍贵。

当然，是回顾，也是告别。告别春天，也告别一年前的时光。

那天的音乐，用了李叔同的《送别》。

长亭外，古道边，芳草碧连天。
晚风拂柳笛声残，夕阳山外山。……

我说，去年的春天，我们行走在农历的天空下，赏花踏青，听风听雨。今年的春天，草依旧绿，花依旧开，那些陪伴我们的诗词，依旧散发着芳香。

听，春节到了，我们贴春联去！欢快的音乐中，孩子们一起读：

爆竹声中一岁除，春风送暖入屠苏。
千门万户曈曈日，总把新桃换旧符。

眨眼，元宵节到了。还记得广场上那灿烂的烟花吗？那隐在灯火阑珊处的，是谁？请常严一来读辛弃疾的《青玉案·元夕》，读出那个夜晚的美丽：

东风夜放花千树，更吹落、星如雨。
宝马雕车香满路，凤箫声动，玉壶光转，一夜鱼龙舞。
蛾儿雪柳黄金缕，笑语盈盈暗香去。
众里寻他千百度，蓦然回首，那人却在，灯火阑珊处。

去年的元夜，花市灯如昼。今年的元夜再来时，你是否依旧和这些诗歌有约？请王文晓读，读出你自己的感觉。

去年元夜时，花市灯如昼。
月上柳梢头，人约黄昏后。
今年元夜时，月与灯依旧。
不见去年人，泪湿青衫袖。

立春之后是雨水。雨水无雨，我们却可以在王维的《春园即事》里，飘几滴文字的清雨。这时候，幻灯片里提示着：请王梦尧轻轻地，读出这首诗里的安静。

宿雨乘轻屐，春寒著弊袍。
开畦分白水，间柳发红桃。
草际成棋局，林端举桔槔。
还持鹿皮几，日暮隐蓬蒿。

一朵花，就是一个许诺的奇迹。那四盆水仙花，曾经开得那么泼泼洒洒。请刘心雨读黄庭坚的《王充道送水仙花五十枝》，读出你对水仙花的感觉。

凌波仙子生尘袜，水上轻盈步微月。
是谁招此断肠魂，种作寒花寄愁绝。
含香体素欲倾城，山矾是弟梅是兄。
坐对真成被花恼，出门一笑大江横。

一声春雷，惊蛰到了！请同学们一起读韦应物的《观田家》。把你想象成一个农夫吧，在你漫长的求学路上，耕种不辍。

微雨众卉新，一雷惊蛰始。
田家几日闲，耕种从此起。
丁壮俱在野，场圃亦就理。
归来景常晏，饮犊西涧水。
饥劬不自苦，膏泽且为喜。
仓廪无宿储，徭役犹未已。
方惭不耕者，禄食出闾里。

在这美好的早春时光里，请李沂晓用欣喜的语气，读读韩愈的《早春》：

天街小雨润如酥，草色遥看近却无。
最是一年春好处，绝胜烟柳满皇都。

夏可啊，你来读读杨巨源的《城东早春》吧，这里面，有你最喜欢的生命的颜色。

诗家清景在新春，绿柳才黄半未匀。
若待上林花似锦，出门俱是看花人。

聪聪啊，少壮不努力，老大徒伤悲，五年的时间了，你真的明白这句诗的意思了吧？请你充满希望地来读读《长歌行》：

青青园中葵，朝露待日晞。阳春布德泽，万物生光辉。
常恐秋节至，焜黄华叶衰。百川东到海，何时复西归？
少壮不努力，老大徒伤悲。

惊蛰之后，我们迎来了“三八”妇女节。在康乃馨成为母亲的象征之前，中国早有自己的母亲花，有孟郊的《游子诗》为证，请女孩子一起读——

萱草生堂阶，游子行天涯。
慈母倚堂门，不见萱草花。

此刻美丽的女孩子们啊，将来你们也要成为伟大的母亲。请一起读苏轼的《萱草》，记住她的秀丽挺拔——

萱草虽微花，孤秀能自拔。
亭亭乱叶中，一一芳心插。

很快，春天过去一半了。欧阳修的《阮郎归》里，是对美丽春天的赞美，也是对这如春天一样有着蓬勃生命力的女孩子的赞美。请吴秋璇读，读出你自己的感觉——

南园春半踏青时，风和闻马嘶，
青梅如豆柳如眉，日长蝴蝶飞。
花露重，草烟低，人家帘幕垂，
秋千慵困解罗衣，画梁双燕归。

清明节到了，在这个既是节日又是节气的日子里，谁能懂得孟云卿的悲伤？请崔淦维读他的《寒食》，把你感受到的读出来——

二月江南花满枝，他乡寒食远堪悲。
贫居往往无烟火，不独明朝为子推。

清明节又称扫坟节、鬼节，祭奠之人怎不断魂？诗歌最后的温暖，让这首诗妇孺皆知啊。请张云柏来读杜牧的《清明》——

清明时节雨纷纷，路上行人欲断魂。
借问酒家何处有，牧童遥指杏花村。

不只是清冷，不只是断魂，清明这天，原来也如此灿烂，请大家一起读范成大的《四时田园杂兴》——

高田二麦接山青，傍水低田绿未耕。
桃杏满村春似锦，踏歌椎鼓过清明。

三月三，这个古老的节日已经遗失得太久了，就让我们一起，在王羲之的《兰亭集序》里，去感受古代文人聚会的场景吧！

永和九年，岁在癸丑，暮春之初……

谷雨到了，让我们一起在王建的《雨过山村》里，感受清新和闲适。

雨里鸡鸣一两家，竹溪村路板桥斜。
妇姑相唤浴蚕去，闲着中庭栀子花。

看啊，满山的花儿开了。桃花开了，杏花开了，杜鹃开了……就这样，一片片花，一首首诗，在《花之咏》的整个吟诵中，我们又拥抱了整个春天。

……我永远仰目朝天，不是为了看到幻想，
而是为了看到光明。

是朗诵，也是我们对生命的理解。春天马上就要过去了，该有多少留恋？然而，我们是真的一点都不遗憾啊。因为我们曾经诗意地走过整个春天。以后，我们也将诗意地走过每一个春天。

第三章 夏 天

也无风雨也无晴

夏天，总是风大雨大。

六月二十七日望湖楼醉书

［宋］苏轼

黑云翻墨未遮山，白雨跳珠乱入船。
卷地风来忽吹散，望湖楼下水如天。

苏轼的这首《六月二十七日望湖楼醉书》，写得真是潇洒。黑云像打翻的墨汁在天上快速地散布开来，还没来得及遮住山头，白亮的雨点就在水面溅起无数像珍珠一样的水花。雨刚刚下了一会儿，忽然卷地而来的一阵大风就把雨和乌云吹得无影无踪，风雨后望湖楼下波光粼粼水天一片。

“风雨”，作为这首诗里的意象，告诉我们生命必将遭遇突如其来的风暴，我们当以欣赏的姿态，欣赏黑云白雨以及雨后的湖水如天。

而他的《定风波》则传达着更深的感发力量。

定风波

［宋］苏轼

莫听穿林打叶声，何妨吟啸且徐行。竹杖芒鞋轻胜马，谁怕？一蓑烟雨任平生。

料峭春风吹酒醒，微冷，山头斜照却相迎。回首向来萧瑟处，归去，也无风雨也无晴。

“莫听穿林打叶声”这是风雨交加的时刻，雨水穿过树林打在树叶上，怎么办？莫听。不听怎么办？“何妨吟啸且徐行”，继续吟诗唱歌，以前的路怎么走的，现在还怎么走。我有竹杖，还有芒鞋，我觉得它们很轻快，比骑着马还舒适。那么，有了这种心境，还怕“穿林打叶声”吗？不怕。一身蓑衣，就足以应对人生的苦雨终风。

料峭的春风吹过来，感到一丝寒冷。最妙的是后一句，忽然间一抬头，看到了山头那西斜的太阳，心中马上升起一种亲切和温暖的感觉。如果你知道，风雨之后必定是晴天，就会对世间的循环有一种了悟，就不会永远沉陷在悲苦和挫折之中。

理解了这些，当你回头看自己来时的路，穿林打叶，雨打风吹，不是很萧瑟很凄凉吗？可是，我们仍然要悠然地走自己的路，走向自己所追求的那个目的地，那么，在你的心中，就既没有风雨，也没有晴天了，真是一种超然的旷观！

也无风雨也无晴——就这样上路吧。

第一节　立夏

2008 年 5 月 5 日立夏到了，夏天也就开始了。

立是建始的意思，夏是大的意思，是说万物至此皆长大。

生命之旅：迎接夏天的到来

这是一个农作物生长的季节。

晨诵时，我先介绍了周朝在立夏这天的庆祝活动，然后告诉孩子们这样一个谚语：蝼蝈鸣，蚯蚓出，王瓜生，苦菜秀。也就是说，这一节气中首先可听到蝼蛄在田间的鸣叫声，接着大地上便可看到蚯蚓掘土，然后王瓜的蔓藤开始快速攀爬生长，苦菜的叶子也能吃了。当我通过幻灯片给孩子们看田野里开出黄色小花的苦菜时，孩子们惊呼："哦，苦菜花！"是啊，夏季的餐桌上，经常出现苦菜，只是不知道，这不起眼的苦菜，竟然有如此美丽的花。

几天之后的一个夜晚，我和几个家长带着孩子们在外面散步。"快看，这是蝼蝈！"房宸赓的妈妈把孩子们叫过去。黄色的、长长的蝼蝈，孩子们都是第一次看到。"我们习惯叫它蝼蛄，这是一种害虫，它在土中咬种子，或者咬断幼苗的根茎。蝼蛄活动的时候，就能在地面见到它穿成的隧道。"房宸赓的妈妈和孩子说着的时候，蝼蝈飞走了。

通过课程，我们将能认识到更多，这也是"语文"，将语词与生活、与生命、与世界更真切地联系在一起。

那天的晨诵，我们诵读了赵友直的《立夏》：

立　夏

［宋］赵友直

四时天气促相催，一夜薰风带暑来。
陇亩日长蒸翠麦，园林雨过熟黄梅。
莺啼春去愁千缕，蝶恋花残恨几回。
睡起南窗情思倦，闲看槐荫满亭台。

这首诗不难理解。前两句写了立夏到来时的节气特点：四季气候不停地相互"催促"，这不，一夜暖风吹来，就到了立夏时节。白天一天天地变长了，田里翠绿的麦子渐渐成熟，一场雨后，园子里的黄梅就熟透了。后面紧接着写作者对已逝的春天的留恋：黄莺啼叫，春天

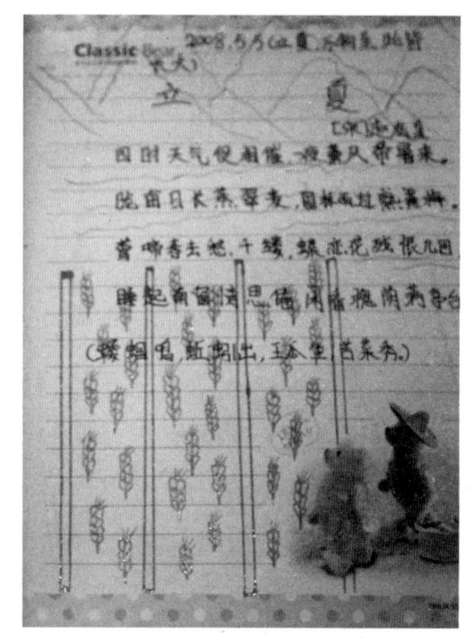

就无可奈何地逝去了，让人愁绪万千，还有些蝴蝶在残败的花朵上流连，仿佛不时地感觉到遗憾。从南窗之下睡醒，思绪还停留在梦中，仍有些疲倦，就呆呆地看着槐树投射在亭台上的那份阴凉。

晨诵之魂在“诵”——季节转换的这天，我们要用声音，迎接夏天的到来。

“‘一夜薰风带暑来’。不管你愿不愿意，夏天来到了。对农民来说，这是个丰收的季节；对我们来说，我们要在这个季节里完成四年级的学业，也是一个丰收的季节。请读第一句——”

“四时天气促相催，一夜薰风带暑来。”嗬，瞧聪聪的样子，腰板挺得直直的。夏天到了，亲爱的聪聪啊，你准备好迎接挑战了吗？

“看啊，麦子渐渐成熟了，南方的夏天，黄梅也熟了。这是收获的夏天，热烈的夏天，让我们用满心的热情迎接它吧。请读第二句——”

“陇亩日长蒸翠麦，园林雨过熟黄梅。”齐刷刷的声音。这是夏天的声音，是我们对大地的赞美。

“春天去了，诗人愁绪万千；花儿败了，蝴蝶流连不已，这也是诗人的流连，何尝不也是我们的流连呢？请读第三句——”

“莺啼春去愁千缕，蝶恋花残恨几回。”晨诵时，崔淦维永远都是最投入的。此刻，他的眼神里，也有了留恋。亲爱的孩子啊，我们看过春天的美丽了，夏天的风景就在前面等着我们呢。

“立夏这天的午睡，似乎就染上了不一样的味道：一觉醒来，春天已经永远留在梦里。看着那槐树投在亭台上的阴凉，告诉自己：夏天到了，迎接夏天吧！请读第四句——”

“睡起南窗情思倦，闲看槐荫满亭台。”带着笑意的脸，带着笑意的声音。

“同学们啊，因为留恋春天，留恋那满树的花儿，在夏天到来时，我们才会更加珍惜夏天。这样，秋天到来时，我们才能对自己说：我没有辜负夏天，没有辜负那满地的小麦。当小麦收获的时候，也是你们学业收获的时候啊。带着对这个夏天的向往，我们一起来读读这首诗吧——”

仍然是单个读，合作读，齐读——“一夜薰风带暑来”，夏天，就这样来了！

班级故事：如果我能使一颗心免于哀伤

2008 年 5 月 5 日立夏。

5 月 12 日，发生了震惊世界的汶川特大地震。

顷刻间，那么多鲜活的生命，倏忽之间就那样消失了；那么多和女儿一样同龄的孩子，也在这突如其来的灾难中离开了亲爱的父母，离开了他们的梦想……

我们每个人的心里，都有一种椎心的痛。

面对灾难，我们不能像什么都没有发生过一样。我们总得做些什么。我们能做什么呢？

5 月 14 日，我们用了一节课时间，回顾汶川地震的情形，当一张张图片出现在孩子们面前时，他们流泪了。我们为不幸遇难的人默哀，我们一起祈祷、祝福：

祈祷那些还在废墟下的人们，能够尽快营救出来！

祝福那些活下来的人们，能够生活得更好！

祈祷他们的家园能够尽快重建！

除了祈祷和祝福，面对灾难，我们还能做些什么？在学校组织捐款活动时，我带着孩子们朗读艾青的《我爱这土地》。

我爱这土地

艾青

假如我是一只鸟，
我也应该用嘶哑的喉咙歌唱：
这被暴风雨所打击着的土地，

这永远汹涌着我们的悲愤的河流，
这无止息地吹刮着的激怒的风，
和那来自林间的无比温柔的黎明……
——然后我死了，
连羽毛也腐烂在土地里面。

为什么我的眼里常含泪水？
因为我对这土地爱得深沉……

我们的土地啊，正被暴风雨所打击；那汹涌的河流啊，有我们的悲愤；那无止息的风，也有我们的激怒；可是，比这些更重要的，是那来自林间的无比温柔的黎明。

你的援助，我的援助，每一个人的援助和关爱，就是那无比温柔的黎明。当你们把自己的力量带给那些最需要关爱的人时，你们也就把黎明带给了他们。

为什么我的眼里常含泪水？
因为我对这土地爱得深沉……

当孩子们含着眼泪读出这首诗，我知道，他们在慢慢理解“这土地”的含义。第二节课后，学校组织师生共捐活动，孩子们郑重地把自己的零花钱、压岁钱投到捐款箱里。

后来，干老师、马老师他们去了绵阳“八一”帐篷小学，把儿童课程带给灾区的儿童，并在教育在线贴出了“为灾区儿童捐献童书和绒布玩具”的帖子。在我们班里，在我们学校里，这项活动也悄悄开始了……

“我觉得《獾的礼物》这本书很适合他们读，因为这是一个如何面

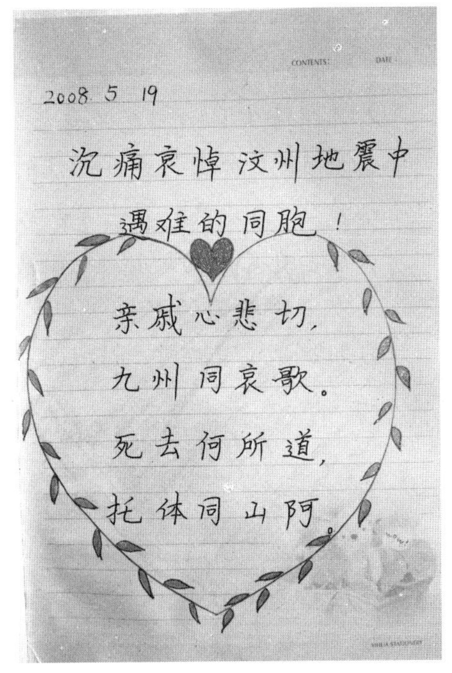

对死亡的故事。”

“我想重买一本《山居岁月》送给灾区的同学，这个故事会告诉他们生命中蕴藏着的巨大能量。”

“《特别的女生萨哈拉》啊，《一百条裙子》啊，我觉得一定会得到灾区女孩子的喜欢，因为这是梦想的故事。”

……

当孩子们你一言我一语地讨论捐什么书时，我很为他们骄傲。毕竟，他们接触了那么多优秀的童书，他们知道灵魂深处的渴求。捐赠那天是2008年5月19日，星期一，是全国哀悼日。升旗仪式上，王文晓代表我们班的同学在国旗下讲话——

亲爱的老师、同学们：

大家好。今天，我演讲的题目是：“让爱心在我们每个人手中传递”。

是的，当大地渐渐平息，而那些受灾孩子的心灵却还笼罩着一层阴影，久久不能散去。灾后重建，除了衣食和安全保障，心灵的安抚也是同样重要的。马上就要到六一儿童节了，灾区的很多孩子已经实行了军事化管理，在他们的帐篷学校里生活、学习着。这些孩子，有的永远地失去了父母，有的和父母远远隔离，那么，我们能给他们送上一份什么样的六一礼物呢？

一本书，一个绒布玩具——我想，就是他们最需要的吧！我们双语学校的孩子是热爱阅读的，我们也都知道阅读的意义。一本好书，一定能给灾区的孩子带去很大的心灵安慰；一个绒布玩具，也一定能陪伴着他们进入甜美的梦乡。那么，我们为什么不行动起来呢？让爱心，在我们每个人手中传递。

上个周末，我从自己的书橱里，找出了 30 本崭新的书，打算捐给灾区的孩子。这些书都是我非常喜欢的，比如《山居岁月》《德国，一群老鼠的童话》《人鸦》《特别的女生萨哈拉》《大盗贼》《一百条裙子》《荒漠天使》等等。选好书以后，我又和妈妈一起去商店，买了漂亮的信封和彩色信纸，还有一些漂亮的书签。回家后就开始给灾区的同学们写信，我和妈妈一共写了四封信，其中在一封信中，我写到了这样一段话：

“今天，我给你寄去一本《山居岁月》，这是我非常喜欢的一本书，讲的是一个名叫山姆的男孩独自居住的故事。山姆坚强、有智慧，在远离父母之后，一个人生活得非常快乐。在荒无人烟的山中，他的衣食住行都是自己解决的——我相信，当你翻开这本书时，山姆会给你更多的力量，也会让你更加坚强。在这次灾难中，你们坚强地活了下来，就要更加坚强地活下去。此时此刻，你们不是一个人，很多人都在关注你们，你们不会孤单的！读完这本书后，如果你愿意，可以给我写回信，谈谈你的生活和你读这本书的感受（就用我给你寄去的这个信封，下面写上你的通信地址就可以了）。如果能收到你的信，我会非常高兴，也会在第一时间给你写回信的。这样，我们就可以成为永远的好朋友了。”

写完信后，想到灾区的儿童在读到我捐出的书时，还能读到我的信时的高兴，我也觉得特别高兴。也许，从现在开始，我就有了来自灾区的好朋友；也许，这些远方的朋友，会成为我一辈子的朋友。

因为我捐的书比较多，不可能每一本书里都夹一封信。妈妈告诉我，可以在其他书里夹书签，书签的反面写上几句话。于是，我和妈妈一起，写了很多书签，比如：阅读，就是用另一双眼睛看世界；亲爱的朋友，打开阅读的窗子，你会发现另一个世界……

周末，我和妈妈一起，去利群超市买了一个新的绒布玩具：一个可爱的金毛鼠。我很喜欢这个玩具，希望她能早日到达她的小主人身边。亲爱的同学们，让我们行动起来吧，用我们的爱心，给灾区的孩子捐出几本书，一个绒布玩具——这个世界，一定会因为我们的奉献变得更加美好！

就这样，吴秋璇捐出了三十本书，夏樱心的妈妈买了三个大大的崭新的绒布玩具……最后清点归类时，孩子们捐出的书，竟然占满了我们的书柜。

晨诵时间，我把狄金森的《如果我能使一颗心免于哀伤》带到孩子们面前。

如果我能使一颗心免于哀伤

［美］狄金森

如果我能使一颗心免于哀伤
我就不虚此生
如果我能解除一个生命的痛苦
平息一种酸辛
帮助一只昏厥的知更鸟
重新回到巢中
我就不虚此生

如果我能使一颗心免于哀伤，我就不虚此生。这是我们这个夏天的誓言，也是我们以后面对灾难时所能做出的选择。

第二节　小满

小满小满，叫起来像极了一个乡村女孩子的名字。

2008 年 5 月 21 日是小满。

生命之旅：看哪，麦子成熟了

“四月中，小满者，物至此小得盈满。”这时候，麦子籽粒饱满，但还没有成熟。前天下午放学后，和李沂晓的妈妈带着孩子们去看虞美人，单瓣的虞美人娇媚，重瓣的就觉得艳丽了。几个孩子看到几株饱满的小麦时，惊喜地叫起来：“看哪，麦子成熟了。”

我很是感慨地说，孩子们离大地还是太远了。

诗词故事：田家此乐知者谁？

小满的晨诵，我们就来学习欧阳修的《归田园四时乐春夏二首（其二）》。晨诵之前，我就把这首诗和解读印发给了孩子们。

归田园四时乐春夏二首（其二）

［宋］欧阳修

南风原头吹百草，草木丛深茅舍小。
麦穗初齐稚子娇，桑叶正肥蚕食饱。
老翁但喜岁年熟，饷妇安知时节好。
野棠梨密啼晚莺，海石榴红啭山鸟。
田家此乐知者谁？我独知之归不早。
乞身当及强健时，顾我蹉跎已衰老。

这首诗分为两部分，第一部分是前八句，描写了这个时节的景色：夏季的南风吹来，吹动了原野上的野草；草木丛深之间，有农人们小小的茅舍。麦穗已经抽齐，微风一吹，就像小孩子摇头晃脑般可爱；桑树上的叶子正长得茂盛，可供蚕儿们吃饱。对于农家来说，他们为有丰收年而高兴，这个时节的美好他们是无暇顾及的。

第二部分是诗的最后四句，诗人发出了历尽沧桑的感慨：这种田园之乐有谁能理解呢？当我懂得这种快乐时已经太晚了。我应该在身体强健时退隐啊，可是看看现在，岁月蹉跎，自己已经衰老了。

这是和麦子有关的节气。所以，我略过诗人，讲了“小满”的意思之后，就带着孩子们把目光投注到诗歌本身。

我先读了一遍，然后请几个孩子说了说这首诗的意思。理解了，我们就开始读。

“夏天的草高了，才显得农人们的茅舍很小。但是，这并不能阻挡他们的喜悦。”说着，幻灯片里一片已抽齐的麦穗，“麦子，是大地的丰腴；农民，是我们的衣食父母。你可能体会到他们的喜悦？他们的辛劳？他们对大地的崇拜？请读第一部分——”

分别请几个孩子读下来，喜悦的声音里，在我的提示下，有了敬畏。

“诗人的感慨，源于他自身的经历。顾我蹉跎已衰老，真的是无尽的沧桑啊，请读——”

“田家此乐知者谁？我独知之归不早。乞身当及强健时，顾我蹉跎已衰老。”常严一的声音里，竟然有说不出的沧桑感。

“我想知道的是，你亲近过麦子吗？你能懂得这田园之乐吗？”我走到崔艺格身边，说，“田家此乐知者谁？”

崔艺格一怔，接着就笑了：“田家此乐知者我。我特别喜欢大自然，麦子熟了的时候，妈妈就带我去麦地，闻闻麦子的味道。那种味道，很香。”

“田家此乐知者谁?”我走到吴泽同身边。

他也笑了：“田家此乐知者我。记得去年，我们几个小伙伴去马莲台玩。那里有一片片的麦地。我们在麦地里捉迷藏，麦子很扎人，可是当我们穿梭在里面的时候，有一种说不出的快乐。”

“哦，这是亲近大自然的快乐啊，你们可真是幸运。”我又走到李沂晓身边，问道，“田家此乐知者谁?”

“嗯，我……”李沂晓有些不好意思，“我没有和他们那样的快乐。但是，每年麦子熟了的时候，老家的人就会送来很多煮熟了的麦子。周末，我就和奶奶坐在阳台上，把每一粒麦子都搓下来，搓出一大碗。奶奶就用一个干净的小塑料袋给我装起来，出去玩的时候，我就带在身边吃。麦子的味道，我也很喜欢。”

“老师，田家此乐知者我呢!”张旭迫不及待地站起来，“有一年，我们几个好朋友在麦地里玩，玩累了，肚子也有些饿了，我就倡议大家烧麦子吃。我们就去麦地里拔了一些麦子，偷偷地点着火，把麦子烤着吃。结果烤得太过了，我们几个人吃得满嘴一片黑。”

张旭一边说一边比画，孩子们乐得哈哈大笑。

我没有说什么，只是摇摇头，用表情告诉他这样做不对!

“多好啊，我还以为你们都没有亲近过麦子呢!那么，就让我们再来读读这首诗吧，在这个‘麦穗初齐稚子娇’的日子里。”

分读，齐读，我们也似乎闻到了麦子的香味。

第三节　芒种

太阳黄经为75°时，2008年6月5日芒种到了。

晨诵开始时，我就从“芒”这个字讲起，我先在黑板上写出了“芒”的小篆：

从字形上看，“芒”是指谷类植物种子壳上或草木上的针状物。

“芒种”的意思是，麦类等有芒作物开始收获，谷黍类作物则开始播种。这时候，麦子成熟，抢收十分急迫。对于晚谷、黍、稷等夏播作物，此时也正是播种最忙的季节，故又称“忙种”。

因此，“芒种”也称为“忙着种”，是农民播种、下地最为繁忙的时节。

生命之旅：我们共同的庄稼

我给孩子们讲我小时候在农村的生活经历：农忙时节，我们就跟着大人抢收小麦。印象最深的是小麦脱粒时的情景。那时候，脱粒机很少，自家的麦子什么时候脱粒要抓阄来决定。印象中，我家总是在晚上脱粒，而且是有月光的夜晚。那时候，我们小孩子总是很开心，仿佛过节似的。大家在场院里跑来跑去，就等着脱粒机开始工作。机器声响起来时，有人负责从麦垛上拿麦子，有人负责把麦子梳理整齐，我被安排的工作是把小麦放到脱粒机口，大人就拿着簸箕等负责接收小麦，这道流水线安排得井井有条，收获的喜悦写在大人的脸上。我喜欢的，却是自己能成为这道流水线上不可或缺的一个。因为是一大家人，脱粒机要忙大半个晚上。那时候不觉得累，仿佛到了一场戏的收场，总舍不得它落幕。小孩子总是熬不了多久，困了，就找个麦垛一靠，很快就睡着了。被大人叫醒时，脱粒机已经转移到了另一家。看到一粒粒饱满的麦子在月光下闪着光芒，我小小的心里，充满了喜悦。

“哇，那么自由啊，你可真幸福。”李沂晓夸张地说。

那种幸福和快乐，现在的孩子是体会不到的了。他们只能在诗歌里，去感受农忙了。

接下来，我们晨诵和语文课连起来，学习白居易的《观刈麦》。

这首诗比较长，昨天下午放学后，我抄在了黑板上。

观刈麦

［唐］白居易

田家少闲月，五月人倍忙。夜来南风起，小麦覆陇黄。

妇姑荷箪食，童稚携壶浆。相随饷田去，丁壮在南冈。
足蒸暑土气，背灼炎天光。力尽不知热，但惜夏日长。
复有贫妇人，抱子在其旁。右手秉遗穗，左臂悬敝筐。
听其相顾言，闻者为悲伤。家田输税尽，拾此充饥肠。
今我何功德，曾不事农桑。吏禄三百石，岁晏有余粮。
念此私自愧，尽日不能忘。

我告诉大家，白居易一生作诗很多，语言通俗易懂，被称为“老妪能解”，意思是连老妇人都挺容易理解。这首诗同样如此。《观刈麦》是白居易任陕西周至县尉时写的。刈，收割的意思。观刈麦，就是看农民收割麦子。五月，本是收获的季节，农民们却因为苛捐杂税而无法品尝收获的喜悦。

“什么是苛捐杂税？”一个孩子问道。

“苛捐杂税，通俗一点说，就是农民种地要交钱。白居易生活的年代，是唐朝中期，那时候实行了一种税收制度，叫两税法，每年的夏、秋两季征收。这就出现了什么情况呢？一年要交两次税啊！农民交不起税的，就只有把地卖给有钱的人家。问题是，卖掉的这块地的税却仍旧由农民来交……”

“啊？怎么会这样？”孩子们惊异地睁大了眼睛。

“是啊，就是这样残酷。农民交不上税怎么办？只有逃亡，或者去给地主打工。白居易做的这个官就是主管征收捐税等事，他对劳动人民在这方面所受的灾难也知道得最清楚。所以，这首诗写得是很沉重的。”

“我就不明白，农民怎么会交不上税呢？他们不是种地吗？”李沂晓问。

“因为税收很高啊。”历史离他们毕竟远了一些。我不想在这里费时间，就说，“这些问题，你们可以从班级书架上的《中国历史》里找到答案，我们先来看这首诗。”

我慢慢地读了一遍。辛苦、悲伤、无奈、惭愧，复杂的感情，在朗读中缓缓展开。

教室里很静。

我在帮助孩子们理解这首诗的同时，也理出了这首诗的结构。

全诗分四层，第一层四句，交代时间及其环境气氛。意思是：农户人家一年四季很少有闲暇的时候，特别是到了五月收麦子的季节，人们更是加倍地繁忙。夜里，一阵南风吹起，满地的小麦覆盖着田垄，到处一片金黄。

这四句总领全篇，而且一开头就流露出了作者对劳动人民的同情。“夜来南风起，小麦覆陇黄”，一派丰收景象，大画面是让人喜悦的。请读出你们的感觉——

请常严一起来读，是一种喜悦。

请刘心雨起来读，喜悦里透着同情。

第二层八句，通过具体的一户人家来展现这“人倍忙”的收麦情景。

姑娘媳妇们肩挑着食盒，孩童们手提着壶浆，互相招呼着送饭到田里去，因为那些青年壮汉正在南冈收割小麦。他们低头割麦，脚底下蒸腾着湿热的土气，脊背上照射着灼人的太阳。本来已经累得筋疲力尽，但仍顾不上炎热，只想珍惜这初夏较长的天光，能够多干点活。

写到此处，一幅农民辛苦劳碌的情景，已经有力地展现出来。

男孩子读，女孩子读，全班一起读，读出了农民的辛苦。

第三层八句，镜头转向一个贫妇人，她被捐税弄得破了产，现在只能以拾麦穗为生，这是比全家忙于收麦者更低一个层次的人。你看她的形象：左手抱着一个孩子，臂弯里挂着一个破竹筐，右手在那里捡人家落下的麦穗。这有多么累，而收获又是多么少啊！但有什么办法呢？听她说说她的遭遇，真是令人同情与伤心——为了缴纳官税，她家卖光了田地，如今无田可种，无麦可收，只好靠着别人收割时散落的碎麦来生活。我们可以想象：现在忙于收割的人家，明年也有可能像她那样，无地可种啊。

请几个女孩子起来读——女孩子们读得小心翼翼，是那种源自内心的同情。

第四层六句，写诗人面对丰收下出现如此悲惨景象的自疚自愧。意思是：我又有什么功劳和德望？既不务农，也不采桑，可一年的俸禄竟有三百石，到年末，仓库里还存有余粮。默念着这些，私下里越发感到羞愧，乃至终日都不能把它遗忘。

“你觉得白居易是个什么样的官？”我问。

“一个很有良心的官。”

“一个很体谅百姓的官。”

“一个很懂得反省自己的官。”

“那就把你的感觉读出来——”

“今我何功德，曾不事农桑。吏禄三百石，岁晏有余粮。念此私自愧，尽日不能忘。”有诗人之称的张旭，读来格外有感觉。

“芒种芒种，小麦覆陇黄了，农民的生活，却没有大的改观。你心里什么感觉？”

孩子们说很为他们难受。

“那就读吧，读出你面对这一片麦地时的感受——”

自由读后，请几个同学分角色读。入情入境，分寸把握得很不错。

“这样的场景，今天当然已经看不到了。那么，芒种这天，我们学这首诗的意义在哪里呢？”我停了停，看到孩子们举起了手，没有让他们回答，就接着说下去，“我一直说，我们都是农人，麦子是农民的庄稼，知识是你们的庄稼，白居易的《观刈麦》是我们共同的庄稼。今天的学习，你到底有哪些收获？这是你自己要问自己的事情。最后，我们再走进这块庄稼地，读一读，想一想——”

田家少闲月，五月人倍忙。

夜来南风起，小麦覆陇黄。

……

字字句句里，我看到孩子们的眼神，有了一些凝重。

节日故事：端午节

2008年6月8日的端午节，是我国第一次传统节日放假的日子。也许就是因为这个原因，这个节日，忽然就隆重起来。

几天前，我就和孩子们酝酿着，我们要在教室里包粽子来庆祝端午节，孩子们很是兴奋。

很自然，早上的晨诵，我们就从端午节的传说说起。

端午节是农历五月初五，是我国汉族人民的传统节日。端是“开端”、“初”的意思。初五可以称为端五。这一天必不可少的活动有：吃粽子，赛龙舟，挂菖蒲、艾叶，熏苍术、白芷，喝雄黄酒。据说，吃粽子和赛龙舟，是为了纪念屈原。屈原生活在战国中后期，当时七国争雄，其中最强盛的是秦、楚二国。屈原曾在楚国内政、外交方面发挥了重要作用。后来，虽然他遭谗去职，流放江湖，但仍然关心朝政，热爱祖国。最后，毅然自沉汨罗江，以殉自己的理想。

我们把端午节的主题定为“走近屈原”，从读司马迁的《屈原列传》开始。我提前把原文和译文打印了下来，一共四页纸。第一个晨诵，我们只读了第一小节。

屈原者，名平，楚之同姓也。为楚怀王左徒。博闻强志，明于治乱，娴于辞令。入则与王图议国事，以出号令；出则接遇宾客，应对诸侯。王甚任之。上官大夫与之同列，争宠而心害其能。怀王使屈原造为宪令，屈平属草稿未定，上官大夫见而欲夺之，屈平不与，因谗之曰：“王使屈平为令，众莫不知。每一令出，平伐其功，曰以为‘非我莫能为也’。”王怒而疏屈平。

【译文】屈原名平，与楚国的王族同姓。他曾担任楚怀王的左徒。见闻广博，记忆力很强，通晓治理国家的道理，熟习外交应对辞令。对内与怀王谋划商议国事，发号施令；对外接待宾客，应酬诸侯。怀王很信任他。上官大夫和他官位相等，想争得怀王的宠幸，心里嫉妒屈原的才能。怀王让屈原制定法令，屈原起草尚未定稿，上官大夫见了就想夺走它，屈原不肯给，他就在怀王面前谗毁屈原说：“大王叫屈原制定法令，大家没有不知道的，每一项法令发出，屈原就夸耀自己的功劳说：除了我，没有人能做的。”怀王很生气，就疏远了屈原。

我先读原文，然后请同学们对照着下面的注释逐句翻译。接下来，我就一句一句地教孩子们读原文——这种极其朴素的读，要完全靠声音，而声音的传递，则依赖于自己的理解。没有灵魂的朗读，永远都是飘忽不定的。

我理解屈原作为中国文化符码的意义所在，“路漫漫其修远兮，吾将上下而求索”，这种执著，影响了多少中国的文人志士。我确信自己的朗读，是可以传递一种力量的——果然，几遍之后，有的孩子已经把这段文字背诵下来了。

那天晚上我留的语文作业，就是把这一段背下来。第二天检查，孩子们全部通过。但是，再往下进行就难了。第二天的晨诵，学习第二小节的前半部分。朋友说，不要让你的学生消化不良啊。

于是，我放弃了对原文的朗读和背诵，只带着孩子们读了读译文，了解了屈原的人生道路，知道了屈原为什么愤投汨罗江。然后，我们开始学习《屈原·渔父》。

屈原既放，游于江潭，行吟泽畔，颜色憔悴，形容枯槁。

渔父见而问之曰：“子非三闾大夫与！何故至于斯?”

屈原曰：“举世皆浊我独清，众人皆醉我独醒，是以见放。”

渔父曰：“圣人不凝滞于物，而能与世推移。世人皆浊，何不淈其泥而扬其波？众人皆醉，何不哺其糟而歠其酾？何故深思高举，自令放为?”

屈原曰：“吾闻之，新沐者必弹冠，新浴者必振衣；安能以身之察察，受物之汶汶者乎？宁赴湘流，葬于江鱼之腹中。安能以皓皓之白，而蒙世俗之尘埃乎！”

渔父莞尔而笑，鼓枻而去，乃歌曰：“沧浪之水清兮，可以濯吾缨；沧浪之水浊兮，可以濯吾足。”遂去，不复与言。

我读了一遍原文后，让孩子们自己读一遍，尝试着说说屈原和渔父到底在说什么。

虽然有些难，但还是有几个孩子举起了手。

丁志铎说：“屈原一辈子都不得志，我感觉是渔父要劝屈原和他一起去钓鱼吧?”

“不对，”张云柏说，“应该是渔父劝他不要太固执，别人怎么样他就怎么样，大家都浑浊好了。‘世人皆浊，何不淈其泥而扬其波？’应该就是这个意思。”

“我觉得屈原很坚决，”崔淦维说，“渔父无论说什么，他都坚持自己的理想。因为最后渔父唱着歌走了嘛，肯定是他没有说服屈原。”

……

“那么，这到底是一个什么样的故事呢？”当孩子们很想知道时，我用了极尽感染力的语言介绍了这个故事，孩子们豁然开朗。毕竟是通过《屈原列传》，他们已经了解过屈原的生平了。

“那么，他俩到底谁说得对？”王文晓很是疑惑。

“都对，这是两种不同的人生选择，选择担当还是选择逍遥，都是对的。”

我说这句话时，内心里知道，他们并不是十分理解。后面，当我们在做过杜甫专题，做过儒家课程之后，他们才真正理解了屈原作为中国文化符码的意义。

当时，我也没有做过多解释。我告诉孩子们，屈原真的在和这个渔父对话吗？其实，《屈原·渔父》表现的是屈原自己内心的一种矛盾。渔父和屈原的对话，就是屈原的自问自答：做一个隐者还是做一个为国尽忠的人？所以，文章最后谁也没有说服谁。但屈原的“安能以皓皓之白，而蒙世俗之尘埃乎”的心灵独白，却成为千古名句，屈原的清洁精神，和他的执著坚持，让多少人深深感动。

然后，我一句句地带着孩子们读原文，读出渔父的潇洒和屈原的执著。第二个晨诵时，我对原文稍稍改动，我来读渔父的话，请常严一来读屈原的话，提示语全班同学一起读。

屈原既放，游于江潭，行吟泽畔，颜色憔悴，形容枯槁。

屈原的心里，有了两种声音。一个声音是："子非三闾大夫与！何故至于斯？"

另一个声音马上响了起来："举世皆浊我独清，众人皆醉我独醒，是以见放。"

是啊，整个世界都是污浊的，屈原的清洁清神多么难能可贵！

然而，第一个声音又响起来："圣人不凝滞于物，而能与世推移。世人皆浊，何不淈其泥而扬其波？众人皆醉，何不哺其糟而歠其酾？何故深思高举，自令放为？"

我可以与世人同流合污吗？我可以放弃自己的理想吗？不！不可以！即使是投身湘江，我也绝对不能放弃！你听，第二个声音是如此坚定："吾闻之，新沐者必弹冠，新浴者必振衣；安能以身之察察，受物之汶汶者乎？宁赴湘流，葬于江鱼之腹中。安能以皓皓之白，而蒙世俗之尘埃乎！"

这个有着清洁精神的屈原，是多么倔强！这个世界干净也罢，污浊也罢，又与我何干呢？

"沧浪之水清兮，可以濯吾缨；沧浪之水浊兮，可以濯吾足。"

这时的江边，只有踽踽独行的屈原。

天地之间，却留下了一个不朽的灵魂。

这两种声音，我到底应该听从哪一种？我不需要他们做出选择，只希望在漫长的人生路上，这两种声音能时时在他们耳边回荡。

接下来，我又请几个孩子分角色读了两遍，然后两个同学一组进行对话。时间过得很快，晨诵一会儿就结束了。

第三个晨诵时间，我又拿出原文，但我们只是对话。当随机抽到的两个孩子上台时，我不断地提醒他们的语气和动作，屈原的形象，越来越高大，结果是，孩子们大多都能背诵了。

端午节放假前一天的下午，我们开始一起包粽子。桌子拼起来，擦得干干净净，家长们把面板放在桌子上。泡好的糯米摆上了，大大的红枣摆上了，煮过的粽叶也摆上了。教室里，一下子充盈着米香和枣香和粽叶的香气。一位妈妈负责教大家怎么包：先把粽子叶以1∶3折成漏斗状，一定用手握好，然后先在最底部放一颗枣，这样米就不会漏出来了，之后放糯米，再适当放几颗枣，如果喜欢可以多放，不喜欢就少放，直到放到漏斗装满，然后把多出来的叶子盖住漏斗的口，最后用线缠好。关键是一定要压得结实一点，不然等煮的时候就散了。

孩子们目不转睛地看着，聚精会神地听着，还不时地点着头，似乎听明白了，但要真正自己包，还是问题多多。

“我放的米和枣怎么都漏了？”

“我怎么盖不住口啊？”

“到底怎么用线缠啊？”

……

不知浪费了多少粽叶，不知尝试了多少次，才包出一个自己满意的粽子——但这些都不重要了，重要的是，孩子们在这个过程中，闻到了端午节的味道。

晚上回到家，我又被李沂晓的妈妈叫到她家去包粽子。两家人围坐在一起，粽叶一折，枣和米放进去，多出来的叶子一翻——技术娴熟多了。一个多小时的时间，我们包了一大锅粽子，加水漫过粽子，大火煮半个小时，然后再用小火煮一个小时……第二天早上，我们终于吃到了自己包的粽子。

那天，女儿还收到了端午节的礼物——一个漂亮的小香囊，用五色丝线缝制，配在胸前，很好看，还有淡淡的清香味道。

节日的味道，就这样孕育出来了。

第四节 夏至及小暑大暑立秋处暑

太阳黄经90°时，2008年6月21日夏至到了。

“冬至之后日初长，夏至之后日初短哦。”夏至来之前，王梦尧笑盈盈地对我说。

“是啊，夏至这天是一年当中白天最长的日子。”我笑着和她说起我小时候的经历，“冬至饺子夏至面，是我们这里的风俗。记忆中的夏天，印象最深的就是妈妈下出面条后放到凉开水里一过，拌上豆角炒肉，夏至的味道，就是在吃的过程中蔓延开来的。夏至那天，记得要让妈妈给你做凉面吃啊！”

夏至这天，也是四年级结束的日子。夏至一过，期末考试的日子就到了。

那天，女儿真的看着钟表，盯着太阳到底几点落山。

生命之旅：记忆中的夏天

考试后返校的那天，我和孩子们重温了《夏九九歌》：

一九和二九，扇子拿出篓。三九二十七，汗水溻了衣。
四九三十六，房顶晒个透。五九四十五，乘凉莫入屋。
六九五十四，早晚凉丝丝。七九六十三，夹被替被单。
八九七十二，盖上薄棉被。九九八十一，准备过冬衣。

然后，我们又重温了《悯农》——这首在幼儿园就会背诵的诗。

“锄禾日当午，汗滴禾下土。谁知盘中餐，粒粒皆辛苦。这个夏天，我们走过立夏，走过小满，走过芒种，走过夏至。看着麦子从青到黄，一点点成熟，你可知道大地的丰腴？”

然后，从“四时天气促相催”开始，我们又温习了这个夏天背过的诗歌。就这样，和夏天做个告别。

因为汶川地震，很长一段时间，我们都陷在悲痛里无法自拔。也是因为这个原因，有些诗歌就错过了。在这个浪漫的季节里，原本想做一做李白的诗歌单元，朋友已经为我选好了诗歌，因为时间不允许，就放弃了。再加上两个月的长假，小暑和大暑都在假期里，“夏天”这个单元的学习的确感觉很匆忙。但是，总有些东西留了下来：“陇亩日长蒸翠麦”的立夏庆祝活动，“麦穗初齐稚子娇，桑叶正肥蚕食饱”中传达的农人的喜悦，也有“复有贫妇人，抱子在其旁。右手秉遗穗，左臂悬敝筐”的悲哀，还有屈原那一颗不屈服的心灵，和我们“如果我能使一颗心免于哀伤，我就不虚此生”的誓言，就这样永远地留在这个夏季，留在我们走过的这些日子里，也留在我们每个人的记忆里。

诗词故事：暑假诗诵

小暑、大暑、立秋和处暑在假期里，这些诗歌就让孩子们假期里吟诵，等到开学的时候，再来回顾这已经过去了的节气和诗歌。

【小暑】

每年7月7日或8日，太阳到达黄经105°时为小暑。暑，表示炎热的意思，小暑为小热，还不十分热。小暑时节大地上便不再有一丝凉风，而是所有的风中都带着热浪。我国古代将小暑分为三候：一候温风至，二候蟋蟀居宇，三候鹰始鸷。《诗经·七月》中描述蟋蟀的字句有“七月在野，八月在宇，九月在户，十月蟋蟀入我床下”。

夏日南亭怀辛大

［唐］孟浩然

山光忽西落，池月渐东上。
散发乘夕凉，开轩卧闲敞。
荷风送香气，竹露滴清响。
欲取鸣琴弹，恨无知音赏。
感此怀故人，终宵劳梦想。

【导读】太阳落山了，池塘上的月亮慢慢升起，这时候的你，在做什么呢？在有空调的屋子里，你能看到这夏日夜晚的美丽吗？“荷风送香气，竹露滴清响”，这大自然的馈赠，你能感受到吗？不一定是风送荷香，不一定是露水从竹叶上滴落，只要你打开窗户，用心灵去感受，夏夜的奇妙就在你心里了。

如果再有音乐，再有好友和你一起欣赏呢？那真是再美妙不过了！也难怪诗人会感慨良久，长叹一声“终宵劳梦想”啊！

【大暑】

每年的7月23日或24日，太阳到达黄经120°。这时正值“中伏”前后，是一年中最热的时期，气温最高，农作物生长最快。我国古代将大暑分为三候：一候腐草为萤，二候土润溽暑，三候大雨时行。

纳 凉

［宋］秦观

携杖来追柳外凉，
画桥南畔倚胡床。
月明船笛参差起，
风定池莲自在香。

【导读】“散发乘夕凉，开轩卧闲敞”，这是夏夜里的自得其乐。“携杖来追柳外凉”，这是另一种寻找的快乐：画桥南畔，绿柳成行，月明之夜，笛声参差而起，在水面萦绕不绝；晚风初定，池中莲花幽香阵阵，沁人心脾。

在这个炎热的夏日里，你又会有什么样的纳凉方式呢？去倾听这大自然的声音，心里会不会就自然清净了？

【立秋】

立秋。立，开始。立秋，秋季的开始。立秋在公历的8月7、8或9日。农历以立秋为秋季的开始。在古代黄河地区，立秋有三种较明显的物候：一候凉风至，二候白露生，三候寒蝉鸣。意思是说：立秋过后，刮风时人们会感觉到凉爽；早晨会有雾气产生；蝉的叫声里，也开始有秋的意味。

秋风辞

［汉］刘彻（汉武帝）

秋风起兮白云飞，
草木黄落兮雁南归。
兰有秀兮菊有芳，
怀佳人兮不能忘。
泛楼船兮济汾河，
横中流兮扬素波。
箫鼓鸣兮发棹歌，
欢乐极兮哀情多。
少壮几时兮奈老何！

【导读】一个皇帝，一个被后世称为“汉武大帝”的霸主，带着无数随从，坐在箫鼓声声的楼船上，面对这秋天，却一样在感叹：“欢乐极兮哀情多。少壮几时兮奈老何!”是的，没有任何权力可以挽留住时光，拘留住岁月。但是，你再听听，这雄才大略的君王的歌声里，究竟还有些什么与众不同？听啊，难道你听不出这歌声里的一种大气？——“秋风起兮白云飞，草木黄落兮雁南归”，这景，是壮阔之景。“兰有秀兮菊有芳”，不知道汉武帝是在怀念春天兰草的芬芳，还是说秋兰在与秋菊一道吐露芬芳，但重要的是，他说“怀佳人兮不能忘”。作为一个雄才大略的君主来说，他心目中的“佳人”是真正的人才，就是他先祖刘邦所唱的“安得猛士兮守四方”中的“英雄豪杰”。无论他究竟唱些什么，我们都会与他有一份人之为人的共鸣：生命短暂，时光迅急，我们每一个人都不得不追问，该如何把握这似乎无可拘留的时光?

【处暑】

处暑。处，这里意味着“终止”。处暑，表示夏天的暑热即将终止了。处暑在每年的 8 月 23 日或者 24 日。在古代黄河地区，处暑有三种较明显的物候：一候鹰乃祭鸟，二候天地始肃，三候禾乃登。意思说，从这天起，老鹰开始捕鸟祭天，草木将开始凋零，谷物即将成熟。

蝉

［唐］虞世南

垂緌饮清露，
流响出疏桐。
居高声自远，
非是藉秋风。

【导读】处暑西楼听晚蝉——你听过吗？那高高低低、此起彼伏的天然之音？虞世南不仅听过，而且听得很仔细。他作为唐贞观年间画像悬挂在凌烟阁的二十四勋臣之一，名声在于博学多能，高洁耿介，与唐太宗谈论历代帝王为政得失，能够直言善谏，为贞观之治做出独特贡献。为此，唐太宗赞叹他:“群臣皆如虞世南，天下何忧不理!”现在你知道了吧？诗人以蝉起兴，其实在说他自己呢。至少，是借蝉来勉励自己吧！依据传说，蝉只饮食露水，因此在诗人心目中自然与那些在腐草烂泥中打滚的虫类大大不同。而诗人还认为它的声音能够流丽响亮，是自己站在高处，而不是凭借着这初秋的风。是啊，一个品格高洁的人，也不需要外在的凭借，自能声名远播。这是一种多么雍容不迫的风度气韵！

【中国传统节日　七夕】

七夕，传说是牛郎织女鹊桥相会的日子。晚上，你一定要出去看看星空——秋天的星空。夜深了，找一个没有灯光干扰的地方，你仰躺下来，头顶上繁星闪耀，一道白茫茫的银河像一座天桥横贯南北。在头顶附近，银河中间与两边有 3 颗明亮的星星，构成夏夜大三角。其中最亮的一颗呈青白色，它在银河西北边，这就是织女星。织女星的下方有四颗较暗的星，组成小小的平行四边形，它们就是神话传说中织女编织云霞彩虹的梭子。另一颗亮星在织女星的南偏东，即银河的东南边，它就是牛郎星。牛郎星是颗微黄色的亮星，在它两边的两颗小星叫扁担星，传说中是牛郎挑着一对儿女。而银河里密密麻麻的星群，便成了人们想象的“鹊桥”。

鹊桥仙

[宋] 秦观

纤云弄巧，飞星传恨，银汉迢迢暗度。金风玉露一相逢，便胜却人间无数。

柔情似水，佳期如梦，忍顾鹊桥归路！两情若是长久时，又岂在朝朝暮暮！

【导读】“河汉清且浅，相去复几许？盈盈一水间，脉脉不得语。”满天星辰，一道银河，引起过人类多少神秘的想象。我们可以说，牛郎织女的传说，一定是所有关于星辰的传说中，最美丽的一个。但如果不是这些诗句，如果不是一代代地把这个故事传说，那么它们最后也就会只成为两颗相隔着无数光年的星体，温度火热，精神冰冷。所以，读着这些诗句，讲着这些故事，在科学已经宣称没有鹊桥的时代，用诗的美丽和故事的感动，去领悟人之为人的那个比知识本身更为重要的奥秘。

第四章 秋　天　诗意地栖居在大地上

四季里，我最喜欢秋天。

“试上高楼清入骨，岂如春色嗾人狂”，那种清爽和开阔，让人的心里无比宁静。

儿时最清晰的回忆，是秋天的夕阳里，拿了一根针，针上有很长很长的线，串起一片又一片落叶。有些叶子干了，串在一起时，有窸窸窣窣的声音。当我拖着这一长串落叶回家时，仿佛踩着一个秋天的童话。

这个记忆，挥之不去。

长大之后，看到落叶满地，朋友觉得萧瑟，我心里却只有温暖。

秋天本身也是属于诗词的。天凉了，有露了，月圆了，然后有霜了，这其中，都有诗词的味道。

诗意地栖居在大地上——这个秋天，让我们且吟且行。

班级故事：秋季里的第一课

昨夜一场雨，让早上的空气里透着清新。走出门，一丝冷气袭来，秋天的感觉，已经是越来越浓了。

开学了！秋季里的第一课。

“竹喧归浣女，莲动下渔舟！”还没进教室，就听到热热闹闹的声音。也是啊，有些孩子一个假期都没有见面呢。到了新的教室，大家也都有些新鲜，同学们互致问候，传看着彼此的假期作业——一本关于奥运的自编书。一个假期，孩子们似乎一下子长大了！男孩子因为游泳大多晒得黝黑黝黑的，女孩子的眼神里开始有了矜持。和每个孩子打过招呼，闲聊了一会儿，教务处通知去图书室搬新书，于是，语文、数学、英语、音乐……一会儿，这传递着智慧的书本，就静静地躺在了孩子们的课桌上。

新的学期，这些书本，能带领孩子们走得更远吗？孩子们在新书上写名字，浏览自己最喜欢的课本，转眼，一节课就过去了。

课间，我把这首诗写在黑板上。

我们真正意义上的第一节课，是从这时候开始的。

山居秋暝①

［唐］王维

空山新雨后，天气晚来秋。②明月松间照，清泉石上流。
竹喧归浣女，莲动下渔舟。③随意春芳歇，王孙自可留。④

就用这首诗，来开启我们新的学期吧。

“从去年的冬至开始，我们在农历的天空下，经历了一段美妙的旅程。暑假里，我们又经过了小暑、大暑、立秋、处暑四个节气，现在，秋意已经很浓了。一场秋雨，不由得让人想起那句‘空山新雨后，天气晚来秋’。秋，是中国古典诗词中的一个重要意象，这个意象往往就代表着萧瑟、衰败。比如，杜甫在一首诗里就说‘万里悲秋常作客，百年多病独登台’；李白在《秋浦歌》中也说‘不知明镜里，何处得秋霜’；还有《红楼梦》里林黛玉的诗词‘秋花惨淡秋草黄，耿耿秋灯秋夜长。已觉秋窗秋不尽，那堪风雨助凄凉’……这是中国文人的悲秋情结。但是，秋天对我来说，不是‘悲’，而是‘喜’。秋高气爽，满地落叶，心里的感觉是温暖而踏实的。那么，我们就一起来读读王维的《山居秋暝》吧！”

我先读，同学们再读，读出节奏和韵律，然后发下我提前打印的一些字词的注释：

①**山居**：山中的住所。**暝**：黄昏，晚。 ②**晚来秋**：夜晚天气渐凉更有秋意。 ③**浣女**：洗衣的女子。**渔舟**：打鱼的小船。 ④**随意**：任凭。**歇**：消歇、消失。

最后一句的意思是：芳菲的春天过去了，就随它过去吧，秋光大好，而王孙公子依旧可以待在山中。刘安《楚辞·隐士》中有“王孙兮归来，山中不可以久留”，王维在这里反其意而用之。王孙原指贵族子弟，这里是诗人的自喻。

作者简介：王维，字摩诘，山西祁县人。父亲去世较早，母亲虔诚信佛三十多年，这对王维的思想有一定的影响。据史料记载，王维侍母以孝闻名，其母去世，他痛不欲生。王维幼年就通音律，会作文，颇有才名。唐玄宗开元九年考中进士，被任命为大乐丞，期间曾一度弃官隐居，后来又回到京城长安。回长安以后，较长时期内供职于朝廷，在郊外的终南山和辋川过着半官半隐的生活，“弹琴赋诗，傲啸终日”，写了大量的山水田园诗。当然，作为朝廷的臣子，他也写过不少奉和、应制的诗歌和颂扬皇上的文章。安禄山叛乱时期，王维对世事、官场彻底失去兴趣，《旧唐书·本传》说他：“退朝之后，焚香独坐，以禅诵为事。”终年六十一岁。

对照注释，让同学们自己翻译诗句，说不下来的，我给予提示。理解了诗意之后，我就带着他们，在诗歌里遨游。

你觉得，王维在这首诗里想表达什么？

因为我们曾经费了很大的功夫理解张志和的《渔歌子》和陶渊明的

《归园田居（其三）》，所以，这个问题没有难倒他们。作者的隐居之心，在诗里表达得很清楚："随意春芳歇，王孙自可留"——这和"斜风细雨不须归""衣沾不足惜，但使愿无违"是一样的。而前面的写景，不过是为后面作铺垫，说明山林的景色很好，适合隐居而已。

"可是，这首诗里有一个问题我不明白，山上明明是有人的，为什么作者说'空山新雨后'呢？怎么会是'空山'呢？"我故意问同学们。

"这是作者心里静啊！"新宇说。

"山林就是静的，但不代表没有人。"不知道谁说了这么一句。

"是啊，和闹市相比，山林是静谧的，同样的意境，还有王维的哪一句？空山不……"

提示了三个字，孩子们就接下去了："空山不见人，但闻人语响。"

首联写得真是好，"空山新雨后，天气晚来秋"，安静的感觉一开始就传达给了我们。谁能把这种安静读出来？

"空山新雨后，天气晚来秋。"轻轻地，王梦尧送出这十个字。"空山"和"天气"两个字后面拖出的尾音，似乎就是秋天里无边的开阔。

这个孩子，本身就是极为安静的。

然后，我问大家："整首诗读下来，你最喜欢哪一句？"

同学们大多围绕着颔联和颈联来说。"竹喧归浣女，莲动下渔舟。"听到竹林有喧闹声，才知道是洗衣的女子回来了；看到荷叶动，才知道是渔舟来了。未见其人，先闻其声——没有细致的观察，是写不出这样精彩的诗句的。因为这句用了倒装的修辞，就捎带讲了讲。说到"明月松间照，清泉石上流"时，我就用了魏智渊讲这首诗的方法：改字，让学生比较。"明月松间照"可以改成"明月林间照"吗？张云柏说当然不行，因为松树代表的是挺拔。王文晓补充道，因为秋天了，很多树木都凋零了，松树依然那么苍翠，代表的是生命的坚强，所以不能这么改。

是啊，我说，这就是象征，它代表的就是诗人的挺拔刚毅，那么，这样的象征还能从诗中找出来吗？

"清泉"和"莲"代表的是高洁——同学们很快就能从诗中找出来。

"明月松间照，清泉石上流。竹喧归浣女，莲动下渔舟。"在吟诵中，我们揣摩着诗人之心，想象着明月照在松间的静谧，清泉从石上流过的淙淙声，还有那美丽的女子，满池的荷叶，一幅秋天的图画就这样展现在我们面前。

最后，我在黑板上写下了“人，诗意地栖居在大地上”这句话，告诉同学们，每个人，都应该选择一种诗意的生活方式——这也是我们农历诗词的核心之一。世俗之人，自然体会不到“明月松间照，清泉石上流”的宁静，体会不到“竹喧归浣女，莲动下渔舟”的美妙，就像我们此刻坐在教室里，也仿佛置身于“空山新雨后，天气晚来秋”的无边的空旷中，这就是一种诗意的栖居。

诗词故事：在意象之河上漂流

从今天开始，集中选择和秋天景物相关的诗词，讲一讲诗词里的意象，这样，就把诗词的相关概念带进来了，孩子们对诗词的感悟，必定会因为这样的旅程而有一个大的提高。

就从松树开始吧。当花草树木慢慢凋零的时候，它依然那么苍翠。我选择的是陶渊明的《饮酒诗》（其八）。

陶渊明是我最喜欢的诗人之一，就像苏轼对他的评价：“遇仕则仕，不以求之为嫌；遇隐则隐，不以隐之为高。”从他身上，我看到生命的自然流淌，无所谓做官，也无所谓做隐士。当一个人，能打碎一切阻碍生命欢快流淌的东西时，自我的实现才成为可能。他的诗词，“豪华落尽见真淳”，没有刻意的用典，也没有词语的雕琢，他是一个用生命写诗的人。他的二十首《饮酒诗》，是隐居之后写下来的。题目是饮酒，里面的内容不是都说喝酒的事情，它里面讲到很多人生的道理。“不知陶公方饮酒中，何缘记得此许多事。”他在诗前的序文里，很隐约地为我们透漏出了一点消息。

> 余闲居寡欢，兼比夜已长，偶有名酒，无夕不饮。
> 顾影独尽，忽焉复醉。既醉之后，辄题数句自娱。
> 纸墨遂多，辞无诠次。聊命故人书之，以为欢笑尔。

“偶有名酒”，有道不尽的不得已。有人送酒是要劝他改变归隐的道路，（壶浆远见候，疑我与时乖。褴缕茅檐下，未足为高栖。）有人送酒是要他回答问题。（子云性嗜酒，家贫无由得。时赖好事人，载醪祛所惑。）大约，这就是一组饮酒诗的来由。

一早，我就把这首诗写在了黑板上。

饮酒诗（其八）

［晋］陶渊明

青松在东园，众草没其姿。
凝霜殄异类，卓然见高枝。
连林人不觉，独树众乃奇。
提壶挂寒柯，远望时复为。
吾生梦幻间，何事绁尘羁。

为了让孩子们理解“意象”在诗歌里的作用，晨诵开始时，我先讲了陶渊明的故事。他生活的朝代是东晋，那时候，朝廷中的皇帝和官吏道德都很败坏，他们只知道追求自己的权力。比如说吧，东晋的两个皇帝都是被毒死的，那抢上新皇位的人呢，害怕自己也被毒死，就会不断地迫害别人，朝廷内部都战争不断，老百姓的生活就更不用说了。生活在这样黑暗的时代里，陶渊明曾经五次做官五次辞职，最后就隐居山林再也不出来了。作为一个读书人，他是很想为国家的平定安宁做一些事情的，可是每一次他都失望了，所以他每次出来的时间都很短就辞职了。陶渊明的归隐是很彻底的，无论谁叫他都不会出来，所以，他的内心才有足够的宁静。

然后，我们温习了他的《归园田居》（其三）：

种豆南山下，草盛豆苗稀。
晨兴理荒秽，带月荷锄归。
道狭草木长，夕露沾我衣。
衣沾不足惜，但使愿无违。

露水沾湿了我的衣服有什么关系呢？只要我的愿望没有违背我的本性——这就是他的生活。这时候再读这首诗，感觉和春天读时很不一样。秋天本身就是属于诗词的，在这样的季节里，我们的心仿佛静下来，诗的韵味也开始慢慢飘散。

然后，我就讲了这二十首饮酒诗的来历，讲完后，我把这首诗读了一遍，问同学们听第一遍的感觉。他们说感觉东园里有一棵松树，很挺拔很独特，其他的就说不上来了。

这时候，我把《叶嘉莹说陶渊明饮酒及拟古诗》一书拿出来，告诉同学们，我对诗词的理解，是从叶嘉莹先生这里开始的，她是我看到的最好的讲古诗词的学者。接下来，我就把诗意简单地说了说。夏天有很多树木都是青翠碧绿的，它们有茂盛的枝叶和花果，遮蔽了松树的美好。可是等到深秋，露水变成了严霜，那些不耐寒的植物就被摧毁了。“殄”读 tiǎn，有“摧毁”的意思。这时候，你才会注意到松树的不凋零。“连林人不觉，独树众乃奇”的意思是，当它和其他一大片树林连在一起的时候，你并不觉得这棵松树有什么与众不同的地方；但等到其他树木都凋零了，你才觉得这棵松树真是不平凡。

说到这里，我问同学们，陶渊明仅仅是写松树吗？几个孩子试探着说，他是在写他自己吗？

我说是啊，写松树就是写他自己。那么，松树就成为这首诗里的一个“意象”。什么是“意象”？通俗一点说，“意”是内在的心意，“象”是外在的具体的物象。比如这首诗里，陶渊明为了表达自己在乱世中仍然保持本色的情感，就借助了“松树”。那么，松树就成为一个意象了。

孩子们听得有些糊涂。不要紧，这个概念我们会在以后的诗里反复提及——在具体的诗歌里，慢慢就明白了。

“这棵挺拔的松树，就是陶渊明自己啊，请读——”

青松在东园，众草没其姿。
凝霜殄异类，卓然见高枝。
连林人不觉，独树众乃奇。

几遍读下来，松树的姿态就在我们的声音里了。

可是，写到这里，陶渊明忽然笔锋一转：“提壶挂寒柯，远望时复为。”意思是说，他提着酒壶来到松树旁边，就把酒壶挂在松树枝上了，这不是《饮酒诗》吗？最后一句才出现酒，我们由此就可以说，这不是写喝酒的诗。现在他不看酒壶，也不看松树了，他在看什么？

这很难说，但他心里一定是有很多感慨的，因为最后一句他说：吾生梦幻间，何事绁尘羁！意思就是，我们的一生本来就像梦幻一样，为什么还要被世俗的事务所约束呢？为什么不能使你的精神解脱出来？这其实就是陶渊明隐居的原因，他不想追求那些世俗的名利，他要自己的精神得到解脱。

“一个人，能够不受世俗的牵绊，能够一辈子都忠于自己的内心，是最值得我们敬佩的，请读后两句——”

提壶挂寒柯，远望时复为。

吾生梦幻间，何事绁尘羁。

语调里，应该是一种从容——孩子们还不能准确地用声音来表达，这些诗歌，是要放在岁月里慢慢积淀的。就像陶渊明的《归园田居》，春天时读，还只是技巧的朗读；秋天里读，我却能感受到岁月的力量。

“从诗歌表达和心灵生活的完美结合来看，叶嘉莹先生认为，中国最伟大的诗人就是屈原和陶渊明。因为他们从来不写违背自己心灵的诗句，也没有一点点得失利害的计较。那么，让我们把整首诗读一读，体会陶渊明的真淳——”

最后，在这首诗的下面，孩子们写下了这样的注释：

松树：陶渊明的象征。

在意象之河上，我们还会有更多奇妙的相遇。

感谢叶嘉莹先生，如果不听她讲，我是体会不到这首诗的美妙的。

第一节　白露

2008年9月7日白露到了，早晚温差已到十几度，天越来越凉了。

生命之旅：露从今夜白，月是故乡明

白露节，就读读杜甫的《月夜忆舍弟》吧。

月夜忆舍弟

［唐］杜甫

戍鼓断人行，秋边一雁声。露从今夜白，月是故乡明。
有弟皆分散，无家问死生。寄书长不达，况乃未休兵。

晨诵前，我把有关资料发到孩子们手里。

［作者点击］

杜甫一生历经坎坷，饱尝生活磨难，所以，忧国忧民思想是其诗的感情基调；“沉郁顿挫”是其诗的主要风格，因此，其诗被称为“诗史”，其人被尊为“诗圣”。

［注释］

1. 本诗作于759年，安史之乱时期。当时诗人因关中大旱，饥荒严重，弃官离职前往秦州，在兵荒马乱中，与兄弟四处离散，诗人怀着强烈的忧愤和思乡之情，写下了这首诗篇。舍弟：用于对别人称自己的弟弟。舍：读 shè。

2. 戍鼓：驻边军士所击的鼓声。

3. 断人行：指鼓声响起后，街上就不准人行走。

4. 秋边：秋天的边地。

5. 露从今夜白：指白露节的夜晚。每年公历的9月7日前后是白露。从白露开始，气温开始下降。露是由于温度降低，水汽在地面或近地物体上凝结而成的水珠。

6. 长：一直，老是。

7. 达：到。

8. 况乃：何况是。

结合着资料，孩子们很快就理解了诗意。在这个白露节的夜晚，作者看到的是“路断行人”，听到的是“戍鼓雁声”，耳目所及是一片凄凉景象。露水从今夜开始，即将凝结成霜；普天之下的月亮，故乡的最为明亮。可是，弟兄们都离散了，大家天各一方，生死难卜。亲人们四处流散，平时寄书信尚且常常到不了，更何况战事不断，生死茫茫当更难预料。

最后两句，写得伤心折肠，令人不忍卒读。这两句诗也概括了安史之乱中人民饱经忧患丧乱的普遍遭遇。

“露从今夜白，月是故乡明”是这首诗的点睛之笔，今夜之露，故乡之月；露之白，月之明，无不给人凄清之感。理解了，就带着孩子们朗读。前两联读出的是孤独和凄清，后两联读出的是悲痛和无奈，在兵荒马乱的年代里，一介书生能做什么呢？

第一节语文课，我们接着学习李白的《玉阶怨》。

玉阶怨

［唐］李白

玉阶生白露，夜久侵罗袜。
却下水晶帘，玲珑望秋月。

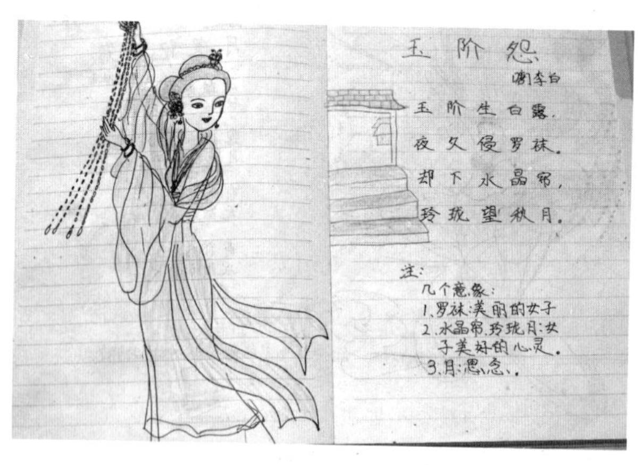

同样把这首诗抄在黑板上，读了两遍之后，引导孩子看这两首诗的不同，前者是国破家亡的伤痛，后者是美丽女子的等待。我告诉孩子们，李白天马行空，洒脱不羁，追求的是自由；杜甫则和李白完全相反，他对人民苦难的同情，对国家命运的关切，都与他的生命、他的诗歌结为一个整体。李白和杜甫，一个高高在天空中飞翔，一个紧紧扎根大地，与泥土融为一体。后面，我们还会以他俩为主题来进一步解读诗词。

李白的诗歌汪洋恣肆，这首《玉阶怨》却写得相当节制，玲珑剔透，它的意境是由一系列意象连缀而成的。我把这首诗的意思大概说了一下，接着让孩子们找出这首诗里的意象，我们逐一分析。

“玉阶”和“罗袜”这两个意象，让我们看到的是一个美丽的女子。我们曾经背过“凌波仙子生尘袜，水上轻盈步微月”的诗句，当时也给他们讲洛神的故事，所以，看到“罗袜”，孩子们就能联想到一个美丽的女子。她在水上行走，风姿绰约，体态轻盈，穿着丝袜踩在水面上，水面上泛起轻微的涟漪，仿佛溅起的轻尘一般——这样的女子，该有多么美好？

“美到似水晶，似玲珑。”王文晓笑着接过我的问题。

我笑了。说，是啊，“水晶帘”和“玲珑月”这两个意象，于不动声色中，让我们看到那个女子晶莹剔透的心。在这样凉的秋夜里，这个女子是一动不动的，直站到月光下白色的露水渐起——“为谁风露立中宵”啊。一个“生”字，一个“侵”字，等了多久？

“她恐怕要冻感冒了。”张云柏低低地说了一句。孩子们都笑了。

所以啊，她“怨不怨”呢？“怨”在何处？为什么叫“玉阶怨”？

妙在“却下水晶帘，玲珑望秋月”二句，想象全出。试想，她等了这么久，怎么不怨？怨至极处，索性不等了，返身回房。但回房后，又思念不止，所以又隔帘而望，怨更深了。

“妈妈不在家的时候，你眼巴巴地等着妈妈回来，心里会有怨吗？”

“有啊，但怨也是爱。”刘心雨说。

是啊，怨也是爱，所以才“却下水晶帘，玲珑望秋月”。人类复杂的感情，在这一句里一览无余。

这首诗，才真是在意象之河上漂流。“但此诗也无法排到李白诗中的上品，因为诗中无我，仅逞才气而已。”呵呵，说得极是。

剩下二十分钟的时间，我们接着学习了语文课本上“日积月累”中写思乡的六句诗。

* 悠悠天宇旷，切切故乡情。
* 浮云终日行，游子久不至。
* 落叶他乡树，寒灯独夜人。
* 明月有情应识我，年年相见在他乡。
* 家在梦中何日到，春生江上几人还。
* 江南几度梅花发，人在天涯鬓已斑。

再分析诗中的意象，孩子们就感觉非常简单了。

露从今夜白，月是故乡明。读着读着，教师节就到了。

班级故事：教师节——生日

今年我的农历生日，竟然恰逢教师节。犹豫了很久，还是决定告诉孩子们这个日子。明年我的生日，他们就成为初中生了。快乐的祝福也许肤浅了些，总希望有些东西留下来。当然，我的前提是，任何一个人不准花一分钱。

（一）周末的信

周末的信，我是这么写的。

书写我们自己的传奇

亲爱的同学们：

大家好。

转眼，我们就到五年级了。似乎就在昨天，我们还一起读《了不起的狐狸爸爸》，看《极地特快》的电影——四年的时间，一眨眼就那么过去了。五年级，你们已经长大了，男孩子更加刚毅挺拔，女孩子也更加优雅美丽，在这最后一年的时间里，我们每个人都能书写出自己的传奇吗？

每个人的一生，都是一个有待书写的故事——精彩还是糟糕，取决于你自己。

如萨哈拉，她书写了自己的传奇——长久的准备和等待，她必将成为那个城市最年轻的作家。

如旺达，她书写了自己的传奇——对美好的向往和对理想的坚持，她必将成为一个出色的画家。

如居里夫人，她书写了自己的传奇——对科学的热爱和对整个人类的热爱，她拥有了跨越百年的美丽。

亲爱的同学们，你们呢？在小学阶段的最后一年，你能书写一段什么样的传奇故事？写出一本属于你自己的书？吹奏出一首首美妙的乐曲？写出一张张精彩的书法作品？成为数学王子？成为轮滑高手？拥有最丰富的心灵？拥有最美好的理想？……

一切，将都在你自己的书写当中。

开学一周了，我骄傲于每个同学的表现，你们更加沉静，更加热爱阅读，更加热爱运动，更加团结友爱——我很高兴，也因此能想象你们每个人即将开始的传奇故事。

不是吗？开学不过一周的时间，你们已经让我看到了这个传奇故事的开头——

那天我们学习《以书为侣》，我让你们自己排练课本剧，你们排练得多好啊，不说小组内同学的合作，只是看你们的创意，我就看到了深藏在你们内心的潜力：作家组创作出的排比句文采斐然，上将组加进去的名人名言不着痕迹，书法家组齐诵的诗歌是那样贴近课本的主旨，演讲家组的表演让我们每个人叹为观止：自然大方的动作，极具感染力的表达，几近完美的队形，《没有一艘船能像一本书》的朗诵……多好啊，你们用自己的生命演绎出了精彩的语文课堂。

这个学期，我们的体育课添了轮滑，你们的动作多么潇洒啊——一个学期之后，你们将会上演一场什么样的轮滑表演？那将是一个什么样的传奇？

课间，我看到你们极富创造性的活动：男女两排跳大绳，一个男孩子和一个女孩子同时上，跳五个后下来，后面的一个男孩子和女孩子紧跟上——我真为你们的创意而高兴，这样有趣的课间活动，不也是我们班级的一个传奇故事吗？

今天语文课上，我们学习《小桥流水人家》，冀振岳那么流畅地背出了马致远的这首词：枯藤老树昏鸦，小桥流水人家，古道西风瘦马。夕阳西下，断肠人在天涯。——对冀振岳来说，这不就是他传奇故事中的一个插曲吗？农历天空下的古诗词，真的已经融入你们的血液里了。语文课上，当你们读到“日出而作”“日落而息”这两个词语时，脱口而出的是陶渊明的“晨兴理荒秽，带月荷锄归”，于是，我们又回到了那遥远静谧的田园生活；当你们读林海音的《城南旧事》，批注那段写骆驼吃草的文字时，有的同学说，读这段文字，想到了“清泉石上流”的诗句，因为它们都是安静的，都是旁若无人的，这真是一件奇妙的事情……

你们给了我太多太多的惊喜，我真的有理由相信，在小学最后一年里，你们每个人都将书写自己的传奇故事，我们这个班级也必将书写属于我们共同的传奇故事。

亲爱的同学们，下个周三是教师节，我不要任何形式上的礼物，和去年的教师节一样，我希望能得到你们用心编织出来的礼物——一篇《书写我的传奇》的日记，告诉我你的梦想，你的打算。如果你能用心地来筹划自己一年的生活，甚至策划我们班级一年的生活，我将非常高兴，这也将是我收到的最好的教师节礼物。

这篇文章，其实就是一篇关于梦想的倾诉，写写你为什么会有这样的梦想，以及你曾经为此付出的努力，还有你这一年的一些打算，甚至是将来的打算——写出自己内心里最想说的话，可以吗？你们可以送我这样一份礼物吗？我期待着收到这样一份礼物。

然后，让我们一起努力，共同书写属于我们的传奇故事吧！

你们的朋友　常丽华

2008 年 9 月 5 日

最可珍贵的爱，是能相互回应的爱——孩子们在周末的日记里，书写着自己的传奇故事：张先利说，她作家的梦想会在这一年离她更近；李沂晓说，画家的梦想，会因为五年级的到来而更加绚丽；王梦尧说，她的梦想就是要成为一名老师，一个把她今天记录农历游记的本子给她的学生当教材的语文老师……在那些文字里，我深深感受到他们内心的跳动：是的，我要书写我的传奇故事，我们要共同书写我们的传奇故事。

书写我们的传奇故事，成为我们共同的目标。

这很重要。我是从三年级才意识到班级应该拥有共同愿景的。从三年级开始，我把我们的愿景贴在黑板上方的墙壁上——“最是书香能致远”。那一年，是我们读书最疯狂的一年。一年的时间，我们共读了近一百本书，班级和亲子共读让我和家长、孩子们拥有了一个真正意义上的共同体。四年级是“美好事物的中心”，这句话来自我们共读过的《特别的女生萨哈拉》。那一年，我们除了阅读，开始一起学习葫芦丝——我请了专门的老师来教孩子们，在音乐的殿堂里，我们越走越远。我们还开始学习软笔书法，一年之后，好多孩子已经能写出像模像样的书法作品。四年级，我们说得最多的一句话就是“美好事物的中心”。五年级到了，我们能否在这最后一年里书写我们的传奇故事？

一切，都由我们自己来决定。

（二）早上的巧克力和画

教师节到了。

早上一到校，就收到了学校为每个老师准备的巧克力——这个秋雨的早晨，充满了巧克力甜甜的味道。

来到教室，马上也感受到了节日的味道——昨天，德育处组织了“教师节，我为喜欢的老师画张像”的活动，孩子们拿着画好的像，相互传看着。

“常老师，节日快乐！”房宸赓拿着昨晚写的书法作品，一脸纯真的笑。这个孩子，内心丰富而柔软。他写了一副对联：花开时节，桃李天下。字刚劲有力，我很喜欢。

“快来看常严一的画！”我走过去一看，嗬，常严一给我画了一张像，那个“我”扎了一个马尾辫，年轻而富有朝气，笑得很甜美。我笑了，问他：“这是我吗？”

“当然是你啊！”

“常严一昨晚一直画到十二点呢!”一个孩子说。

这个孩子要做一件事情，总是要做到完美。曾经最让我有挫败感的，是常严一；最让我感动的，也是常严一。去年，在他生日前几天，我们之间的关系其实很紧张。他妈妈特意找到我，说，常老师，你一定要给常严一送生日诗啊，一定。

他的生日那天，我选了《山的那边》，请李沂晓的妈妈帮着配上插图，打印了送给他。

山的那边

——送给常严一

有个孩子，小时候常伏在窗口痴想
——山那边是什么呢?
妈妈给他说过：海
哦，山那边是海吗?

于是，怀着一种隐秘的想望
有一天他终于爬上了那个山顶
可是，他却几乎是哭着回来了
——在山的那边，依然是山
山那边的山啊，铁青着脸
给他的幻想打了一个零分!

妈妈，那个海呢?
——孩子哭着问妈妈

常严一啊，今天
那个哭着的孩子长大了
他终于知道
在山的那边，是海!
是用信念凝成的海

今天啊，他没想到
一颗从小飘来的种子
却在他的心中扎下了深根
是的，他曾一次又一次地失望过
当他爬上那一座座诱惑着他的山顶
但他又一次鼓起信心向前走去
因为他听到海依然在远方为他喧腾
——那雪白的海潮啊，夜夜奔来
一次次漫湿了他枯干的心灵……
在山的那边，是海吗？

是的！常严一啊，请相信——
在不停地翻过无数座山后
在一次次地战胜失望之后
你终会攀上这样一座山顶
而在这座山的那边，就是海呀
是一个全新的世界
在一瞬间照亮你的眼睛……

那天，我们全班同学以未来父亲和母亲的名义把这首诗送给他，他似乎也没有太大的感动。那时候，他对我抵触心很强。可是后来，我发现，他的日记里，总是频繁出现“信念的大海”这个词语。我知道，他已经不断地在寻找着，今天，我是否可以说，他已经越过了重重山的阻碍，看到那信念之海了呢？

我似乎还不能确定。但他的画，已经是我收到的最为珍贵的礼物了。

（三）属于我的生日诗

去年的教师节，是我们相互编织的一个日子，孩子们写下了《我心目中理想的教师》，我写下了《我心目中理想的学生》，家长们写下了和孩子们讨论理想学生标准的过程。那一天，教师节被赋予了特别的含义；那一天，我们每个人都经历了一种成长。

去年的这天，下午一到校，几个孩子就挡在门口，说："不要进来，不要进来！我们还没准备好呢。"

一会儿，他们拉着我的手，要我闭上眼睛走进教室。跌跌撞撞地进去，当听到那一声"睁眼"的命令时，教室的灯一下子打开，一个个小脑袋从桌子后面露出来，一起欢呼着："节日快乐！"

再看教室：黑板上写了字，画了画，日光灯上绑上了气球，教室后面和前面的墙壁上也都挂上了气球。他们什么时候装饰的？中午要几点到校才能做好这一切？

真是一份意外的惊喜啊！这样的仪式，多么让人心动。

那次活动，是穆春婷和路凯琪这对"姊妹花"策划的。

今年的这天下午，情景和去年何其相似：老师，我们有惊喜要送给你啊，没有我们的允许，你可不要进来啊。

当一个孩子拉着我的手走进去的时候，我还是惊住了：桌子拖到了教室后面，孩子们在前面站了整整齐齐的四排；教室里依然是拉花、气球，黑板上方是崔淦维用毛笔写的"生日快乐"——后来我知道，这次活动，是常严一策划的。

常严一站在最前排，微笑着看着我说："以前，都是您送我们生日诗。那些诗，我们会永远铭记。今天，我们也送您一首生日诗，希望您喜欢。请大家一起朗诵《我们全都喜欢上》。"

孩子们一脸灿烂，面对着我，送出他们对我的祝福！

我好想喜欢上啊，
这个那个所有的东西。
比如书法，比如音乐，比如滑冰，
因为所有美好的东西，
都是常老师带给我们的。

我好想喜欢上啊，
这个那个所有的东西。
比如语文，比如数学，比如英语，

因为所有的知识，
都散发着芬芳和魅力。

亲爱的常老师啊，
您给予我们的东西，
您希望我们喜欢上的东西，
我们会全都喜欢上，
我们会成为美好事物的中心。

那一刻，眼泪突然就掉了下来——爱是如此沉重的负荷，而我的生命，也是因为这种负荷更加充实丰盈。四年的朝夕相处，他们知道我能给予和我希望给予的，他们也因此知道自己要的是什么。

然后，孩子们又朗诵了他们自己写的诗，给我看他们设计的班徽：一个圆里，下面是一本打开的书，上面是乒乓球拍子和音符，中间是一个调色盘和一支毛笔。李沂晓解释说："您不是希望我们成为美好事物的中心吗？书籍、音乐、运动、美术、书法，我们要一样不少地喜欢上，我们在努力按照您的要求去做呢。"

一句话，一个愿景，师生之间要怎样相互编织，才能成为一个人内心的力量？

后来，他们隆重地推出"蛋糕"，不过是很多层面包片上抹了草莓酱，面包片交错着叠在一起，然后插上了不知谁过生日时剩下的五根蜡烛，很开心地唱生日歌，很开心地分吃面包片。

这样的生日诗，这样的生日蛋糕，对我来说，都是最珍贵的。同样的祝福，还有来自新教育研究中心的生日诗——

我　们

——写给常丽华2008年的生日

干国祥

我不相信有世界
因为我只看到这山川
这河流

这秋天的阳光在街道上白白地流

我不相信有永远
因为我只走过四季
冬天的雪还没有来
春天的花早已经枯萎

我只能相信“我们”
我听到我们的声音
在农历的天空下
是一支古老的思乡曲

“我们”，从这里开始
同一首诗和同一首歌
同一片天空和同一个海洋
同一个故事和同一串眼泪
同一个悲伤
和为同一朵花所有过的期待
惊奇，以及惋惜

“我们”，偶然中不再偶然的痕迹
如果一枚火柴可以擦亮一个天堂
“我们”，正在书写着一个传奇
用一千个阳光下的日子
用一千个月光下的日子
用一千个暴雨中的日子
用一千个诗歌中辗转反侧的日子
用一千个还远未到来的日子

而“我们”源于“我”
源于每一个说出“我”的你

源于某一个偶然的日子
你在偶然中永恒的诞生

风在沙漠中吹过，此刻
太阳在街道上滚过，此刻
波浪在沙滩上反复地书写又擦洗
它们在期待你在那一刻来临
对着它们说出：
“我们……”

干老师通过QQ把生日诗发过来，我一遍遍地读着，内心里充盈着巨大的幸福。我保存了那一刻我们的一段聊天记录：

干国祥 我们的相遇是这样的偶然，是这样的必然，是这样的宿命与幸福。

常丽华 读这样的诗，只觉得幸福。

干国祥 所以，在你的生日之际，为“我们”这个永远不是虚指的词语，永远只指向具体的某个人，某群人，某一类事物的词语，写一段话，因为，我，你，都在这个“我们”中。

常丽华 是的，我生命的能量来源于“我们”。

干国祥 当你对着孩子们真诚地说出“我们”，他们从此就成了你生命中不可分割的部分。

常丽华 当我对着你，对着马玲，对着新教育研究中心的人，说出“我们”的时候，你们也成了我生命中不可分割的一部分。

……

在我的生日里，“我们”这个词，被赋予了新的含义：经由某些故事，经由某一特定的信仰，经由某些特定的规则，我们每个人，成为“我们”中的一员。因为“我们”，才有了我和孩子们走过的童书阅读之路；因为“我们”，才有了“在农历的天空下”的诗词课程；因为“我们”，相信岁月，相信种子，才成为我们永恒的信……

反思

相信岁月，相信种子！这是否是我永恒的信？当我回头再看这个故事，忽然记起了当时被我删除的一个细节：中午，常严一带领大家排练诗朗诵，因为李超群总是不遵守纪律，他大声冲着李超群说，你不想排就走！（常严一的这句话像极了我和他发生冲突时我说的那句：你不想和我谈你就走！）李超群也是犟脾气，一听这话，果真扭头就走了。

事实是，当他妈妈把李超群送回来时我才知道这件事情。如果说常严一曾经让我沮丧的话，李超群是真的让我无可奈何。在常严一身上，我看到了种子的萌芽；在李超群身上，我看不到。可是，他是如此疯狂地热爱读书，过目不忘，读书课上，他的表现最为精彩。当时，除了共读书外，他读完了我们班级书架上的一百多本书——这些书，涉及了童话、小说、历史、科技、人物传记等。一、二年级，他的成绩还是优秀的。三年级之后，随着父母关系的紧张，他变得冷漠起来，也开始拒绝写家庭作业，成绩也就一年比一年差。即便是我晚上给他妈妈打电话，重申一遍作业，他也写不完。当五年级上学期结束时，他的成绩，已经落到了最后面。

我在想：我为什么在教师节这天的记录里删除了这个故事？是不是有很多真实的故事被我有意无意地遮蔽了？而就在李超群的妈妈把他送回来之后，我还沉浸在同学们带给我的喜悦之中，也就只是简单地和李超群说，以后做事不要莽撞——说这些有什么用呢？后来，仍然发生过几次这样的离校事件。

其实，他需要的是一个真正的导师，能够进入心灵的导师。否则，就没有真正的治疗。而治疗师的第一职责就是聆听倾诉，我呢？我有多少次是在聆听他的倾诉呢？从另一个角度，我和他的父母应该与孩子签订一些合约，要让他觉得自己是一个真正的生命，他要对自己的承诺负责。当然，这里面，也包括来自大人的非体罚的绝对原则。他的问题不是家庭作业问题，而是始终没有人帮助他认识自己，他的生命里蕴藏着那么大的潜能，他需要在各种遭遇中不断地认识自己。

一个孩子的成长，究竟有多复杂啊？

教育，永无止境。

节日故事：中秋节

2008 年 9 月 14 日是中秋节，在它来临之前，我们就开始讨论中秋的传说，也温习了两首以前学过的诗：

嫦　娥

［唐］李商隐

云母屏风烛影深，长河渐落晓星沉。
嫦娥应悔偷灵药，碧海青天夜夜心。

秋　夕

［唐］杜牧

银烛秋光冷画屏，轻罗小扇扑流萤。
天阶夜色凉如水，坐看牵牛织女星。

然后，我们又用了三个晨诵的时间，学习了三首关于中秋的诗词。第一首是张九龄的《望月怀远》。

望月怀远

［唐］张九龄

海上生明月，天涯共此时。
情人怨遥夜，竟夕起相思。
灭烛怜光满，披衣觉露滋。
不堪盈手赠，还寝梦佳期。

读这首诗，心里真是百转千回。月圆人不圆，怀念的人永远都在远方；想睡而不得睡，相聚却只能在梦里。孩子们并不懂得思念，可是，月亮毕竟慢慢圆了，独属于我们中国人的情怀毕竟要让孩子体会——多少年之后，他们走在月夜的路上，也一定会慢慢吟诵这些诗吧？

“如果望月而不怀远，你的灵魂里就少了一些浪漫，”我说，“小时候，月亮圆的时候，我总是呆呆地看，不知道月亮里的嫦娥会不会寂寞——那时候，我怀念的是嫦娥。在外读书的时候，月亮圆了，就会格外思念最疼爱我的母亲。长大了，谈恋爱了，怀念的人就是自己恋爱着的人。”

李沂晓说：“那现在呢？月亮圆了怀念谁？”

“哈哈，”我也忍不住笑了，“以后，你们读了初中，我会非常怀念你们的。当然，今年的中秋，我格外怀念那些千年前写下月亮诗篇的诗人们。比如李商隐，比如杜牧，比如张九龄，比如苏轼。因为正是有了他们留下的诗词，月亮才被赋予了意义。大家看《望月怀远》的第一句：海上生明月，天涯共此时。意思就是，一轮明月从海上升起，此时，远在天边的亲人和我同样在望着月亮，思念之情就更深了。在这一句里，为什么用‘生’而不用‘升’？”

我把这两个字写在黑板上。

“哦，知道了，”张云柏说，“李白的《玉阶怨》里也有一句‘玉阶生白露’，白露从无到有，说明作者等待的时间很长。这里的‘生’，也是说作者等待月亮升起，等了很长时间吧？”

“是啊，月亮从无到有，作者什么时候开始等待的呢？我们无从得知。但是，我们却可以触摸到诗人的思念之情，请读这一句——”

速度慢下来，声音慢慢提上去，思念之情顿生。

“我们看第二句：情人怨遥夜，竟夕起相思。‘情人’是指所有有

怀思之情的人，‘竟夕’是整整一个晚上。意思就是：有思念之情的人，埋怨夜太长了，因为整整一夜里，思念之情都无法间断。”

“这不和《玉阶怨》里的‘怨’一样吗？”刘心雨说。

“是啊，‘怨’都是因思念而起。请读这一句——”

声音慢慢低下来，是说不尽的缱绻之情。

“竟夕相思不能入睡，怪谁呢？是屋里烛光太耀眼吗？于是吹灭了蜡烛，这时，觉得月光可爱，就干脆披上衣服走到室外，独自对月仰望凝思，不知过了多久，直到露水沾湿了衣裳。”

“这不还是和‘玉阶生白露’相似吗？”不知谁说了一句。

“是啊，还有杜甫的‘露从今夜白，月是故乡明’。‘露’和‘月’都是作为意象出现的。我们看最后一句：不堪盈手赠，还寝梦佳期。望着圆圆的月亮，不知道自己有什么可以送给远方思念着的人。想想，只有这满手的月光啊。可是，我怎么才能赠送给你呢？……”

“我记得以前背过的哪首诗，也有这个意思来着？”吴泽同插了一句。

“嗯？哪首诗？”我也一下子蒙了。

“想起来了，是‘赠远虚盈手，伤离适断肠’。”想了一会儿，吴泽同开心地说。

“哦，李商隐的诗。这里的‘盈’都是满的意思，都是表达的一种伤感之情。吴泽同，了不起啊，诗句都能相互联系着理解了。”我赞许地说。

吴泽同得意地笑了。

“既然不能把月光满满地捧在手里送给远方的亲人，倒不如回去睡觉，为什么呢？因为睡了也许能在梦中与亲人相见。这种感情真是复杂啊，难道回屋就能睡着吗？也不一定啊。因为前面诗人说了，是竟夕起相思啊。请读最后两句——”

声音慢慢提上去，再慢慢低下来，是千回百转的感情。

“明年的中秋，你们就上初中了。不知道那时候，你们会不会在心里念一句‘海上生明月，天涯共此时’？请读——”

“月圆的夜晚，如果相思，也不要埋怨夜太长，不要让露水打湿你的衣服。只要我们共同念起这首诗，月亮就会传递我们彼此的思念。请读——”

“还没分别呢，你们就常常出现在我的梦里，冀振岳啊，常严一啊，崔奥博啊，五三班的36个孩子啊，分别后的日子，我们会经常在梦里相见——”

再读，眼泪都要掉下来了。下课后，李沂晓笑我说：“常老师，拜托啊，不要这么煽情好不好。”

是啊，读着读着，怎么就这么伤感了呢。

下一个晨诵，我们学的是苏东坡的《水调歌头》——王菲的歌，很多孩子已经很熟悉了。这首词，了解了大体意思后，我也就没多说什么，只是读，只是在音乐课上唱，婉转的歌声，动听的旋律，听的人，唱的人，心里都辗转不已。

水调歌头

［宋］苏轼

明月几时有？把酒问青天。不知天上宫阙、今夕是何年？我欲乘风归去，又恐琼楼玉宇，高处不胜寒。起舞弄清影，何似在人间？

转朱阁，低绮户，照无眠。不应有恨、何事长向别时圆？人有悲欢离合，月有阴晴圆缺，此事古难全。但愿人长久，千里共婵娟。

中秋节放假前一天的晨诵，我们吟诵的是王建的《十五夜望月》。

十五夜望月

［唐］王建

中庭地白树栖鸦，冷露无声湿桂花。
今夜月明人尽望，不知秋思落谁家？

我告诉孩子们，中秋节作为中国的传统节日，明天就放假了。明天晚上，在家长委员会妈妈的组织下，我们将一起到马莲台赏月，那么，我们就来读读王建的《十五夜望月》吧。

我简单地把这首诗的意思说了一下：中秋的月光照射在庭院中，地上好像铺上了一层霜那样白，这句里的意境，和李白的“床前明月光，疑是地上霜。举头望明月，低头思故乡”类似。在这样美好的月夜里，树枝的鸦鹊也停止了吵闹，安静地睡着了——鸦鹊都睡了，人呢？夜深了，诗人无法入睡，浮想联翩——那广寒宫中，清冷的露珠一定也沾湿了桂花树吧？“无声”两个字用得真是好，细致地表现出露水之冷和桂花的浸润之久。而被露水打湿的，仅仅是桂花树吗？那树下的白兔呢？那挥斧的吴刚呢？那“碧海青天夜夜心”的嫦娥呢？这一切，你都可以自由去想象。

明月当空，难道只有诗人独自在那里望月吗？“海上生明月，天涯共此时”，有谁不在望月怀远呢？只是不知道，那秋天的思念之情会落到谁家。

“落到谁家了呢？千年前，落到了王建家，落到了苏轼家，落到了张九龄家，请读——”

“今夜月明人尽望，不知秋思落谁家？”

“今天晚上，月亮也将落到冀振岳家，”说到这里，我拉着冀振岳的手，让他站起来，“冀振岳啊，你也会看到那被露水打湿的桂花吗？请你读一遍吧——”

“今天晚上，月亮还会落到崔艺格家吧？”我走到教室后排，拉起崔艺格，“最有诗意的崔艺格啊，在那样万籁俱寂的夜晚，你会思念谁呢？请你也读一遍——”

“今天晚上，月亮会落到五三班的36个同学家里吧？在农历的天空下，月亮不再只是以前的月亮，她是思念，她是团圆，她是美好的象征。有着一颗诗心的五三班的孩子们啊，请你们一起读吧！”

……

一遍又一遍，秋思就这样落到了我们教室里。

下课后，我和李沂晓打趣道：“今天的晨诵，没有受不了吧？”她做了个鬼脸，跑开了。

于是，周五晚上，中秋节那天，我们60多个家长和同学，一起去郊外的马莲台赏月。因为这样的诗词，这样的歌声，今年的中秋节，就变得很不一样了。

马莲台在郊外，开车不到二十分钟就到了——我们经常到那里去聚会。那是一座不高的小山，山上有五个像莲花一样的小土台，故名“马莲台”。现在，山上散落着很多饭庄，农家院，荡来荡去的秋千，随便使用的乒乓球桌等，吸引了很多人。

那天下午三点钟，我们就到了。孩子们跑来跑去捉迷藏，爸爸妈妈们开始打乒乓球、羽毛球，或者三三两两地聊天。这样班级的聚会，因为家长委员会妈妈的操劳，很受家长欢迎。最后，大家提议，每年的这天，就定为我们班级的“聚会日”——不管孩子们读初中还是高中，甚至大学，只要没有特殊情况，聚会都不会取消。

附：

但愿人长久，千里共婵娟

王文晓

每逢中秋节，人们就会想到苏轼的那句“但愿人长久，千里共婵娟”，月圆之日，思念与祝愿总是不自觉地从心底升起。已经过了好多个中秋了，唯独今年的中秋节，是我最难忘的。

中秋节前夕，我们六十多个家长、同学和老师，一起去马莲台赏月，共同度过我们小学阶段的最后一个中秋。当一轮明月升起来时，真是“天街夜色凉如水”，我们几个好朋友“坐看牵牛织女星”，看着一颗颗星星在我们头顶闪闪烁烁。妈妈说过，我们每个人都是一颗星星，哪一颗，才是属于我的星星呢？

月上柳梢头，人约黄昏后——杨老师终于在我们的期盼中来了，中秋晚会也就拉开了序幕。许阿姨的致词，全都是用月亮的诗词串起来的，我真佩服她！“竞夸天下无双艳，独立人间第一香”这句诗可真适合她啊。接下来，杨老师和王叔叔合唱《月亮代表我的心》，那深情的声音传到月亮上，嫦娥仙子一定会非常开心吧？当我们合唱《水调歌头》时，欣欣和王宇瑄情不自禁地“起舞弄清影”，把晚会推向了高潮。此时的嫦娥，看到我们这么快乐，一定会后悔当时偷吃了灵丹妙药；现在，她只能“碧海青天夜夜心”了。当然，她听到我们的歌声，也会少一些寂寞吧？

大餐开始时，我们已经饿得饥肠辘辘了。在那棵古老的大杨树下，我们六十多个人围坐在一起，天高地阔地吃着、谈着、笑着……一年之后的中秋，我们已经成为中学生了，那时的我们，看到这一轮明月，一定会想起这个美好的夜晚，会吟诵这些美好的诗篇，会在心里念一声：

但愿人长久，千里共婵娟。

第二节　秋分

时间过得真快，转眼，秋天过去一半了。

天，越来越凉了。

生命之旅：天凉好个秋

2008 年 9 月 22 日秋分这天，我们诵读的是刘禹锡的《秋词二首》的第一首。

秋词二首

［唐］刘禹锡

自古逢秋悲寂寥，我言秋日胜春朝。

晴空一鹤排云上，便引诗情到碧霄。

这首诗，我们早就学过，意思也了解，只是孩子们不能和自己的生活联系起来。晨诵时，我没有说作者，也没有联系当时的背景，只是和当下的生活进行了编织。

幻灯片里，是一只凌云而起的鹤。

“诗意地栖居在大地上，秋天过去一半了，我们走过了怎样的一段旅程？你们每个人，就是这只凌云而起的鹤，你们的诗情，就在这秋的上空飞扬。听——”

《山居秋暝》——秋季里的第一首诗出现在幻灯片里，上面写着：这静谧的秋啊，请女孩子来读——

十三个女孩子的声音，温婉动听，这是秋天的感觉。

然后，白露到来时杜甫的悲慨，李白的精致，男孩子和女孩子分别读来，是不同的秋的味道。

仲秋月圆啊，那低回婉转的歌，那缠绵悱恻的诗，还有马莲台的月，在这一刻，又被我们唤醒。

“所以啊，‘晴空一鹤排云上，便引诗情到碧霄’，这是你们的秋天，你们的故事，你们的诗词，你们的节气，请大家一起读《秋词二首》（其一）。”

自古逢秋悲寂寥，我言秋日胜春朝。
晴空一鹤排云上，便引诗情到碧霄。

因了这样的诵读，秋天，离我们越来越近了。

天凉好个秋。

诗词故事：一蓑烟雨任平生——走进苏轼

知道一个人，或不知道一个人，与他是否为同代人，没有关系。主要的倒是对他是否有同情的了解。归根结底，我们只能知道自己真正了解的人，我们只能完全了解我们真正喜欢的人。我认为我完全知道苏东坡，因为我了解他。我了解他，是因为我喜欢他。

——林语堂

是的，我喜欢苏东坡。借着林语堂的《苏东坡传》和叶嘉莹对苏东坡诗词的讲解，我觉得，我也开始了解他。因为了解，所以喜欢。于是希望，把这种喜欢传达给孩子们。

“一蓑烟雨任平生”，就是苏东坡风雨人生的一个写照吧——经历过苦难之后，他的旷达方显现出来。

之前，我们已经背过他的《定风波》、《六月二十日夜渡海》和《水调歌头》，那是零散的诵读，孩子们所了解到的，也是苏东坡人生中一个个小的片段——苏东坡的名字，也就只和这几首诗联系在了一起。要让苏东坡在孩子们心中立起来，就要对他的生平有一个大致的了解。中秋放假之后的第一次晨诵，我们就从这里开始。

（一）风雨人生

晨诵前，我把苏东坡的简历写在了黑板上：

1．宋仁宗年间（0～28岁）	童年时就显示出过人的天赋。20岁考中进士，母亲去世，服孝三年后任凤翔判官。
2．宋英宗年间（28～32岁）	31岁父亲去世，服孝三年。
3．宋神宗年间（32～49岁）	返京后遇王安石变法，因政见不同要求外放到杭州。后司马光上台，他又因刚正不阿先后被贬到密州、徐州、黄州、汝州等地，其间九死一生，写下了大量优秀诗词。
4．宋哲宗年间（49～65岁）	做过翰林学士，后又到几个地方做太守，为百姓做了很多好事。58岁时贬到惠州，61岁贬到海南。
5．宋徽宗年间	64岁时北返，65岁在路上去世。五年后，北宋灭亡。

孩子们来到教室后，就自觉地拿出“农历游记”的本子，开始抄写。

晨诵铃响后，我开始讲述，这样的内容，我只能一讲到底。

昨天的语文课，刚学了王安石的《泊船瓜洲》，话题就从王安石开始。

“春风又绿江南岸”可谓千古名句，“绿”字的锤炼，也是千古佳话，但在我看来，王安石毕竟刻意了一些。苏东坡无论做人还是写诗，都是生命的自然流淌。人们都说，字如其人；我看，诗词文章都如其人的。苏东坡的诗词我们已经背了三首，非常熟悉的是《定风波》和《水调歌头》，大家一起背一背。

好听的童音，带着感动人心的诗词，在教室里慢慢流淌。

定风波

［宋］苏轼

莫听穿林打叶声，何妨吟啸且徐行。竹杖芒鞋轻胜马，谁怕？一蓑烟雨任平生。

料峭春风吹酒醒，微冷，山头斜照却相迎。回首向来萧瑟处，归去，也无风雨也无晴。

水调歌头

［宋］苏轼

明月几时有？把酒问青天。不知天上宫阙、今夕是何年？我欲乘风归去，又恐琼楼玉宇，高处不胜寒。起舞弄清影，何似在人间？

转朱阁，低绮户，照无眠。不应有恨、何事长向别时圆？人有悲欢离合，月有阴晴圆缺，此事古难全。但愿人长久，千里共婵娟。

感谢苏东坡啊，为我们留下了这么多美妙的诗词。读苏东坡的诗词，我总能感觉到快乐——这是他作品的特点。曾经做过宋朝宰相的欧阳修说，他每收到苏东坡新写的一篇文章，就欢乐终日。宋神宗的一位侍臣告诉人说，每逢皇帝举着筷子不吃饭时，必然是在看苏东坡的文章。即使在苏东坡被贬在外时，只要有他的新作传到宫中，神宗皇帝一定会当着大臣的面赞美。也正是因为这样的赞美，当朝的一些大臣就感到害怕，致使神宗在世一日，苏东坡就一直流放在外，不能回朝。

从今天开始，我们就要走进苏东坡，了解他跌宕起伏的一生，看看在那些诗词的背后，有一个怎样的苏东坡。

苏东坡出生在仁宗年间，名轼，字东坡。父亲苏洵，弟弟苏辙，被世人称为“三苏”，都是很了不起的文学家，在唐宋八大家中占了三席之地。仁宗是宋朝最贤明的君主，他极力奖励文学艺术。当时，国内太平无事，很多文采杰出的人士都受到恩宠，比如同学们熟悉的欧阳修、范仲淹等。欧阳修，就是当时的宰相。这样的环境，对小小的苏东坡来说，也是一种很大的鼓舞。据说，苏东坡 10 岁就能写出奇妙的诗文，20 岁时考中进士。进士是最高级别的考试，由皇帝亲自命题。当时，宋仁宗特别重视为国求才，对这种考试极为关注，他派贴身臣仆把题目送去，甚至有时为避免泄露，他还在最后一刻改变题目。苏东坡和弟弟苏辙都得以高中。欧阳修是那次考试的主试官，对他的文章大加赞赏。

考中了进士，就意味着仕途开始。没想到，这时候，他母亲去世了。这是极其重大的事情，即便你身为宰相，也必须立即隐退，守丧三年之后，才能返回复职。守丧期满后，苏东坡返京，皇帝想重用他，可是当时的宰相韩琦认为苏东坡还很年轻，恐怕天下不服，需要磨炼他一下，就让他到陕西凤翔做了很小的官。但没过几年，父亲也去世了，他又回去守丧。等他回来以后，就已经是神宗任用王安石变法的时候了。苏东坡在回北宋首都汴京的途中，就看到了刚刚推行的新政在民间造成的一些骚乱。他来到汴京之后，就向朝廷提出有些新法不合乎民情，老百姓不喜欢。他发表这样的观点，当然就得罪了新党的人，于是他就请求外放，做了杭州通判，也是一个比较小的官。

这似乎是他的不幸，可是大家知道他在杭州怎么样吗？他写了很多首吟咏西湖风景的好诗，同学们最熟悉的，就是那首《饮湖上初晴后雨》，大家一起背一背：

饮湖上初晴后雨

［宋］苏轼

水光潋滟晴方好，山色空濛雨亦奇。
欲把西湖比西子，淡妆浓抹总相宜。

以苏东坡的文学天才，来到西湖这么美丽的地方，真是相得益彰，因为他懂得欣赏。即使被贬，他总能做到走到哪里，就能爱上哪里，这是一种境界。

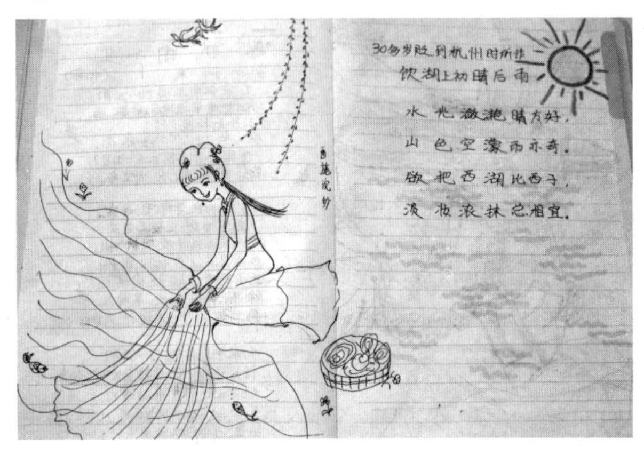

有人说，苏东坡遇到王安石，是苏东坡的不幸，也是北宋的不幸。否则，变法的就是苏东坡，而不是王安石。苏东坡和王安石都是有远大理想的人，他们也都想为国家贡献自己的力量。但两个人最大的不同是，王安石固执而且不会用人，苏东坡则很通达。当时，朝廷内形成了两大党派，一是以王安石为首的新党派，一是以司马光为首的旧党派……

“司马光？就是那个小时候砸缸的司马光吗？”崔奥博问。

是啊，就是那个司马光，是不是觉得很新鲜啊？

孩子们点头。

你们知道司马光小时候砸缸的故事，他是一个很了不起的人，用了 21 年的时间，写下了巨著《资治通鉴》，这是一部丰富的中国史，对后人研究历史做出了巨大贡献。司马光不支持王安石变法，新旧两个党派因此争得很厉害，北宋从此也处于动荡不安的状态中。但是，我们要明白的一点，王安石和司马光都是在实现自己的政治理想，而不是谋取权力地位。王安石对金钱并不重视。他做宰相时，一领到俸禄，就交给弟兄们，任凭他们花费。司马光的道德才智，也很少有人比得上。这是他们值得我们敬仰的地方。

司马光把新法一概否定，把人一概贬出，苏东坡不同意，他认为新法里的某些部分是可以实行的。所以，他又由于和司马光论事不合，就再一次请求外放，其后虽然一度被召还，但还是不断被贬。这个苏东坡真是没办法，可这正是他的骨气。王安石当宰相时，他和王安石政见不同；王安石罢相，司马光当宰相时，他又跟司马光不合。为什么？苏东坡要的是真理，他是最依据事实说话的人，可在那样一个朝代里，事实很难被人认清。到哲宗皇帝亲政时，皇帝又启用新党的人，苏东坡由于被看作旧党的人，就被贬到现在的广东惠州，后来又被贬到现在的海南岛琼州。当他到琼州时，已经六十多岁了，他的眼睛开始发花，看不清东西，但是他说，“无数心花发桃李”，意思是，有无数像桃李一样美丽的花儿在我的内心中开放了。这是多么高的一种修养。苏东坡64岁时从海南岛被召回，走到真州就得了病，最后死在常州。

“常老师，他怎么一辈子都是贬来贬去的？”张云柏问。

是啊，这就是苏东坡的风雨人生。林语堂在《苏东坡传》这本书里说，苏东坡是不求政治，而为政治所追求，这个问题很难说清楚，以后，当你们能读懂《苏东坡传》的时候，这个问题也就能懂了。当然，我们还可以通俗地来说，就是苏东坡始终坚持自己的主张原则，始终坚定而不移，他不支持王安石的变法，也不支持司马光对王安石的全盘否定，他支持的是事实本身，是正义本身——他坚持“以正为争”……

说到这里，我把这四个字写在黑板上，然后说：

“希望你们以后能记住这四个字，记住苏东坡，记住我们读过和将要读的苏东坡的诗词。除了诗词，他的文章更是影响深远，与欧阳修并称‘欧苏’。在书画方面他也是名家，他堪称‘诗、书、画’三绝。”

说到这里，我通过幻灯片展示了几幅苏东坡的书法作品和竹画——同学们感叹不已，中国人的浪漫，到苏东坡达到最高峰。有人说，从他开始，我们才真正懂得了什么是浪漫，才真真切切地把浪漫融入了我们的生活。

晨诵铃响时，我听到范成洋感叹似的说了一句：“啊，这就是知识啊！”

呵呵，我能带着他们走向哪里？能走到一个什么样的高度？一切，都是未知。

（二）会挽雕弓如满月

第一首诗词，就从苏轼在密州做太守时所作的《江城子·密州出猎》开始。这首词，奠定了他豪放派的风格。

还是先从故事讲起。

宋神宗熙宁七年的秋天，39岁的苏轼由杭州通判调任密州知州，就是现在的我们山东省的诸城一带。苏轼到任时恰值北方连年大旱、蝗灾泛滥。天灾固然严重，人祸也十分深远。当时，王安石等人极力推行的新法，给百姓带来了更大的伤害。因此，苏轼到任后不久即上书丞相，如实反映当地的灾情，为民请命，要求朝廷选差官员下来视察灾情，减轻赋税，或者给予补助。他从访问农夫野老中吸取生产经验，主张用火烧、用泥深埋的办法坚决铲除蝗害，并且动用部分仓米来奖励捕蝗的人。由于连年饥荒，老百姓自己的生命都很难保住，许多人不得不忍痛把嗷嗷待哺的儿女抛弃道旁。为此，苏轼心情非常沉重，他收留这些孩子，并为他们办了一个福利院。经过一年多的努力，密州的各种灾情基本得到控制。

苏轼是一位称职的官员，更是一个才华横溢的诗人。在密州期间，他经常在公务之暇登山临水，遍览密州境内的名胜古迹，了解当地的风土民情、历史文化，并留下大量相关的诗词文赋。他多次到密州的黄茅冈一带练习打猎，《江城子·密州出猎》被公认为是苏轼的第一篇豪放词的代表作。词有两大类：一是豪放派，一是婉约派，后面我们还会讲李清照的词，大家就能区分这两派词的不同了。今天，我们就来看《江城子·密州出猎》。

江城子·密州出猎[①]

［宋］苏轼

老夫聊发少年狂。左牵黄，右擎苍。[②]锦帽貂裘，千骑卷平冈。为报倾城随太守，[③]亲射虎，看孙郎。[④]

酒酣胸胆尚开张。鬓微霜，又何妨。持节云中，[⑤]何日遣冯唐。会挽雕弓如满月，[⑥]西北望，射天狼。

我先读了一遍，然后让孩子们对照着我提前发下去的注释，自己翻译诗句。

①**密州**：今山东诸城。 ②**黄**：黄犬。**苍**：苍鹰。围猎时用以追捕猎物。 ③**报**：告、语。**倾城**：指全城观猎的士兵。 ④**孙郎**：三国时的孙权，因为孙权曾亲自射虎于凌亭，这里借孙权来说自己。 ⑤**节**：使臣所用的符节。汉朝的冯唐已经很老了，还在朝廷工作。苏东坡借冯唐来说自己，希望自己也能拿着符节到远方的边塞去出使，为国家建立功劳。 ⑥**如满月**：把弓拉足，像满月那样，表示有力。

先看上阕。同学们在自己翻译的基础上，同桌互相说，然后请一个同学说，老师矫正——对诗词意思的理解，大致就是这样一个步骤。

开篇“老夫聊发少年狂”，出手不凡，是说我现在虽然年岁大了，可是我还有少年时的那种豪情壮志。一个“狂”字贯穿全篇，接下去的四句写出猎的雄壮场面，表现了猎者威武豪迈的气概：作者左手牵黄犬，右臂驾苍鹰，好一副出猎的雄姿！随从武士个个也是“锦帽貂裘”，打猎装束。千骑奔驰，腾空越野，好一幅壮观的出猎场面！为报全城士民盛意，作者也要像当年孙权射虎一样，一显身手。苏轼以少年英主孙权自比，更是显出他的“狂”劲和豪兴来。

“哈哈，苏轼也会发飙啊！”晓晓笑着说。

“这个时候，他还年轻，满腔的报国之志，所以，这首词写得非常开阔，情感的基调也是一样的。我们接着往下看……”

下阕由实而虚，进一步写作者“少年狂”的胸怀，抒发由打猎激发起来的壮志豪情。“酒酣胸胆尚开张”，苏轼为人本来就豪放不羁，再加上“酒酣”，就更加豪情洋溢了。酒酣之后，胸胆更豪，兴致也更浓了。接下来，作者倾诉了自己的雄心壮志：年事虽高，鬓发虽白，却仍希望朝廷对自己委以重任，赴边疆抗敌。

和同学们讨论到这里，就谈到了北宋和西夏、辽之间的战争。一个国家的灭亡，要么是宦官专权，要么是外敌侵入，北宋的灭亡属于后者。然后就让同学们猜，为什么射的是“天狼星”而不是其他的什么星。有了前面的铺垫，同学们理解这个词语就简单多了。对这些不过十岁的孩子来说，这样的猜猜游戏还是有必要的，他们会觉得有趣，因为有趣，他们会自觉地往历史深处走去。

理解了上、下两阕，我又对整首词进行总结：出猎对于苏轼来说，或许是偶然的一时豪兴，但他平素报国立功的信念却因这次小试身手而得到鼓舞。——虽然他终生都没办法实现当初立下的诺言，但是，他是一个不会浪费当下每一刻生命的人，我们后面继续读他的诗词就会明白。这首词上阕出猎，下阕请战，场面热烈，音节嘹亮，堪称一首壮词。

“会挽雕弓如满月”啊，这种力量，来自他的内心。

接下来的读，有气势的男孩子示范读，男孩子齐读，男女生分读……整个教室，仿佛也有了出猎的热烈，请战的豪迈。

当学生能够熟读成诵时，一节晨诵、一节语文课就过去了。

附记

中午，女儿回到家，就拿出那套写给孩子看的中国历史，重读北宋历史的一部分，感慨地说：“妈妈，要准确地书写历史，是很困难的一件事。”因为书上对王安石的评价，是热情洋溢的赞美。——赞美是应该的，但总是有失客观。

下午，李沂晓的妈妈碰到我，说中午女儿回家，问的第一个问题是：“妈妈，王安石是好人还是坏人?”因为语文课本上《泊船瓜洲》这首诗，王安石在她心里，大约是完美的了。当她发现不完美甚至有太多遗憾时，心里总是有些困惑：王安石是好人还是坏人？聪慧的李沂晓的妈妈，自然也给了女儿很巧妙的答复：“你能告诉我，在你们班里，谁是好人谁是坏人吗？”

已经购买了浙江少年儿童出版社的《苏轼》，一周之后，这本书应该就能到。同学们很是期盼。

（三）滚滚长江东逝水

接下来我们用一个晨诵和一节语文课的时间，学习《念奴娇·赤壁怀古》。

《三国演义》的电视剧，很多同学都看过。女儿也随着爸爸看过一些，故事情节比较熟悉。她在喜欢历史的爸爸的带领下，已经开始阅读《三国演义》的原著，也就是兴之所至，读之所至罢了。

作为苏东坡的代表作，《念奴娇》才真称得上是荡气回肠。开阖变化之间，他所传达的，是通古今而观之的豪迈、悲感和旷达。

晨诵时间，还是要先从他为什么被贬到黄州的故事开始。苏东坡对生活的态度，一向是嫉恶如仇，遇有邪恶，则“如蝇在食，吐之乃已”。什么意思呢？他看到那些邪恶的事情，就好像吃了苍蝇一样，非要吐出来不可。刚开始，还幸而安然无事。可是在他吐到第一百次时，他就被人抓住了。有一年，他调任湖州时，说了几句朝廷当权派觉得有点儿过分的话。当时，朝廷内有很多小人当道，他们当然就受不了了。怎么办呢？于是，他们想从苏东坡的诗词里找碴儿，这叫“文字狱”。苏东坡有一首写两株老柏的诗，诗里说柏树“根到九泉无曲处，世间惟有蛰龙知”。这些小人就说了，这两句诗就是对皇帝大不敬，因为龙是皇帝的象征，而今皇帝正在位，作者应当说有龙在天，不应当说在九泉地下。另外还有一首牡丹诗，在诗内作者叹造物之巧，能创造出种类如此繁多的牡丹。那些小人就说，这首诗是讽刺新法的，说新法是杂税很多等等。

这就是历史上有名的“乌台案”，“乌台”是御史台监狱的名称。苏东坡因此由官家逮捕，送进了御史台的皇家监狱。审问时间很长，前后四十几天。在监里，那个狱卒心肠非常好，大概知道他是谁，对他十分恭敬，每天晚上给他热水洗澡。直到现在每晚上洗热水澡，还是四川人的习惯。

苏东坡在监狱中，发生了一件有趣的事，结果审问时反倒对他大有益处。他儿子苏迈每天到监狱去看他，为父亲送饭当然是儿子分内的事。苏东坡和儿子暗中约好，就是儿子只许送蔬菜和肉食，倘若听到坏消息，才送鱼去。有一天，苏迈要离开京城到别处去借钱，他把送饭这件事交给朋友办，但是忘了告诉朋友那个暗号。那朋友送去熏鱼，苏东坡大惊，心想事情已然恶化，大概凶多吉少了。他和狱卒商量，给弟弟苏辙写了两首诀别诗，措词极为悲惨，说他一家十口全赖弟弟照顾，他表示愿世世为兄弟。他弟弟接到，感动万分，竟伏案而泣，狱卒随后把此诗带走。到后来苏东坡开释时，狱卒才将此诗退回，说他弟弟不肯收。其实呢，苏东坡的弟弟根本知道这是一条计策，故意把诗交还狱卒。有这两首诗在狱卒手中，会有很大用处。因为狱卒按规矩必须把犯人写的片纸只字呈交监狱最高当局审阅。这个故事里说，苏东坡坚信这些诗会传到皇帝手中。结果正如他所预料，皇帝看了，十分感动。这就是何以苏东坡的案子虽有御史强大的压力，最后却被宽恕贬谪到黄州的缘故之一。《念奴娇》就是苏东坡被贬到黄州之后写下来的。

孩子们听得很认真。故事本身，能让我们的情绪很快进入到今天要学的诗词里。苏东坡这个名字，苏东坡的诗词，就和同学们之间的距离拉近了。我先把《念奴娇》读一遍，抑扬顿挫里，让同学们体会苏东坡感情的变化。

念奴娇·赤壁怀古

[宋] 苏轼

大江东去，浪淘尽，千古风流人物。故垒西边，人道是，三国周郎赤壁。乱石崩云，惊涛裂岸，卷起千堆雪。江山如画，一时多少豪杰。

遥想公瑾当年，小乔初嫁了，雄姿英发。羽扇纶巾，谈笑间，樯橹灰飞烟灭。故国神游，多情应笑我，早生华发。人间如梦，一樽还酹江月。

“《密州出猎》通篇都是豪情壮志，这首《念奴娇》，感情有什么变化？能看出来吗？”

少顷沉默之后，云柏站起来说：“我觉得这首词一开始也是豪迈的，后来就有些伤感了，因为苏东坡说早生华发，大概是伤感自己有了白头发吧。我觉得，这种伤感跟他经历了生死磨难有关系。”

我肯定了他的理解，然后从题目说起。《念奴娇》中的念奴，是唐朝天宝年间一个有名的歌妓，她的歌声很美，《念奴娇》这个牌调最早可能是一支曲子，是被念奴歌唱过的或者是描写念奴之美的。这首词的标题叫《赤壁怀古》，同学们一看就能说出来，是苏轼来到赤壁这个地方，有感而发写下了这首词。说到这里，我又简单讲了讲苏轼把词“诗化”的原因。最早的词，只是歌宴酒席间流行的歌曲，苏轼在词的内容方面有所拓展，使词开始像诗那样，表达强烈的感情，这就是词的“诗化”，所以，词的牌调之后，就有了一个小标题。火烧赤壁的故事，很多同学都很熟悉，我就请崔奥博简单讲了讲……

接下来，我一句句地带着同学们读。不讲意思，只是从文字里，从声音里，去触摸千年前这位伟大诗人的情感。一句句读下来，教室里充溢着的，是一种大浪淘沙之后的平静。少顷，我请常严一起来读——他对诗词的感悟非常好，虽然诗词还理解得不是很到位，但感情变化处理得还算恰当。这时候，来自同学的范读，是最可信任的榜样力量，他让每一个同学看到，诗词里的节奏、韵律和情感，是他们最初接触就能感受的。

这时候，晨诵铃声响了。

休息之后，第一节语文课，我们继续学习这首词。

从这首词开始，我把诗词里的“起承转合”带了进来。起，就是作者由题目进入正文的入手处；承，对起句进行进一步的补充说明；转，在承句的基础上进行语意宕转；合，是收结处，往往起一个总结的作用。我以上阕为例，引导同学们体会“起承转合”之间，作者的情感波澜。

“同学们看第一句：大江东去，浪淘尽，千古风流人物。读这句时，你的感觉是什么？”

“很有气势，”崔淦维说，“就像我站在大海边，听波涛汹涌过来的感觉一样。”

“是啊，起笔很有气势，从长江着笔，这是巨大的空间；千古风流人物，无数的英雄豪杰，则是广阔的历史时空。大家看看前面苏轼的生平，他写这首词时大约多大年龄了？”

“四十多岁了吧？”

“四十五岁之后了，苏轼是四十五岁被贬到黄州的。这时候的他，真是感慨万千，他站在江边，看着那江水向东流去，就想到，古往今来有多少风流人物，有多少盛衰兴亡，都在这江水的滔滔滚滚之中消失了。联想到他自己，大家说，他有没有悲伤在里面？”

“有。”

“有悲伤，但他不会陷在悲伤里。南唐有一个叫李煜的皇帝，不会治理国家，只会饮酒唱歌、填词作诗，国家被宋朝所灭后，他被宋太宗捉去，后来被毒死了。国家灭亡之后，他的一些词流传下来，写得很不错。但他是一个陷到悲伤痛苦中出不来的人，那句最有名的——”

“问君能有几多愁，恰似一江春水向东流。”晓晓笑着接上了。她读过叶嘉莹先生讲苏轼的诗词部分，对里面的引用比较熟悉。

“是啊，‘问君能有几多愁，恰似一江春水向东流’。他的忧愁像长江水一样，滔滔不绝。可是苏轼就不一样了，他是能从悲伤里走出来的，所以，像崔淦维说的，起笔这句，给人的感觉是很有气势。‘大江东去，浪淘尽，千古风流人物’，他从历史的角度来看人世的盛衰，他自己经历的那些事情，也在这江水的滔滔滚滚之中消失了，这样一想，他就不会把个人的得失、荣辱和利害看得那么重要了。这就是苏东坡，旷达、超然的苏东坡。”

“这叫什么呢？这就叫一种通古今而观之的气度。我们来看承接的一句：故垒西边，人道是，三国周郎赤壁。谁能说说，这一句怎么承接的？”

“第一句说到了千古风流人物，因为苏轼是在赤壁嘛，第二句就要说火烧赤壁里的人物了，而赤壁一战，周瑜是立了大功的，所以就提到了周瑜。”李沂晓说。

“有道理。赤壁一战，曹操已经是54岁，周瑜是34岁，诸葛亮只有28岁，苏轼说，千古风流人物，那么，曹操、孙权、刘备、周瑜、诸葛亮就都在他的笔下了。但这些风流人物怎么样了呢？都在这江水之中消失了，好像什么都不存在了，可是这故垒还在。那就是说，虽然周瑜已经死去了，虽然浪淘尽了千古风流人物，可是当年的往事，周瑜的丰功伟业，到今天还在感动着一些人。当‘浪淘尽’以后，却‘故垒’犹存，这是一个对比。知道什么是故垒吗？”

同学们摇头。

“故垒就是古代用兵时堆筑站垒的遗迹。其实，苏轼这首词里的赤壁，并不是三国故事里的那个赤壁，所以他用了‘人道是’三个字，意思就是，人们都说这是三国周瑜建功立业的地方。苏轼自己也很清楚，这个赤壁不是三国里的赤壁，但他为什么不说明白呢？”我顿了顿，看着同学们满是疑惑的目光，接着说，“这就是古人所说的，找个好题目来作诗呀。你要是把这个地方认作当年的赤壁，你就可以大大地发挥一番，可以借古人的事情来说说自己，大家看，这就是苏东坡。”

“真是有趣！”没注意是哪个同学，感叹似的说了一句。

同学们笑了，他们一直听得很认真。这样的诗词梳理，对同学们来说，他们感到新奇，甚至震惊，所以，我能感受到他们每个人在课堂上的投入。

“是啊，苏东坡就是一个有趣的人，所以才能写出有趣的诗词。有一个叫王小波的作家，我很喜欢他，他说，做人呢，就要做一个有趣的人。苏轼经历了多少磨难啊，可是你们看，他仍然生活得有情有趣，在黄州，他生活非常穷困，是他的好朋友送给他几十亩田地，他自力更生，自己耕种，自己盖房，苏轼把这片田地叫作‘东坡’，所以才有了‘苏东坡’这个名字。我们接着看这首词，前两句由景到人，承接自然，第三句呢？”

“第三句又转到写景上去了。”

“‘乱石崩云，惊涛裂岸，卷起千堆雪’。意思就是，那些杂乱的山石很高，浪打过来的时候，好像把天上的云彩都崩碎了。汹涌的波涛，好像把山石的岸都要打得裂了开来，而那波涛打到山石的上边时，真的是一团团、一堆堆的，像白雪一样。我上学的时候，老师教我的这句是这么读的：乱石穿云，惊涛拍岸，卷起千堆雪。现在看叶嘉莹先生的讲解，才知道这是不同的版本，'崩'和'穿'相比，'裂'和'拍'相比，前者更有气势。大家看，最后一句，他是怎么收住的？说说你的理解。"

"江山如画，一时多少豪杰。"心雨尝试着说，"上阕主要是写景的，嗯……他就赞美景色像画一样美丽，这就是收吧？"

"对，这千古风流人物，这江边的精彩画卷，不由人发出'江山如画'的赞叹。起承转合，苏轼一气呵成，让人的心里始终荡漾着一种豪迈之情，我们一起来读读上阕。"

这时候再读，豪迈的感觉，就不只是常严一一个人能感受到的了。叫到的同学，大多能通过声音，传达出一种气势。几个同学读过之后，大部分同学就能背下来了。

在三国这个历史舞台上，英雄人物风云聚会，而最令苏轼向往的是周瑜。下阕笔墨，就集中在了周瑜的身上。我先读了一遍，然后讲了小乔的故事，就让同学们自己尝试着说说下阕的"起承转合"——他们说得有些艰难，在我的帮助下，才能准确理解。

"遥想公瑾当年，小乔初嫁了，雄姿英发。""遥想"两个字，引起了下阕。"英"和"荣"的区别，讲《桃花源记》中的"落英缤纷"时讲过，前者是花，后者是草。"英发"这两个字用得好，而且这两个字不是泛指。《三国志》里边讲，东吴的人称赞周瑜，就是用"英发"两个字来形容他的。凡是有光彩的，杰出的，在众人之中你一眼就能看见的就是"英"。"英发"就是一种蓬勃的生命。而"姿"，不只是指容貌，更是一种风姿。周瑜当年是怎样的"雄姿英发"呢？这就有了第二句："羽扇纶巾，谈笑间，樯橹灰飞烟灭。"

一开始，同学们说"羽扇纶巾"是诸葛亮，当我问他们，这一句既然是承接上句来的，怎么可能说着周瑜就一下跳到诸葛亮身上了呢？这么一问，同学们也就明白了，这一句是继续说周瑜的。谈笑之间，敌人的战船樯橹就灰飞烟灭了。"谈笑间"三字，将周瑜指挥若定的潇洒神态，极其微妙地传达出来——这就是“雄姿英发”！

苏轼写《赤壁怀古》，凭吊周瑜当年建立的功业，可是他主要的目的就是为了写周瑜吗？当然不是。下面的“转”，就转到了他自己身上：故国神游，多情应笑我，早生华发。如果周瑜的英魂有知，来到赤壁，看到我苏轼这个样子，一定会笑我多情——空有这么多的意志和这么多的理想，却什么都没有完成，现在已经是满头白发了。这一句里的悲感，我们今天读来，也有很深的感触。但是，苏轼总能把悲慨和旷达结合在一起，所以，结尾一句，他马上从悲慨里跳出来说：“人间如梦——”这就是苏轼！他说我已经看破了，人生的得失成败算得了什么？当年的周瑜，不也“浪淘尽，千古风流人物”了吗？我也就把酒洒给那江上的明月吧。

“为什么？为什么要把酒洒给江上的明月？”同学们很自然地问。

“记得李白那首诗吗？花间一壶酒，独酌无相亲……”

“举杯邀明月，对影成三人。”他们很自然地接了下去。

“是啊，一个人，不能在悲哀里出不来，李白独自喝酒，邀请月亮和他一起喝，再加上他的影子，就成了三个人了，这是一种洒脱，一种境界。苏东坡呢，我不能像周瑜那样建功立业了，但是，我一样要享受自然，享受生命——这种旷达，成就了苏东坡，是他‘也无风雨也无晴’的人生写照；也是因为这种旷达，他才成为中国历史上最伟大的诗人之一。”

读下阕，仍然是在我的提示下，从起承转合之间体会苏轼的豪放、悲感和旷达，几遍下来，同学们大多也就能背诵了。整首词连起来读，那滔滔的江水，那如画的江山，少年周郎的雄姿英发，苏轼的悲感旷达，一遍遍地，在这间小小的教室里回荡。

第二天的音乐课上，我又请音乐老师教同学们唱《三国演义》的主题歌《临江仙·滚滚长江东逝水》：

滚滚长江东逝水，浪花淘尽英雄。
是非成败转头空，青山依旧在，几度夕阳红。
白发渔樵江渚上，惯看秋月春风。
一壶浊酒喜相逢，古今多少事，都付笑谈中。

"滚滚长江东逝水"——今天的我们，明天的我们，也都在这江水的滔滔滚滚中消失，唯有这些诗词，会被一代又一代的人吟诵、传唱。于是，一种精神，一种理想，一种独属于我们中国人的文化，也就这样一代代传承下来。

（四）杜宇一声春晓

在《江城子·密州出猎》的豪迈和《念奴娇·赤壁怀古》的悲感旷达之后，今天的晨诵，是苏轼的一首干净清爽的小令《西江月》。

西江月

［宋］苏轼

顷在黄州，春夜行蕲水中。过酒家饮酒，醉。乘月至一溪桥上，解鞍曲肱，醉卧少休。及觉已晓。乱山攒拥，流水铿然，疑非人世也。书此语桥柱上。

照野弥弥浅浪，横空隐隐层霄。障泥未解玉骢骄，我欲醉眠芳草。可惜一溪风月，莫教踏碎琼瑶。解鞍欹枕绿杨桥，杜宇一声春晓。

苏轼被贬到黄州，是他的不幸；但在黄州，他写下了大量好的诗词，刚刚学过的《念奴娇》，还有脍炙人口的《水调歌头》和《定风波》，都是在黄州写下的。为什么这时候他的诗词特别好？因为他是从死生的患难之中解脱出来以后来到黄州的。今天，我们就来看看他解脱之后的那份逍遥自得的感情。

接着，我介绍了长调和小令的区别。长调一般要有铺叙，要有起承转合，但小令就施展不开了。小令字数少，没有办法用过多的转折，所以小令常常表现一种刹那间的灵感。《西江月》这首小令是怎么来的呢？苏东坡说我最近住在黄州，在一个春天的夜晚，骑马走过蕲水时，到一个酒店里喝酒，喝醉了，就乘着月色走到一座桥上，忽然很想睡觉，于是就放松了马鞍子，把手臂一弯当作枕头，躺在地上就睡着了。你们知道吗，以前苏东坡在家里睡觉，要不厌其烦地把被褥塞好。他要翻来覆去把躯干四肢安放妥帖，手拍被褥，直到把自己摆放适当，又自在又舒服为止。他身上倘若有地方发僵发痒，他要轻轻揉。这些完毕，才算一切大定。他要睡了，闭上眼，细听气血的运行，要待呼吸得缓慢均匀才行。睡觉前，他自言自语道："现在我已安卧。身上即使尚有发痒之处，我不再丝毫移动，而要以毅力精神克服之。这样，再过片刻，我浑身轻松安和直到足尖。睡意已至，吾入睡矣。"

听到这里，同学们哈哈大笑。这个苏东坡，实在太有趣了。可是他现在呢？手臂一弯，躺在地上就睡着了。所谓"醉卧少休"，是说他本想睡一会儿就回家，没想到他老先生喝得太醉了，这一觉就睡到了天亮。天亮时他睁眼一看，只见"乱山攒拥"——无数山峰拥挤在一起；"流水铿然"——桥下的流水哗啦哗啦十分好听，这么美丽的风景，简直"疑非人世也"，他怀疑这一觉睡到天堂上去了。于是，苏东坡脑子里马上跳出来一首词，而且马上就把它写到桥柱子上边了。

"常老师，他怎么写到桥柱子上的？他随身都带着笔吗？"

"呵呵，我说不好。"想不到学生提出这样的问题，我只得老老实实承认不是很清楚，不过，脑子里马上想起一首诗，就接着问："我们以前学过苏轼的一首诗，叫《题西林壁》，还记得吗？"

"横看成岭侧成峰，远近高低各不同。不识庐山真面目，只缘身在此山中。"

"这首诗，就是苏东坡在游览庐山之后，写在西林寺的墙壁上的。古人的很多诗词，就是这样流传下来的。还有一些诗词，是通过吟唱的方式流传下来的。当时，人们都喜欢苏东坡的诗词，以能吟诵他的诗词为自豪，因此都相互传抄。"看到同学们感兴趣，我干脆就讲了这样一个故事：苏东坡做翰林学士时，常在夜里深锁宫中。有一个极为崇拜苏东坡的，勤于搜求苏东坡的字，苏东坡每一个短简便条若由苏东坡的秘书交给他，他就给秘书十斤羊肉。东坡已经风闻此事。一天，秘书请苏东坡回复友人的口信，东坡已经口头回复了。秘书第二次又来请求，苏东坡说：'我不是已经告诉你了吗？'

"秘书说：'那人一定要一个书面的答复。'"

"苏东坡说：'告诉你那位朋友，今天禁屠。'"

同学们开心地大笑，仿佛也能感受苏东坡的才情和幽默。回到这首小令上——当同学们开开心心地把前面的引子读了几遍之后，晨诵铃声就响了。

下一个晨诵时间，我们就直接从这首小令开始。

这首词里有几个生字，理解起来比较难，我就以自己讲为主。那天晚上不是有很好的月光吗？而田野之中不是有很多草木吗？风一吹，月光就在草丛木叶之上闪动，就像是一片光明的浪，这就是“照野弥弥浅浪”的意思。如果你抬头看天上呢？天上是“横空隐隐层霄”，天上有一层很稀薄的云，透过云层可以看到月亮，等云飘走了，月亮就完全露出来了。“障泥未解玉骢骄”的意思是，我骑着一匹矫健的马，并没有想到要停下来休息。据说马鞍两边垂下来的两片布，当马跑起来的时候可以挡住脚下扬起来的泥土，不至于弄脏了衣服，这就是“障泥”。“障泥未解”就是还没有下马。“玉骢”是雪白的马，“骄”是说马很精神。苏东坡说，他一开始没有想到要停下来休息，可是看到大自然这么美的景色，就想趁着酒醉，在这草野之间、月光之下睡上一觉，不是很美的一件事情吗？

理解了上阕，我们反复来读——

“照野弥弥浅浪，横空隐隐层霄。障泥未解玉骢骄，我欲醉眠芳草。”

那美好的月色啊，苏东坡的情趣啊，通过声音，我们也传达着对大自然的欣赏和热爱。

再看下阕。在这里睡上一觉，还有其他的原因吗？“可惜一溪风月，莫教踏碎琼瑶。”你看这溪水之中有多么美丽的月光，如果我骑着马沿着水跑过去，就把这可爱的月光踏碎了。“琼瑶”，指的就是水中的月光。苏东坡是把水中的月光看作一个有情的生命——这是他自己的一份生活情趣。于是，他“解鞍欹枕绿杨桥”，第二天早上，是什么把他惊醒了呢？“杜宇一声春晓”，杜鹃鸟一声啼叫，他睁开眼睛一看，天已经亮了，看到了从来没有看到的景色，什么景色啊？

“乱山攒拥，流水锵然。”同学们齐声说。

这种感觉，真是很有诗意！

“杜宇一声春晓”，谁能叫醒我们心里沉睡着的风景？你爱大自然，大自然就在你心里醒着；你爱那可爱的月光，月光就是一个活泼的生命。你心里的风景，只有你自己能叫醒。

读读下阕，触摸苏东坡的生活情趣。“可惜一溪风月，莫教踏碎琼瑶。解鞍欹枕绿杨桥，杜宇一声春晓。”

整首词连起来读，这样干净清爽的小令，这样有情有趣的生活，不知道在这样的吟咏中，会不会也成为同学们生命的一部分？读过几遍之后，我问大家对苏东坡的评价，这些孩子们啊，也已经模模糊糊懂得：如果不能为国效力，仍然要享受自然，享受生命，这是一个旷达的苏东坡。

我把这句话写在黑板上，然后让同学们抄在农历游记的本子上。虽然是抄下来了，不知道“旷达”这个词，能不能在他们的人生中不断被提及？

交给时间吧！

（五）归去来兮

苏东坡45岁被贬到黄州，生活困难，但这些都不能阻挡他对生活的热爱。在黄州，他成为一个地地道道的农民，他的家坐落在山坡上。他给自己的房子取名叫“雪堂”。雪堂前面有房五间，是到黄州后第二年的二月雪中竣工的。墙是由诗人自己油漆的，画的是雪中寒林和水上渔翁。后来他就在此地宴请宾客。宋朝大山水画家米芾，那时才22岁，就是在雪堂认识苏东坡的，并与苏东坡论画。雪堂的东边，有一棵高高的柳树，是苏东坡当年亲自栽种的。再往东的低处，有稻田、麦田，还有一片大果园。他种的茶树，是从邻近友人处移来的。

在黄州，他生活得很安静。建筑可以说是苏东坡的本性，他是决心要为自己建筑一个舒适的家。他的精力全用在筑水坝，建鱼池，从邻居处移树苗，从老家四川托人找菜种。当孩子跑来告诉他好消息，说他们打的井出了水，或是他种的地上冒出针尖般小的绿苗，他会欢喜得像孩子般跳起来。他过去是用官家的钱养家糊口，现在他才真正知道五谷的香味。

苏东坡家庭生活也很幸福，他的前两个妻子去世后，就娶了相伴他最长时间的王朝云。他把朝云视为自己的知己。据说，一天，一顿丰盛的晚餐之后，苏东坡在屋里欣然地摸着肚子走来走去。他问家里的人，他那便便大腹之中有什么。一个人说是“一肚子墨水”，一个人说是“一肚子漂亮诗文”，苏东坡都摇头说不是。最后，聪明的朝云说：“你是一肚子不合时宜。”东坡大呼道：“对！”于是大笑。为什么呢？你们想啊，王安石当宰相时，他和王安石不合；司马光当宰相时，他又和司马光不合，这不是一肚子的不合时宜吗？在黄州，朝云甘愿与苏东坡共度患难，她悉心为苏东坡调理生活起居，由于缺的是钱，但时间却大把大把地有，于是她用黄州廉价的肥猪肉，用微火慢慢烘出香糯滑软、肥而不腻的肉块，作为苏东坡常食的佐餐菜，这就是后来闻名遐迩的“东坡肉”。苏东坡自己还发明了一种青菜汤，就叫作东坡汤。在这种农村氛围里，他觉得自己的生活越来越像陶渊明。苏东坡在黄州生活了五年，已经爱上了黄州，可是，不幸的是，当他已近50岁时，朝廷一纸调令，又要让他离开黄州去汝州……

“为什么他不像陶渊明那样隐居呢？”说到陶渊明，同学们很熟悉，也就很自然地问这样的问题。

“做官的时候可以归隐，被贬的时候是不能隐居的。因为被贬时，他的一切行动都在朝廷的掌握之中，自己是不能随意行走的。据说他被贬到海南时，朝廷还派人去视察，看看他生活得怎么样。如果当地的最高长官找不到苏东坡了，会非常害怕，因为他有看守苏东坡的职责，苏东坡如果丢了，那就是他的失职。面对着朝廷的调令，苏东坡真是满腔的悲哀，感觉自己的生命就像一颗棋子一样，被挪来挪去，不知道何时才能安定下来。于是，离开之时，写下了一首《满庭芳》，这也是我们今天要学习的一首词。”

满庭芳

［宋］苏轼

归去来兮，吾归何处？万里家在岷峨。百年强半，来日苦无多。坐见黄州再闰，儿童尽楚语吴歌。山中友，鸡豚社酒，相劝老东坡。

云何？当此去，人生底事，来往如梭。待闲看秋风、洛水清波。好在堂前细柳，应念我，莫剪柔柯。仍传语，江南父老，时与晒渔蓑。

“这首词里，是不是只有悲哀呢？”读过一遍之后，我问。

同学们说不上来。

“看这一句：好在堂前细柳，应念我，莫剪柔柯。‘柔柯’，是柳树柔软的枝条。想想，这句写的是什么？”

“哦，知道了。”晓晓说，“苏东坡在他的雪堂前种了一棵柳树，他告诉黄州的父老乡亲们，不要把柳树的枝条剪了。这样，他们看到柳树，就会想到苏东坡。这也是苏东坡的乐观吧？”

“是啊。”我表扬了晓晓，然后说，“苏东坡永远都是乐观的，他有自己解脱的方法，还有最后一句：仍传语，江南父老，时与晒渔蓑。苏东坡这首词前面有一篇序，说他要离开黄州去汝州，和邻居就要分别了。同时，他的朋友李仲览从江东过来与他告别，这最后一句就是对李仲览说的：希望李仲览告诉他那些江南的老朋友，如果他们以后常常把我穿过的蓑衣晒一晒，保存我的蓑衣，也就是怀念我了。将来，我可能回来与大家重聚。大家看，苏东坡写得多好，他有他的悲哀，但是也有他的解脱和旷达。我们来看看整首词的意思。”

接下来，我简单把这首词的意思说了说，特别强调了前面讲过的“起承转合”，上、下两阕里的“转”都很有意思，很值得细细体味。

先看上阕。“归去来兮，吾归何处？万里家在岷峨。”苏东坡很是感慨，不知道自己什么时候才能安定下来。而他的家在四川，万里之外的岷山、峨眉一带，他为父亲守孝三年离开家乡，从此就再也没回去过。人生一世，不过百年，现在已经过去了一大半，他知道将来的日子是没有多少了。后面一句，有一个微妙的转变：坐见黄州再闰，儿童尽楚语吴歌。黄州是一个很遥远的地方，他来到这里已经是第五年，因为他经过了两次闰年。他的儿子都讲了一口湖北话，不再说四川话了。“楚语吴歌”说明虽然不是故乡，但他的儿子却是在这里长大的，他们都熟悉了这里；不但他的儿子熟悉了这里，苏东坡也熟悉了这里，也跟本地人打成了一片。怎么看出来的呢？“山中友，鸡豚社酒，相劝老东坡。”每逢过年过节的时候，黄州山中的那些老农夫就杀了鸡，宰了猪，准备了酒，请苏东坡去做客。

“苏东坡来黄州的时候，是带着悲哀来的，可是现在呢？”

“他爱上黄州了。”

“能看出苏东坡是个什么样的人吗?”

“他不管走到哪里，都能爱上那里，说明他是一个乐观，一个很有爱心的人。”同同说。

“所以，离开黄州，有悲伤，也有留恋和不舍。下阕写得就更洒脱了，虽然感叹自己像梭子那样来回奔波，但后边又是一转：离开黄州固然悲哀，想必汝州那个地方也是不错的。‘待闲看秋风、洛水清波’，洛水就从汝州流过，当秋风吹过洛水的时候，那一定别有一番景象。一个‘闲’字，足以看出什么?”

“旷达!”

呵呵，看来，“旷达”这个词，同学们已经理解了。

“也无风雨也无晴啊，这就是苏东坡。”然后，我拉开移动黑板，给同学们看我提前写在黑板上的林语堂的这段话：

> 苏东坡是一个无可救药的乐天派、一个伟大的人道主义者、一个百姓的朋友、一个大文豪、大书法家、创新的画家、造酒试验家、一个工程师、一个憎恨清教徒主义的人、一个皇帝的秘书、酒仙、厚道的法官、一位在政治上专唱反调的人。一个月夜徘徊者、一个诗人、一个小丑。但是这还不足以道出苏东坡的全部……苏东坡比中国其他的诗人更具有多面性天才的丰富感、变化感和幽默感，智能优异，心灵却像天真的小孩。

找几个同学说了说他们的理解后，我们再来读这首《满庭芳》，感觉就很不一样了——因为了解，所以喜欢。喜欢一个人的时候，声音里投注的感情是很不一样的。

仍然是一个晨诵、一节语文课的时间，我们在苏东坡的世界里，已经渐行渐远。

（六）天容海色本澄清

苏东坡最后一次被贬，是61岁时贬到了海南。那时候，海南被称为蛮荒之地，在当时人看来，那里根本就不适合人居住：夏天极其潮湿，气闷；秋雨连绵，一切东西无不发霉；冬天雾气又很重。一次，苏东坡看见好多白蚁死在他的床柱上。但是他那不屈不挠的精神和达观的人生哲学，却不许他失去人生的快乐。

他永远都是快乐的。在海南，他曾经和儿子睡在槟榔树下，因为没有房子。后来自己盖了几间陋室，仍然一贫如洗。冬天，一点食物接济也没有，父子吃什么呢？他又采用煮青菜的老办法，开始煮苍耳为食。

苏东坡喜欢画画，但是岛上难得好墨，他就自己制墨。怎么做呢？他烧松脂制黑烟灰，然后用牛皮胶和黑烟灰混合起来，但是凝固不好，他们就只得到了几十条像手指头大的墨。可苏东坡却非常开心，大笑不已。

在海南，苏东坡还养成了到乡野采药的习惯，他也写医学笔记，发明了不少治病的好方法。除去忙这些事之外，他当然写诗写文章，不以为苦，只以为乐。

苏东坡一次对他弟弟说："我上可以陪玉皇大帝，下可以陪卑田院乞儿。在我眼中天下没有一个不是好人。"在海南，他从没有一天没有客人，若是没人去看他，他会出去看邻居。他带着一条海南种的大狗"乌嘴"，随意到处游逛。和村民在槟榔树下一坐，就畅谈起来。那些无知的穷庄稼汉，能对他说什么呢？庄稼汉慑于他的学识渊博，只能说："我们不知道说什么。"苏东坡说："那就谈鬼。好，告诉我几个鬼故事。"那些人说并不知道什么有趣的鬼故事。苏东坡说："没关系，随便说你听到的就行。"

就这样，在他64岁时，被朝廷召回去，这是好事，意味着他终于可以自己选一个地方居住了。离开海南，需要渡海。当他渡海时，写下了《六月二十日夜渡海》。这首诗我们以前读过，但印象不深，苏轼之旅的最后一站，我们再来重温这首诗：

六月二十日夜渡海

［宋］苏轼

参横斗转欲三更，苦雨终风也解晴。

云散月明谁点缀？天容海色本澄清。
空余鲁叟乘桴意，粗识轩辕奏乐声。
九死南荒吾不恨，兹游奇绝冠平生。

男、女生分读了两遍之后，我采用了问答的方式，和同学们一起温习。

“这是一个什么样的夜晚？”

“风雨停了，一个满天繁星的夜晚。”

“对啊，这时候，参星斜下去了，北斗星的斗柄也转动了，这就意味着是后半夜了。——后半夜了，苏东坡还没有睡着，他在想什么？”

“想他一生经历的事情。”

“他这一生，经历的事情实在太多了，可他始终相信，苦雨终风之后，总有天晴的时候。不是吗？现在，乌云就消散了，一轮圆月就悬挂在高天之上，它不需要什么东西来点缀。因为乌云是一时的变化，阴雨也是一时的变化，而天和海的本色永远都是澄清的。哪一句是他对整个人生的体验？”

“云散月明谁点缀？天容海色本澄清。”

“对，这就是他对整个人生的体验，他被下狱，被贬逐，在各地流转，这是诗里面的哪个词？”

“苦雨终风。”

“但是，无论什么样的遭遇，他的本色始终没有改变，就像那明月、蓝天和碧海。不过，苏东坡仍然很感慨，他在年少时有那么多理想，写了那么多的策论，希望报效国家，后来却终身流放在外，平生的理想没有能够实现，这就是——”

“空余鲁叟乘桴意。”

“‘鲁叟’是孔子，孔子曾经说过一句话，如果我的理想不能实现，就‘乘桴浮于海’。不过呢，苏东坡接着说，我被贬到海南，大概体会到了一种东西，是哪一句？”

“粗识轩辕奏乐声。”

“我大概认识了轩辕奏乐的声音，那是一种与天地合一的音乐——所以，虽然我差点死在这蛮荒之地，但我没有什么可遗憾的，为什么？”

“兹游奇绝冠平生。”

“到了这里，我才知道大自然中还有这样一种风景。宇宙万物，都有它值得观赏的地方，海南是荒凉的，但是这里有独属于这里的风景——有了这种眼光，一个人，自然就能够在忧患之中得到排解。这就是苏东坡，一个——”

然后，大家齐读昨天已经抄下来的那段话：

“苏东坡是一个无可救药的乐天派、一个伟大的人道主义者、一个百姓的朋友、一个大文豪、大书法家、创新的画家、造酒试验家、一个工程师、一个憎恨清教徒主义的人、一个皇帝的秘书、酒仙、厚道的法官、一位在政治上专唱反调的人。一个月夜徘徊者、一个诗人、一个小丑。但是这还不足以道出苏东坡的全部……苏东坡比中国其他的诗人更具有多面性天才的丰富感、变化感和幽默感，智能优异，心灵却像天真的小孩。”

“就在返回的路上，苏东坡去世了。现在，对我们来说，他的名字只是一个记忆。但是他留给我们的，是他那心灵的喜悦，是他那思想的快乐，这才是万古不朽的。最后，我们一起来读这两周以来吟诵过的苏东坡的五首诗词。”

江城子·密州出猎

老夫聊发少年狂。左牵黄，右擎苍。锦帽貂裘，千骑卷平冈。为报倾城随太守，亲射虎，看孙郎。

酒酣胸胆尚开张。鬓微霜，又何妨。持节云中，何日遣冯唐。会挽雕弓如满月，西北望，射天狼。

念奴娇·赤壁怀古

大江东去，浪淘尽，千古风流人物。故垒西边，人道是，三国周郎赤壁。乱石崩云，惊涛裂岸，卷起千堆雪。江山如画，一时多少豪杰。

遥想公瑾当年，小乔初嫁了，雄姿英发。羽扇纶巾，谈笑间，樯橹灰飞烟灭。故国神游，多情应笑我，早生华发。人间如梦，一樽还酹江月。

西江月

顷在黄州，春夜行蕲水中。过酒家饮酒，醉。乘月至一溪桥上，解鞍曲肱，醉卧少休。及觉已晓。乱山攒拥，流水铿然，疑非人世也。书此语桥柱上。

照野弥弥浅浪，横空隐隐层霄。障泥未解玉骢骄，我欲醉眠芳草。可惜一溪风月，莫教踏碎琼瑶。解鞍欹枕绿杨桥，杜宇一声春晓。

满庭芳

归去来兮，吾归何处？万里家在岷峨。百年强半，来日苦无多。坐见黄州再闰，儿童尽楚语吴歌。山中友，鸡豚社酒，相劝老东坡。

云何？当此去，人生底事，来往如梭。待闲看秋风、洛水清波。好在堂前细柳，应念我，莫剪柔柯。仍传语，江南父老，时与晒渔蓑。

六月二十日夜渡海

参横斗转欲三更，苦雨终风也解晴。
云散月明谁点缀？天容海色本澄清。
空余鲁叟乘桴意，粗识轩辕奏乐声。
九死南荒吾不恨，兹游奇绝冠平生。

读罢，晨诵铃已经响过。随着时间的流逝，有些东西会消失，有些东西却会永远留下来。对我来说，苏轼的这段诗词之旅，是一次灵魂的提升，他那心灵的喜悦，思想的快乐，已经融化到我的血液里。国庆长假，带孩子们去看河南的山水，车上和一个喜欢苏轼的家长聊天，她对我说，你很像苏轼啊！——无疑，这是对我最大的褒奖。

这段旅程，不知道真正影响到多少孩子？他们真的理解苏轼吗？真的理解了那些诗词吗？我还是不太敢确定。

9月28日是阅读节，浙江少年儿童出版社的《苏轼》已经到了。这本书，是我送给他们的阅读节礼物。翻看那本书的时候，忽然生出很多遗憾：如果同学们先读了这本书，如果我们先讨论了这本书，再来学苏轼的诗词，效果是不是要比现在好？

总是有遗憾，不久之后，回过头来看这段旅程，还会有另外的遗憾。

节日故事：9月28日阅读节

从朱永新老师倡议9月28日定为中国的阅读节之后，我们也就在这一天，拥有了一个美妙的仪式。

（一）2007年的9月28日

一个朴素的仪式。
一首隽永的诗歌。
一道书的大门。
一本被轻轻吻醒的书。

9月28日，一个微雨的早晨。

远远地，就看见两扇红色的“书门”，正好架在了学校拉开的铁门中间。那是用吹塑板做成的“书门”，后面用铁架支撑着。一扇门上是狄金森的《没有一艘船能像一本书》，另一扇门上是金子美玲的《向着明亮那方》。孩子们看见了，兴奋不已：“咦，昨天老师说有惊喜送给我们，真的耶！”

一个个小小的身影，几乎是欢呼着跑进学校——还有什么惊喜在等着他们呢？

走进校园，孩子们才发现：老师们早就打着伞站在校园里，前面是一张张桌子，桌子上摆着一本本精美的书——哦，这就是阅读节的礼物啊！是老师们昨天说过的但还不知道名字的书！

孩子们走到自己的老师跟前，分别拿到了一本崭新的书。一年级的《新编儿歌365》、二年级的《尼尔斯骑鹅旅行记》、三年级的《雷梦拉八岁》、四年级的《海蒂》、五年级的《草房子》，这一本本最适合他们这个年龄阅读的书，让孩子们欣喜不已。

阅读节，同样属于每天和孩子们一起读书的家长们。学校也为家长精心选择了一本书：一、二、三年级的家长拿到的是《朗读手册》，四、五年级的家长拿到的是李镇西老师的《做最好的家长》。

8点钟，仪式正式开始。家长站在两边，孩子们站在中间。学校教学楼上，是醒目的横幅：阅读节，让我们静静打开一本书。

仪式由我主持。

我说，今天，是中国古代著名的思想家、教育家孔子的诞辰日，也是新教育倡导的中国的阅读节。我们学校的孩子是热爱阅读的，我们学校的家长和老师们，是无限相信阅读的力量的。今年，新教育倡导的阅读节的主题是：让我们静静地打开一本书。

接着，全校同学一起背诵《没有一艘船能像一本书》。这首诗，曾经和孩子们一起，迎接了多少个黎明！听，那朗朗的童声，那伟大的诗歌——

没有一艘船
能像一本书
也没有一匹骏马能像
一页跳动的诗行那样
把人带向远方
静静地打开一本书吧
阅读这条路
最穷的人也能走
不必为通行税伤神

静静地打开一本书吧
这是何等节俭的车
承载着人的灵魂

当“灵魂”这个直抵人内心的词语在校园里久久回荡时，我看到，很多家长的眼里是闪耀着泪的；此时此刻，经由诗歌，孩子、家长和老师有了共同的“尺码”。

我说：“是啊，没有一艘船，能像一本书那样，把人带向远方。今天，爸爸妈妈也拿到了一本学校为他们精心挑选的书，当爸爸妈妈静静打开这本书时，他们是否也能因此走向远方呢？我们请两位家长用几句话说说此刻的感受。”

二年级的一位家长拿着《朗读手册》走上来，她深情地说：“首先，我代表一至三年级的家长向学校表示感谢，感谢学校给我们选择了这样好的一本书。今天早上，当我静静地打开《朗读手册》，就看到了这句话：‘你有一箱箱的珠宝，一箱箱的黄金，可是，你不会比我富有，因为我有一个爱读书给我听的妈妈。’亲爱的孩子们，我也代表所有的家长向你们说，因为这本书，你们将成为这个世界上最富有的孩子！因为在场的爸爸妈妈们，将努力从今天开始，读书给你们听。”

雷鸣般的掌声响起来。孩子们的小手啊，拍得都要红了还不肯停下来。每天啊，爸爸妈妈要读书给我听了，多么幸福的事！

四年级的一位家长走上台，她同样深情地说：“今天早晨，当我穿过书门，拿到了《做最好的家长》这本书，静静打开的那一刻，我的内心里，马上就响起了一个声音，我是女儿心目中那个最好的家长吗？再看书的目录，孩子应该有怎样的学习习惯，钢铁是这样炼成的，用尊重来培养尊重，培养孩子的世界胸襟……那一刻，心里真是此起彼伏。是的，从今天开始，从我打开这本书的那一刻开始，我就对自己说：要做女儿心里最好的那个家长，让女儿永远都不觉得孤单！家长朋友们，让我们一起努力吧，做孩子心目中那个最好的家长！”

孩子们听得那个认真啊！掌声又一次响起来。我原本是不打算说什么的，忍不住，还是说了几句：

“一、二、三年级的孩子们，你们是幸福的，因为从今天开始，你们的爸爸妈妈要读书给你们听了！四、五年级的同学们，你们是幸福的，因为你们的爸爸妈妈会努力成为你们心目中最好的家长！在场的爸爸妈妈们，千万千万不要忘记了你们今天的承诺啊！同学们，阅读节这天，你们都拿到了一本书，老师为什么要选择这本书，而不是另一本书给你们呢？听我们的老师是怎么想的——”

五个年级的老师代表一一走上台，向孩子们介绍了阅读节这天送给他们这本书的意义。最后一个老师说完时，全校的老师们已经站到了台上，校长拿着一摞摞书走上来——阅读节啊，如果老师都不能打开一本书，如何引导孩子和家长去阅读呢？

《孩子们，你们好》《孩子们，你们生活得怎么样》《孩子们，你们准备好了吗?》《给教师的一百条建议》这四本书，两位校长把书一一送到老师手中，老师们微笑着接过来。然后，校长只说了几句话：

“此情此景，我只有一句话送给老师们：先做读书人，再做教师！这是为人师应该追求的境界！阅读节，让我们每个人，都静静地打开一本书吧。”

然后，诗歌再一次响起来，这一次，是老师们的齐诵《没有一艘船能像一本书》。反复地吟诵——这首诗，于是和阅读节息息相关，和每个人当下的生命息息相关。走向远方啊，凭借了这一本本的书，凭借了这样一个仪式，我们再一次嗅到了诗歌、故事的香味。

最后，我们全校师生共同朗诵书门上的另一首诗，结束了今天早晨的仪式：

向着明亮那方
向着明亮那方
哪怕只是一片叶子
也要向着阳光照射的方向
灌木丛中的小草啊
亲爱的孩子们啊

向着明亮那方
向着明亮那方
哪怕烧焦了翅膀
也要飞向灯火闪烁的方向
夜里的飞虫啊
亲爱的孩子们啊

向着明亮那方
向着明亮那方
哪怕只是分寸的宽敞
也要向着阳光照射的方向
住在乡村的孩子们啊
住在城市的孩子们啊
地球上每一个角落的孩子们啊

向着明亮那方啊——凭借着一本本美妙的童书，我们就可以永远向着明亮那方飞翔。听着孩子们那么投入、动情的背诵，家长们的笑也格外灿烂。结束后，在《心愿》的歌声中，孩子们回教室了——回到教室，静静地打开那一本精彩的书。有的家长还站在校园里，似乎在回味着什么。

一个美好的早晨。

一首美妙的诗歌。

一个朴素的仪式。

一本被轻轻吻醒的书。

那天，全校的语文课，全部用来自由阅读。

（二）2008 年的 9 月 28 日

今年的阅读节，仍然是家长、孩子和老师聚在了一起。不同的是，我们这次是在影剧院。

这是一次隆重的聚会。

二年级的孩子们用金子美玲的诗拉开了阅读节的帷幕。然后，我们班的孩子们，用了四十分钟的时间，展示了我们的农历课程。从冬至开始，一直到这个秋天。

真是美妙啊。冬天的雪，春天的花，夏天的风，就这样在季节的转换中，在孩子们的诵读声中，一一展现在我们面前。

常严一领诵毛泽东的《卜算子·咏梅》豪迈大气；吴秋璇吟诵《阮郎归》时似乎就有蝴蝶飞舞；王文晓吟诵《兰亭集序》时温文尔雅；刘心雨的《观刈麦》回响着大地的深沉……中秋节来了，音乐老师崔晓梅走上台来，一袭白裙，一支长笛，一曲《明月几时有》，诗词与音乐配合得天衣无缝。苏轼诗词之旅开始了，钢琴老师李双一展歌喉，一曲《三国演义》的主题歌赢得了大家热烈的掌声。

“我第一次感受了诗歌、季节和学生生命的融合，”四年级的语文老师对我说，“我们也要准备开始了。这样的课程，不能错过。”

家长们则是第一次看到孩子们全部站在舞台上，很是欣慰。

这不是表演。因为我并没有拿出太多的时间进行排练，不过就是分配了一下角色，然后昨天下午彩排了一次。

这是孩子们真实的表现，他们用自己的生命体验，诠释了诗词的味道。

最后，我们又演出了《德国，一群老鼠的童话》。仍然是四十分钟的时间，整个剧院鸦雀无声。

阅读是什么？

阅读就是飞翔，阅读就是扬帆远航，阅读就是用另一双眼睛看世界。

因为诗歌，因为故事，因为我们自己的生命体验，这个阅读节，有了更深远的意义。

节日故事：重阳节

十一长假之后的第一天，就是重阳节，也是老人节。

早上的升旗仪式，轮到我们班主持。国旗下讲话的是吴泽同。他自己通过上网查找资料，写出了一篇精彩的《回顾重阳节》的讲话稿，从重阳节的起源、传说、习俗，一直到今天的老人节，最后还吟诵了王维的《九月九日忆山东兄弟》。那天早晨，校园似乎格外安静。升旗仪式结束后，我听到二班的一个同学说："我们这周要学的《地方课程》就是重阳节的内容，今天听了国旗下讲话，我看，老师就不用讲了。"

回教室后，我把这话学给吴泽同听。他得意得很。

那天的晨诵，我本想选杜甫的《登高》，但又觉得孩子们理解起来很难，就放弃了。想到重阳节习俗很多，一首诗很难说尽，最终决定结合着"登高"和"赏菊"两个习俗，选了一些单句吟诵。

学习新诗之前，我们先复习王维的《九月九日忆山东兄弟》：

独在异乡为异客，每逢佳节倍思亲。

遥知兄弟登高处，遍插茱萸少一人。

这首诗，写尽了异乡游子的孤独。一个"独"字，一个"倍"字，让多少人读来心有戚戚焉？两遍之后，教室里，也有了一丝淡淡的愁绪。

然后，我们就来吟诵这些诗句。

习俗之一：登高

天高地迥，觉宇宙之无穷；兴尽悲来，识盈虚之有数。

——王勃

九月九日望乡台，他席他乡送客杯。

——王勃

习俗之二：赏菊。

东篱把酒黄昏后，有暗香盈袖。莫道不消魂，帘卷西风，人比黄花瘦。

——李清照

“重阳节为什么会有登高的习俗，吴泽同已经介绍了东汉桓景时的民间传说。对诗人来说，重阳登高，就像三月三的流觞曲水，就像中秋节的望月怀远，都已经成为他们的生活方式。王维怎么说，‘遥知兄弟登高处，遍插茱萸少一人’，那是强烈的思乡之情。唐朝有一个叫王勃的诗人，登上滕王阁，发出了这样的感慨：天高地迥，觉宇宙之无穷；兴尽悲来，识盈虚之有数。什么意思呢？他说，登上高处，感觉天高地远，就觉得宇宙无穷无尽。人都有高兴的时候，也有悲伤的时候，兴尽悲来，就感到人生的盛衰和成败都有定数。他感叹的，是人生的无常。这是王勃 27 岁时写下的《滕王阁序》中的一句。我很喜欢前半句的大气，登上高处，你才能感到天高地迥，才能感到宇宙的无穷无尽，你的内心里，一定有着无边的开阔，请读——”

“天高地迥，觉宇宙之无穷；兴尽悲来，识盈虚之有数。”

“在诗人的笔下，重阳节总是与思乡有关，王勃说，‘九月九日望乡台，他席他乡送客杯’，意思是，九月九日这天，登上高处遥望故乡。人在他乡，在别人的宴席上举起送客的酒杯，心里格外忧伤，不知道自己什么时候才能回到家乡。请读——”

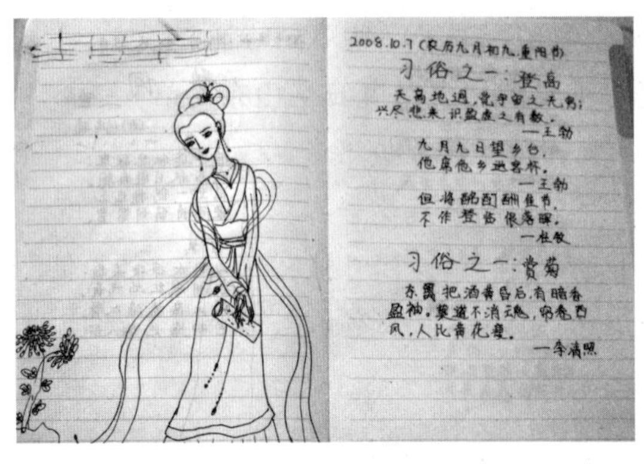

“九月九日望乡台，他席他乡送客杯。”

“关于重阳节赏菊的习俗，留下来的诗句很多，我最喜欢李清照的《醉花阴》里的这几句。这首词的上阕是这么说的——”我拉开移动黑板，指着我写在另一块黑板上的诗句：

薄雾浓云愁永昼，瑞脑消金兽。佳节又重阳，玉枕纱橱，半夜凉初透。

什么意思呢？从香炉里冒出来的烟气香雾迷蒙，反而更使人发愁，觉得白天的时间是那样长。今天我们主要看下阕。请大家一起读——

东篱把酒黄昏后，有暗香盈袖。莫道不消魂，帘卷西风，人比黄花瘦。

“李清照说，我在种满菊花的地方拿着酒杯，一直看花看到黄昏后，隐隐之间有阵阵菊花的香气飘到衣袖之间。李清照看到花，闻到花香，就想起了自己思念的人，真想和他一起赏花。可是，思念的人又不在身边，心里真是愁绪万千。当一阵秋风吹来，吹起屋中的帘子，你就会知道，帘外的菊花清瘦，帘内的人比菊花还清瘦。”

“不对啊，常老师，”李沂晓站起来说，“菊花怎么是清瘦的呢？菊花的花瓣很大呢！”

“在这里，菊花是作为一个意象出现的。”我说，“五一节我们赏牡丹时，看到牡丹各种艳丽的姿态，皮日休怎么形容来着？”

“竟夸天下无双艳，独占人间第一香。”孩子们一齐背出来。

“是啊，牡丹是艳丽的。菊花呢？菊花很少有像牡丹那样大红大紫的颜色，她是比较朴素的，给人以幽静清瘦之感。在这里，菊花与人的情意是结合在一起的。李清照的集子里有一张画像，画的是李清照，赵明诚就在旁边题词说，我有这么一位才学高、品格高的女子，也不必追求人间的名利富贵，就跟她一起隐居去吧。可见，李清照的形态和品格都很像菊花。想想啊，几百年前的今天，一个清丽的女子站在菊花旁，把玩着酒杯，思念着远方的亲人，请读——”

“东篱把酒黄昏后，有暗香盈袖。莫道不消魂，帘卷西风，人比黄花瘦。”

这次读，就和上次不一样了——缓缓的语调里，是对一个女子的欣赏和爱怜。

然后，把这几句连起来读，一遍又一遍，我们和诗人一起，在重阳节这天，沉浸在登高时的思绪，赏菊时的情怀里。

中午，我和孩子们说，既然是老人节，那么，爷爷、奶奶、姥姥、姥爷如果有空，就请他们四点钟（两节课后）到学校，我们一起来过这个节日吧。下午有一节美术课，美术老师要带着大家做献给老人的卡片，记得带卡纸……

下午的音乐课，我们进行了节目排练。美术课上，孩子们做的贺卡精彩纷呈。下午四点，晨薇的爷爷奶奶来了，波宇的奶奶来了，李沂晓的奶奶来了，秋璇的爷爷奶奶来了……坐下来，有十位呢。孩子们献上一首《感恩的心》，背了几首农历天空下的诗词，然后又吹葫芦丝、长笛给老人听。这时候，"书法王子"崔淦维已经摊开纸笔，要为老人们献上他的祝福。崔淦维写字时，晨薇的爷爷开始给孩子们讲"临淄"名字的由来。六十多岁的老人，说起故事眉飞色舞，音若洪钟，孩子们很是佩服。故事讲完时，崔淦维的书法作品刚好完成，是四个刚劲有力的大字：健康长寿。

半个多小时的时间，老人的脸上，一直洋溢着笑容。

重阳节，老人节，一天的时间，我们穿越了千年。

第三节　寒露

2008年10月7日是重阳节，10月8日是寒露。

生命之旅：与杜甫的生命交织

寒露这天，我选择了杜甫的《倦夜》。昨天晚上，给每个同学发了这样一份资料，要求大家读一读，然后把这首诗抄在"农历游记"的本子上。

倦 夜

[唐] 杜甫

竹凉侵卧内，野月满庭隅。
重露成涓滴，稀星乍有无。
暗飞萤自照，水宿鸟相呼。
万事干戈里，空悲清夜徂！

【前六句大意】凉气阵阵袭入卧室，月光把庭院的角落都洒满了。夜越来越凉，露水越来越重，在竹叶上凝聚成许多小水珠儿，不时滴滴答答地滚落下来；此时月照中天，映衬得小星星黯然失色。这已经是深夜了。月亮已经西沉，大地渐渐暗下来，只看到萤火虫提着小灯笼，闪着星星点点微弱的光；那竹林外小溪旁栖宿的鸟儿，已经睡醒，它们互相呼唤着，准备结伴起飞，迎接新的一天……

请同学们思考：这首诗中写到了哪些意象？题目是“倦夜”，哪一句点题？他为何而倦？

晨诵开始，我们先从“寒露”这个节气谈起。寒露的意思是气温比白露时更低，地面的露水更冷，快要凝结成霜了。然后，我通过幻灯片展示了古代寒露的三候：“一候鸿雁来宾，二候雀入大水为蛤，三候菊有黄华。”这个节气中，鸿雁排成一字或人字形的队列大举南迁；深秋天寒，雀鸟都不见了，古人看到海边突然出现很多蛤蜊，并且贝壳的条纹及颜色与雀鸟很相似，所以便以为是雀鸟变成的；第三候的“菊有黄华”是说在此时菊花已普遍开放。“华”即为“花”。

杜甫的《倦夜》，就是写于这样一个时节。这首诗，是杜甫在成都草堂时所作。十年前我去过成都，专门去看了杜甫草堂，却没留下很深的印象。如果现在去看，大约是不一样的了。这首诗，作为“羁孤老倦”者杜甫的生命体验，已“羁”又“孤”，难免愤愤不平，依然想找到有所作为的机会；然而既“老”且“倦”，便提不起精神，说不出豪言壮语了。杜甫的这种精神世界，要等我们下周读《杜甫》时再讨论。

因为提前发了资料，就先请张云柏读了一遍，问他读的时候是什么感觉，他说能感受到杜甫的孤独，因为“暗飞萤自照，水宿鸟相呼”这一句，给他的感觉很强烈，天色暗下去了，萤火虫自己给自己照亮，鸟儿们相互招呼着飞去，只有杜甫一个人孤零零地——他说得真是好啊！诗传达的感发的力量，小小的孩子，也已经能感受到了。我表扬了他，然后请同学们练习朗读，把自己感受到的情绪读出来。再请几个同学读时，我重点强调在读时要能看到画面。

用文字和声音，还原出诗里的画面，是我一直在努力追求的。

请刘心雨读时，我用了幻灯片，每句都配上了美轮美奂的画面——孩子们自己要心里先有，我才能再给予。竹、月、露、星、萤、鸟随着幻灯片的转换，诗里的意象一下子明晰起来，一幅幅深秋月夜图展现在他们面前。而最后一幅，则是清瘦的杜甫，坐在石头上，仰望星空沉思的样子。

竹凉侵卧内，野月满庭隅。
重露成涓滴，稀星乍有无。
暗飞萤自照，水宿鸟相呼。
万事干戈里，空悲清夜徂！

刘心雨的语感真是好啊——清凉的竹，清冷的夜，她的声音里仿佛也透着寒意。接下来请同学们一起读，因有画面，因有刘心雨的示范，齐诵的声音里，也能感受到室外的清冷之意了。

接下来，我们就从题目开始，走进这首诗。幻灯片里，有这样一段话：

唐人作诗，于题目不轻下一字，而杜诗尤严。此诗题目，就颇令人感觉蹊跷。按说，疲倦只有在紧张的劳作之后才会产生，夜间人们休息安眠，怎么会“倦”？这是一个怎样的夜？诗人为什么会倦？

这是一个怎样的夜？

“‘竹凉侵卧内’，我们学过的哪首诗里有‘侵’这个字？”

“玉阶生白露，夜久侵罗袜。”李白的这首诗，是白露时背过的，同学们自然很熟悉。

“这个女子等得太久了，白露因此而‘生’，袜子都被露水打湿了。杜甫这首诗的‘侵’，又是什么意思？”

“他睡着了，被冻醒了。”一个同学嘀咕道。同学们笑了。

“杜甫也在屋子里坐了很久了，”王文晓说，“他感到了秋天的凉意。”

“我改成‘夜凉侵卧内’行不行？”

同学们一下子愣住了。

“这是深秋时节了，夜风吹动，竹叶萧萧，传到人的耳朵里，人就会感觉格外凉。同时，竹子作为一个意象，象征着诗人高洁的品质。我们因此可以判断，诗人的房子周围，种了很多竹子。重要的是，如果无‘竹’，后面的‘露’就无处‘成涓滴’了。而他从屋里来到屋外，看到了什么？”

“野月满庭隅。”

“能看出，杜甫这时候住在哪里吗？”

“在郊外吧，诗里面说是‘野月’呢。”崔艺格说。

我简单介绍了杜甫草堂。安史之乱后，杜甫一家到成都避难，春天到来时，自己盖了几间草房。房子就选在了“青羊宫到浣花溪”里的浣花溪畔，那里溪水长流，环境幽静，无数蜻蜓上下飞舞，一对对水鸟在水中嬉戏，我们非常熟悉的《江畔独步寻花》就是那时候写下的。

“在我们以前学过的诗里，月亮象征着思念。比如‘露从今夜白，月是故乡明’，‘今夜月明人尽望，不知秋思落谁家’等，这句诗里的月亮，代表的也是思念吗？”我继续提问。

“嗯，应该是一种孤独吧。野外的月亮，给人的感觉就是孤独冷清的，这时候的杜甫，也是孤独冷清的。”崔艺格接着说。

“凄凉、孤独、冷清的感觉，诗人在第一句就如此真切地传达给了我们。来到庭院，他还看到了什么？”

“重露成涓滴，稀星乍有无。”

“我改成‘白露成涓滴’行不行？”

“不行，”常严一说，“改成白露，就感觉不到天气的冷，也感觉不到作者心里的悲伤了。”

“怎样冷的夜晚，露水才会因为‘重’而‘成涓滴’？作者的心情，我们由此可以窥见了，请读前两句——”

“竹凉侵卧内，野月满庭隅。重露成涓滴，稀星乍有无。”

全班读，女孩子读，男孩子读，那种凄清的感觉，也慢慢侵入我们每个人的内心。

“‘暗飞萤自照，水宿鸟相呼。’暗示了时间的变化，月亮西沉，天色暗下去了；睡在河边的鸟儿也醒来了——杜甫啊杜甫，整整一个夜晚，他看着竹、月、露、星、萤、鸟，一直都没有合眼啊。他在想什么？”

“万事干戈里，空悲清夜徂！”

这是点题之句。此时的幻灯片里，出现了这样一段话：

> 杜甫身上，有着天生的悲天悯人的情怀，他对国家和人民一向怀有深情，值此多难之秋，他怎能不忧心如焚！“万事干戈里”，这一夜他思考着千桩万桩事，哪一桩不与战事有关！诗人是多么深切地关注着国家和人民的命运，难怪他坐卧不安，彻夜难眠。但是，当时昏君庸臣当政，有志之士横遭贱视和摒弃，老杜自己也是报国无门。故诗的结语云：“空悲清夜徂！”枉自悲叹如此良夜白白逝去。

他为何而“倦”？答案不言而喻。

这就是杜甫。

一切景语皆情语，杜甫诗中的景色描写，都是为后面的情感抒发做铺垫的。理解到这里，我再一次带着他们回到前面的景色描写中：

“内心忧郁的杜甫啊，想到战事不断，夜里辗转反侧，无法入睡，他从室内来到室外——”

“竹凉侵卧内，野月满庭隅。”

“诗人叹息广大人民的乱离之苦，露水滴落，仿佛如他的泪珠滚落；若有若无的星星，仿佛是诗人对当时政局动荡不安的担心——”

“重露成涓滴，稀星乍有无。”

“天色暗下去，又要亮了，整整一个晚上啊！那暗飞自照的萤火虫，那相呼结伴的水鸟，更衬托了诗人的孤独——”

“暗飞萤自照，水宿鸟相呼。”

“一切景语皆情语啊，情景交融，诗人此时发出了无限的悲感——”

“万事干戈里，空悲清夜徂！”

此时此刻的教室里，我们的生命似乎和杜甫的生命交织在了一起。接下来读整首诗，感觉是不一样了啊——由孤独而悲愤，整整一个夜晚的不眠啊，怎样的一种情怀！几遍下来，同学们几近背诵。

这时候的幻灯片里，色调突然一转：由原来的清冷变得明亮，月亮高挂天空，清辉洒满大地——苏轼站在月下，微笑着看着同学们。

“如果此夜此景是苏轼，他会用什么题目？最后一句会怎么写？想到自己不能实现年轻时的理想，苏轼也感慨：‘故国神游，多情应笑我，早生华发。’可是他能解脱，‘人间如梦，一樽还酹江月’，就把酒洒给江上的明月吧，苏轼是把悲慨和旷达结合起来。杜甫不一样，他是悲伤到底的。”说到这里，晨诵铃响了，这个话题，就留给他们课下思考吧。

附：

前几天，我们班的文艺委员给我提建议，希望每个周一下午我们举行“每周一歌”活动，我同意了，让他们自己去组织。这一周，他们唱的是张明敏的《我的中国心》。周一那天第二节课后，文艺委员早早就把歌词抄在了黑板上，随着音乐，他们唱得很是激动人心。今天的晨诵结束后，我听到几个同学在轻轻哼唱：

长江　长城　黄山　黄河
在我心中重千斤
无论何时
无论何地
心中一样亲
……

诗词故事：菊花诗词之旅

（一）采菊东篱下

寒露之后，我们开始了菊花诗词之旅。

那天，范正阳的妈妈给我们搬来了五盆菊花：淡雅的“绿云”、洁白的“佛手净”、素朴的“鱼鳞花”、梦幻似的“安山飞云”和典雅的“大丽牡丹”。

孩子们围着这五盆菊花，欣赏着，赞叹着。

第一天晨诵，我们就从了解这些菊花开始。

幻灯片里，是我搜集到的菊花的图片：雪白的“银丝串珠”、“珠帘飞瀑”，金黄的“黄莺出谷”、“沉香托桂”，淡绿的“绿阳春”、“春水绿波”，白中带绿的“玉蟹冰盘”，红色中夹白的“枫叶芦花”，粉红色的“醉舞杨妃”……一张张放下去，孩子们赞叹不已：好美的菊花！

牡丹诗词之旅时，曾经给孩子们讲牡丹仙子的故事。同样，《聊斋志异》里有一篇关于菊花的故事，叫《黄英》。我把从网上搜到的画面做成幻灯片，也讲给孩子们听。

从前，有一家姓马的，历代爱菊。到了马子才这一代，更有过于前辈。一次，马子才在金陵买了两株菊花佳品。回家路上遇到了一位英俊少年，骑驴紧跟着一车前行。少年自称姓陶，车内坐的是姐姐黄英。因姐姐住不惯金陵，想移居他地。于是，在马子才的邀请下，姐弟俩住进了马家南院。陶家姐弟经常把马子才扔掉的残谢菊花种到自己住的南院。今日种下，隔日开花，姿色绝美，香气袭人。从此，前来买花者不断。不久，马子才的妻子病死，他就娶黄英为妻。陶弟天天和马子才在菊圃下酒。一天，陶弟喝醉，在回屋时，不小心被菊花绊倒，即化为一株菊花。马子才急忙告诉黄英，黄英赶紧出来，把菊花拔出放入她的衣服里。待天亮时，马子才见陶弟在地上酣睡，这才知道黄英和陶弟都是菊仙。一天，陶弟又醉酒，倒地化菊再未能转回。黄英说我弟弟没命了，立即掐一段根，回屋精心护植，不久开花，飘出浓烈的酒香。后来，人们把这种菊花叫“醉陶”。

“不知道蒲松龄为什么让这棵大菊花变成人以后姓‘陶’？是不是跟陶渊明有关？我们菊花诗词之旅的第一站，就是陶渊明的第五首《饮酒诗》。”

饮酒诗（其五）

［晋］陶渊明

结庐在人境，而无车马喧。
问君何能尔？心远地自偏。
采菊东篱下，悠然见南山。
山气日夕佳，飞鸟相与还。
此中有真意，欲辨已忘言。

陶渊明的名字，同学们已经熟悉了。从“种豆南山下”到“青松在东园”，都是一种生命的表达。这首诗同样如此。菊花在诗歌里作为意象出现，就是从他的“采菊东篱下，悠然见南山”开始的。

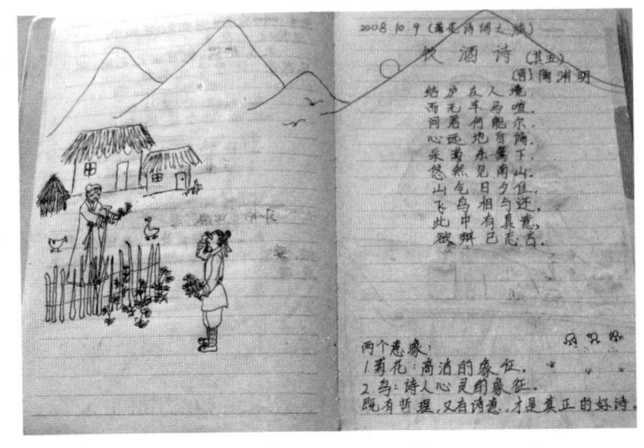

我把这首诗读了一遍，告诉同学们，说起菊花，人们很容易想到陶渊明。陶渊明爱酒，更爱菊花，他在自家的院子周围种满了菊花，家里有自产的佳酿菊花酒。据说，每逢秋菊盛开，亲朋好友就到陶渊明家中做客赏菊，他就做点心、烧菊茶款待众人。等亲友要离去时，又采菊相送，忙得不亦乐乎，往往让他不能到田里耕作。因此他很希望菊花在某一天全开，客人在这一天都来。有一年的中秋季，他就对着菊园祈祷说：“菊花知我心，九月九日开；客人知我意，重阳一日来。”说也神奇，那年的九月九日，各色的菊花果然一起盛开，客人们也都在那天一起来了。众人赏花饮酒、尝饼作诗，都夸菊花有真情，不负陶公心，相约年年重阳都来赏菊。

孩子们都笑了。

“当然，这只是一个传说，但是，陶渊明爱菊却是事实。大家看这首诗，哪一句和菊花有关？”

“采菊东篱下，悠然见南山。”孩子们一起说。

“陶渊明说，他在东边的地里采菊花，悠然地看到了南山。南山是哪里？还记得‘种豆南山下，草盛豆苗稀’吗？在诗歌里面，南山是一个诗人们隐居的地方。那么，你怎么才能看到它？‘悠然见南山’，是说心里足够安静才行。我觉得，‘青松在东园’写得很坚定，也很从容；‘结庐在人境’这一首，则写得很安静。大家调整呼吸，试着自己读读这首诗。”

虽然是自由读，教室里的声音却不嘈杂。

“在这句诗里，菊花是作为意象出现的，象征着诗人不与世俗同流合污的高洁品格。下面我们来看整首诗的意思。陶渊明说，我住的茅草房就建造在人间的世界里，然而我并不感觉到有人间车马的喧哗干扰。为什么？因为我的心远离了繁华嘈杂，所以我所居住的地方自然就变得偏远僻静了。一个人的心只要静下来，外面再怎么吵，你也感觉不到。这该是怎样的安静！请读前四句——”

“结庐在人境，而无车马喧。问君何能尔？心远地自偏。”

果真是安静的声音，安静的姿态。

“所以，陶渊明说，我在东边的地里采菊花，悠悠然地看到了南山，南山上的雾霭在太阳落山时特别美丽，它们在晚霞的映照下忽明忽暗，如梦似幻。写到这里，他笔锋一转，说山上有很多树木，黄昏的时候，鸟儿们都回来休息了。这里的‘鸟’，也是作为一个意象出现的，是他自己心灵的象征，为什么？鸟儿飞累了，就要回归山林；他厌倦了官场的生活，就要隐居山林。”

张云柏举起了手，犹豫了一会儿又放下了。我问他有什么问题。

他说："我在想，难道厌倦了一件事情就去隐居吗？这是不是太消极了？"

这个孩子的思考，已经远远超过了同龄人。

"对一个人来说，做什么样的选择，要倾听自己内心的声音。陶渊明不是说他自己性本爱丘山吗？热爱自然是他的本性，那么，这种生活自然是他追求和喜欢的。后面我们要学习杜甫，乱世之中，杜甫选择的是担当，这同样是他追求和喜欢的。能明白吗？"

张云柏笑了笑。

我知道他还不是太明白。而这些，的确是要交给岁月的。

"大家看，陶渊明也说，他不知道应该用什么样的话才能给我们解释清楚，虽然他很愿意告诉我们。此中有真意，欲辩已忘言。是有一种人生的境界在里面的。请读最后六句——"

"采菊东篱下，悠然见南山。山气日夕佳，飞鸟相与还。此中有真意，欲辩已忘言。"

安静与闲适的感觉，通过声音慢慢地传达出来。

"好的诗歌，都有兴发感动的力量——陶渊明用自己的人生体验告诉我们，只要你的内心足够宁静，就能看到最美好的景色，你能感受到这种宁静和美好吗？"

一遍又一遍，是无边的宁静。

注：

再学这首诗，我就会把"无我之境"和"有我之境"的解读武器带给孩子。王国维在《人间词话》里有这样一段话：有"有我之境"，有"无我之境"。"泪眼问花花不语，乱红飞过秋千去"；"可堪孤馆春寒，杜鹃声里斜阳暮"……有我之境也。"采菊东篱下，悠然见南山"；"寒波淡淡起，白鸟悠悠下"……无我之境也。有我之境，以我观物，故物皆着我之色彩。无我之境，以物观物，故不知何者为我，何者为物。古人为词，写有我之境者多，然未始不能写无我之境。此在豪杰之士能自树立耳。无我之境，人惟于静中得之。有我之境，于由动之静时得之。故一优美一宏壮也。此时的陶渊明，和南山融为一体，没有悲喜，一切都映照在他心里。理解了这个，才会真正理解这首诗。

（二）芳菊开林耀

菊花诗词之旅的第二站，是陶渊明的《和郭主簿》。

和郭主簿

［晋］陶渊明

芳菊开林耀，青松冠岩列。
怀此贞秀姿，卓为霜下杰。

复习了《饮酒诗》（其五）后，我们直接进入这首诗的学习。

陶渊明的诗里，经常用到的形象是“松树”、“菊花”和“飞鸟”。这首诗，写出了他喜欢菊花和松树的原因。你看，在一片丛林里，芬芳的菊花开放了，看上去非常鲜艳而有光彩。苍翠的松树，仿佛给山石戴上了一顶顶的帽子，它们在山林中很整齐地排成一排，显得很有生气。在深秋，当别的花都凋谢了，别的叶子都黄落了的时候，菊花开了，松叶也还依然保持长青不凋的生命姿态。正因为它们有这种坚强的美丽姿态，因此越是寒冷的冰霜打击，才越显得杰出和了不起。

正因为他对松树和菊花有这样的感觉，当他“采菊东篱下”时，我们完全可以想象到，面对着盛开的那么美丽的菊花，他内心一定是“怀此贞秀姿，卓为霜下杰”的感受：世上很多人在追求功名利禄，可是他与那些人不同，他在可以“悠然见南山”的地方，他内在的品质是永远不会改变的。

幻灯片里，是悠然的陶渊明，是芬芳的菊花——

“‘采菊东篱下，悠然见南山’的陶渊明啊，对着这芬芳的菊花，这苍翠的松树，吟诵出了这样的诗——”

孩子们轻声诵读。

“他仅仅是在赞美菊花和松树吗？他是在表白着自己的心啊！请读——”

“刘志达啊，你是否也有‘怀此贞秀姿，卓为霜下杰’的品质？请你来读——”

“崔晨啊，你呢？面对任何困难，你能做到‘怀此贞秀姿，卓为霜下杰’吗？请你来读——”

就这样，一个个读下去，芬芳的菊花，苍翠的松树，就成为他们生命本身了。

教室里的五盆菊花，每天都灿烂地开放着。

（三）此花开尽更无花

菊花诗词之旅的第三站，就到了元稹的《菊花》中了。

菊　花

［唐］元稹

秋丛绕舍似陶家，遍绕篱边日渐斜。

不是花中偏爱菊，此花开尽更无花。

元稹是一个爱花的诗人，和陶渊明一样，对菊花也有着浓厚的兴趣，房前屋后也种植了许多菊花。他的这首《菊花》诗，别出新意地道出了他爱菊的原因。

这首诗的意思很好理解。丛丛菊花围绕着房屋开放，好似到了陶渊明的家。诗人完全被眼前的菊花所吸引，专心致志地绕篱观赏，以至于太阳西斜都不知道。为什么如此着迷地偏爱菊花呢？因为菊花在百花之中是最后凋谢的，一旦菊花谢尽，便无花景可赏，人们爱花之情自然都集中到菊花上来了。

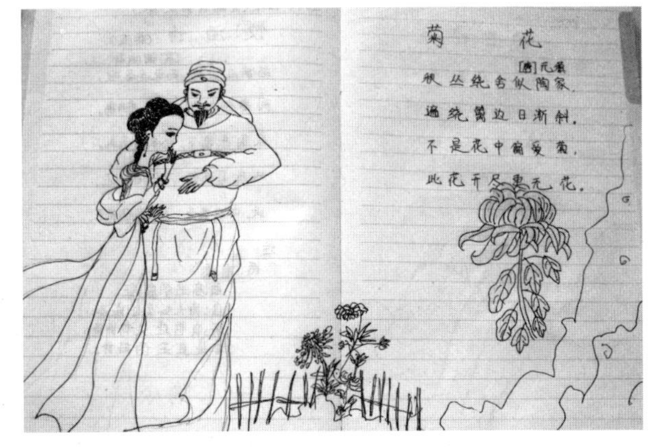

读过几遍之后，我说，有人认为这首诗是元稹写给妻子的。“不是花中偏爱菊，此花开尽更无花”，意思就是，千千万万人中，我只爱你一个。说到这里，有的孩子窃笑。我说，这叫用情专一，男孩子们啊，你们长大了，如果真的爱上一个女孩子，要自始至终地爱她。

几个男孩子开始起哄：怎么只要求我们啊。

我笑着说，女孩子也一样啊，如果你们长大了真正爱上一个男孩子，也要自始至终地爱他。

女孩子也笑了。

然后再读这首诗，就读得比较有感觉了。

其实，这样的话题我经常会说到。四年级刚开始时，班里时不时出现“小纸条”现象，一会儿是这个人喜欢那个人，一会儿是那个人喜欢这个人。后来说开了，“小纸条”也彻底消失了。我们班三十六个孩子，只有十三个女孩，男孩子开玩笑说，我们班有十三朵带刺的玫瑰呢。五年级时我们共读《小王子》，这十三个女孩，就被男孩子称为十三朵只有四根刺的玫瑰——娇弱得很，要每天拿玻璃罩给她们挡着风沙。

有趣得很。

（四）千古高风说到今

菊花诗词之旅的最后一站，是一些单句的吟诵。从最早屈原写菊花开始，到杜甫笔下菊花傲霜的精神，再到吴履垒描写的菊花姿态，最后就到了大观园里林妹妹在菊花诗会一举夺魁的诗句。

朝饮木兰之坠露兮，
夕餐秋菊之落英。

——屈原

寒花开已尽，
菊蕊独盈枝。

——杜甫

粲粲黄金裙，
亭亭白玉肤。

——吴履垒

一从陶令平章后，
千古高风说到今。

——林黛玉

这些单句，既是为下午准备写《菊花》的作文准备，也是对诗词之旅做一个梳理。

那天的晨诵之后，孩子们说："老师啊，不要着急着结束啊，我们唱唱《菊花台》吧，周杰伦的歌呢！那么好听的歌，不学学真是可惜啊。"呵呵，以为我多老了似的，还这样来求我。周杰伦的歌，虽然很多我听不出歌词，旋律还是很喜欢的。

"明天的晨诵，我们就唱《菊花台》。"

"耶！"我话音刚落，教室里，就一阵欢呼。

下午的作文课，我们先回顾了十几天的菊花诗词之旅，然后交流了周末搜集的菊花的用处，最后说了说教室里五盆菊花的姿态，用文字，孩子们留下来一段难忘的旅程。

菊花

崔艺格

重阳节过后，我们开始了菊花诗词之旅。一周多的时间，我们和菊花相遇，和诗人一起赏花作诗。

这是一段美好的旅程。

历史上最早写菊花的诗人是屈原："朝饮木兰之坠露兮，夕餐秋菊之落英。"屈原说，早晨，他喝从木兰花上掉下的露珠；晚上，吃菊花的花瓣。屈原这样说，其实是表达自己高洁的品格，这是他不与世俗同流合污的告白。

第一个把菊花当作意象来写的，是陶渊明。"采菊东篱下，悠然见南山"。陶渊明隐居山林，与菊花为伴，这是他的精神追求。"怀此贞秀姿，卓为霜下杰"，陶渊明喜欢菊花，就是因为菊花的高洁。秋天，只有菊花还在寒霜下朵朵开放，诗人怎能不由菊花想到自己呢？而元稹的菊花诗，意义就更不一样了。"不是花中偏爱菊，此花开尽更无花"，他把菊花比作自己的妻子，他说千万女子当中，我只爱你一个人。可见，他的爱是多么专一啊！李清照思念自己的丈夫，写下了"东篱把酒黄昏后，有暗香盈袖。莫道不消魂，帘卷西风，人比黄花瘦"，思念到什么程度，才是"人比黄花瘦"啊！《红楼梦》中的姐姐妹妹们，菊花开放时一起写诗，那个爱哭的林妹妹写出了"一从陶令平章后，千古高风说到今”的诗词，因此拿到了第一名。

从两千多年前的屈原开始，我们看着菊花，吟唱着菊花的诗词，真是“千古高风说到今”啊！

婀娜多姿的菊花，用处还很大呢！你可以把它们摆在家里，还可以拿来当茶、药和做饭的配料。菊花晒干后，加上热水冲泡，就成了菊花茶。常老师是个离不开电脑的人，不知道她有没有喝菊花茶的习惯？一是喝菊花茶可以清热去暑，避免上火。二是菊花对治疗眼睛疲劳、视力模糊的确有很好的疗效，每天泡一杯菊花茶来喝，能使眼睛疲劳的症状消退，如果每天喝三到四杯的菊花茶，对恢复视力也有帮助。吃过中药的同学，可能会知道有这么一种药引：干菊瓣，它的用途就是抗热解毒……爱好吃的同学，可能会品尝到这样的美味：菊花瓣炖小鸡，当菊香扑鼻而来时，你会觉得吃饭真是一种享受啊！

菊花诗词之旅开始时，我们教室里，还多了五盆菊花，是范正阳的妈妈特意为我们买的。这五盆菊花是：绿云、佛手净、鱼鳞花、安山飞云和大丽牡丹。其中，我最喜欢的是安山飞云和大丽牡丹。“粲粲黄金裙”的安山飞云，娇媚无比，婀娜多姿。大丽牡丹有牡丹的高贵，也有菊花的高洁。美丽的玫瑰红花瓣，像排队一样在花蕊的边缘缓缓开放。在花瓣的角上还有一点点白色，显得她更加高贵。她的形状就像仰目朝天的向日葵，美极了。

我是爱花的人，这一段旅程之后，菊花永远种在了我心里。

（五）诗词里的歌声

昨天放学以后，我就把《菊花台》歌词工工整整地抄在黑板上。

你的泪光　柔弱中带伤
惨白的月弯弯　勾住过往
夜太漫长　凝结成了霜
是谁在阁楼上　冰冷的绝望

雨轻轻弹　朱红色的窗
我一生在纸上　被风吹乱
梦在远方　化成一缕香
随风飘散　你的模样

菊花残　满地伤
你的笑容已泛黄
花落人断肠　我心事静静淌
北风乱　夜未央
你的影子剪不断
徒留我孤单　在湖面成双

花已向晚　飘落了灿烂
凋谢的世道上　命运不堪
愁莫渡江　秋心拆两半
怕你上不了岸　一辈子摇晃

谁的江山　马蹄声狂乱
我一身的戎装　呼啸沧桑
天微微亮　你轻声地叹
一夜惆怅　如此委婉

早上一进教室，发现出奇地安静，大家都在认真地往“农历游记”的本子上抄歌词。我轻轻地打开电脑，把音乐调到若有若无之间。

晨诵开始时，先请张云柏和刘晓辉唱了一遍。虽然有“为赋新词强说愁”的感觉，他俩的童音里，还是透着一丝说不出的韵味。

我说，有些同学早就会唱这首歌了，可是意思懂不懂？孩子们摇摇头。我说，以后唱歌，总是要先明白你唱的是什么，用你的理解去唱，你就不只是一个唱歌的人，你还是一个懂音乐的人——这两者是有区别的。

然后，我就把这首歌的意思说给大家听。

这是一首描写外出征战的将军与独自在家守候的妻子互相思念的一首歌曲，歌词有古诗词的味道，再配合上周杰伦独门的中国古典曲风，的确打动了很多人。这首歌很独特，每一段的叙述角度都可以是不一样的。大家先看第一段，是妻子的倾诉还是丈夫的诉说？

同学们有些拿不准。我说，妻子思念丈夫的意象。展现的是她独自登上阁楼，人月两相对的情景。意思是，菊花已经开败了，你的两鬓已经添了白发。在你哽咽的泪水声中，带着一丝柔弱无助的伤痛。窗外凄冷的月光，勾起我那段不堪回首的旧日时光。夜为什么总如此漫长，让这等待的地方都慢慢布满了霜。此刻，又是谁独自在阁楼里一个人感叹？这首歌里的歌词，我们随处可见古诗词的影子。像“惨白的月弯弯勾住过往”就有“月儿弯弯照九州，几家欢乐几家愁”的意味。“夜太漫长凝结成了霜”则有李煜的“无言独上西楼，月如钩，寂寞梧桐，深院锁清秋”的味道。

第二段，门外的雨轻轻地拍打在朱红色的窗棂上，想我这一生的遭遇，就像写在纸上的文章，被风随意打乱。我的梦想，总在遥不可及的地方，化为一缕无法触摸的熏香。所有的经历跟你那楚楚动人的模样，也只能随着风远远地飘散。这一段表达的，是将军矛盾的心理，既想建立一番功业，又时时刻刻思念在家的妻子。

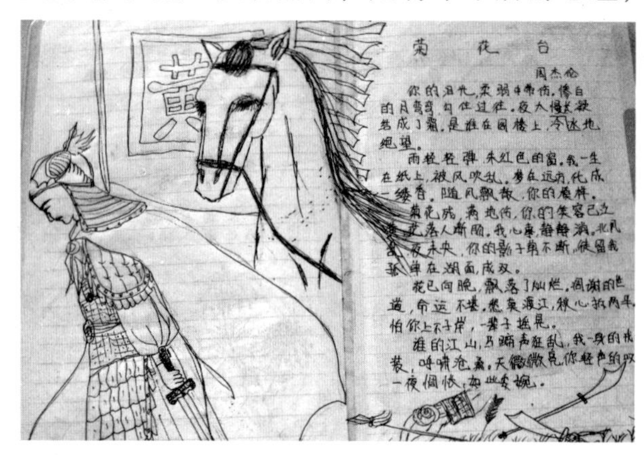

第三段，菊花过了花期，等待它的就只有凋谢，你的笑容也在我的记忆里模糊了。花落了，我肝肠寸断，有谁知道我的

心事？凄冷的北风狂乱地呼啸而过，而这漫长的夜却不会结束。我对你的思念就像影子一样无法剪断。如今，只剩下我一个人孤孤单单的，能跟我配成双的也只有我的影子了。“徒留我孤单在湖面成双”这句歌词，就有大家熟悉的李白“举杯邀明月，对影成三人。月既不解饮，影徒随我身”里的意境。

第四段，写妻子担心丈夫埋没战场，无法回来与她团聚，因此有“怕你上不了岸”一说。她说，我的命运像随风凋谢的花，颜色不再灿烂，飘零在人世间。如果你心中还放不下那依依不舍的离愁，就不要远走他乡。因为“愁”字是“秋”跟“心”两个字的结合，如果被硬生生地拆散，就再也回不去了，我们的一生恐怕就像汪洋中的船，找不到可以依靠停泊的岸。

最后一段，说出了丈夫内心的担忧，一是担忧自己无法建功立业，二是担忧自己回不了家乡，见不到思念已久的妻子。他说，这到底这是谁的江山，到处兵荒马乱。我穿戴起威风凛凛的军装，仰天长啸倾吐出所有的人世沧桑。天亮了，耳边似乎传来你轻轻的叹息。经过了这一整夜的辗转难眠，你却连惆怅都很委婉地表示。

这首歌就这样用特殊的手法，变换妻子与丈夫的视角，不断为我们展现出这样一幅情感的画面，而这“哀婉的惆怅”，竟使夫妻共同度过了一个不眠的夜晚。

说完了，音乐响起来，同学们再一次跟着唱，久远的诗词味道就出来了。

晨诵结束后，我们的歌声还没有停止。邻班教室里的孩子都围到我们教室的窗户外面听，很是羡慕。

第四节　霜降

节气真是奇妙啊！早上起来，女儿惊呼着：“妈妈，今天霜降，你去看后阳台的窗子啊！”

真是啊，玻璃上竟然有了一层薄薄的霜花！

生命之旅：霜降了，有霜了

出门，一下就感觉冷了，萧瑟的天气，满地的黄叶。我和女儿都添了衣服，还是感觉有些冷。“你看啊，”我对女儿说，“‘秋风萧瑟天气凉，草木摇落露为霜’，我们所感受到的，就是今天晨诵时我们要读的一首诗。”

“还有呢，”女儿笑着说，“‘碧云天，黄叶地’，也是这时候的写照。”

“碧云天，黄叶地，秋色连波，波上寒烟翠。山映斜阳天接水，芳草无情，更在斜阳外。黯乡魂，追旅思，夜夜除非，好梦留人醉。明月楼高休独倚，酒入愁肠，化作相思泪。……”一路说着，吟诵着，我们就到了学校。

“常老师，今天霜降了！”一进教室，炜坤跑过来说，“今天晚上还会有霜冻呢，天气预报说的。”

是啊，霜降了，有霜了，同学们对节气越来越敏感了。

今天为同学们准备的，是曹丕的《燕歌行》。昨天下午放学前，就给同学们发了一份关于这首诗的资料，让大家回家读一读。这首诗比较长，理解了诗意后，我才能在晨诵课上带着他们远行。

燕歌行

［魏］曹丕

秋风萧瑟天气凉，草木摇落露为霜，群雁辞归燕南翔。
念君客游思断肠，慊慊思归恋故乡，君何淹留寄他方？
贱妾茕茕守空房，忧来思君不敢忘，不觉泪下沾衣裳。
援琴鸣弦发清商，短歌微吟不能长。
明月皎皎照我床，星汉西流夜未央。
牵牛织女遥相望，尔独何辜限河梁？

【大意】

第一句：秋风萧瑟，天气转凉，草木的叶子纷纷飘落，白露已经变成寒霜，燕子和大雁也成群结队地飞向南方。

第二句：因为思念你远在他乡，心里格外忧愁，你也应该会思念我吧？你也是不愿旅居在外，总想回归故乡吧？可是，你为什么还久久地留在他方？

第三句：我孤苦寂寞独守空房，忧上心来，不能忘怀，不知不觉之间，泪水已打湿了我的衣裳。茕（qióng）茕，是孤单的意思。

第四句：我取过琴弹起一曲悲伤的音乐，伴着琴唱出的是低微的短歌。清商：悲伤的音乐。

第五句：陪伴我的只有床上明亮的月光，（抬起头望星空，）只见银河转西，长夜漫漫。汉：河。星汉：银河。夜未央：长夜漫漫。

第六句：牛郎织女在两岸望眼欲穿——你们倒是有什么罪过呀，为什么被分隔在银河两边？

昨天晚上做今天晨诵的幻灯片，一直到了凌晨。当我一遍遍吟诵时，竟然泪不自禁。第一次被一首诗深深打动，“短歌微吟不能长”啊，人类亘古的孤独，就被这一句说尽了。这样完美的诗，总要配上完美的画面，才能呈现给学生。

晨诵开始时，我们先回忆了以前学过的和霜有关的诗。第一首是杜牧的《山行》，幻灯片里，是漫山的红叶。

山 行

［唐］杜牧

远上寒山石径斜，
白云生处有人家。
停车坐爱枫林晚，
霜叶红于二月花。

“去年，叶子红了时，我们去了以红叶著称的西厢村。”当下一张幻灯片里，出现我们在西厢村的合影时，孩子们开心地笑了。去年的情景，历历在目，那天真是冷啊，因为没有穿上足够多的衣服，冻得我浑身起小疙瘩。可是，当我们走进山中，看到被霜染过的红叶，倒映在水中，真是美不胜收。

于是，孩子们又开始了“游戏”：远上西厢石径斜，白云生处有人家。停车坐爱枫林晚，霜叶红于二月花。

把“寒山”改成“西厢”，当同学们吟诵出来时，嘴角不自觉地浮现出一丝微笑：这诗啊，这景啊，是如此贴切地切合到我们的生命里。

复习的第二首，是去年进入三九时背诵过的《蒹葭》，在《高山流水》的古筝曲中，同学们深情款款地吟诵起来：

蒹　葭

《诗经·秦风》

蒹葭苍苍，白露为霜。所谓伊人，在水一方。
溯洄从之，道阻且长。溯游从之，宛在水中央。
蒹葭凄凄，白露未晞。所谓伊人，在水之湄。
溯洄从之，道阻且跻。溯游从之，宛在水中坻。
蒹葭采采，白露未已。所谓伊人，在水之涘。
溯洄从之，道阻且右。溯游从之，宛在水中沚。

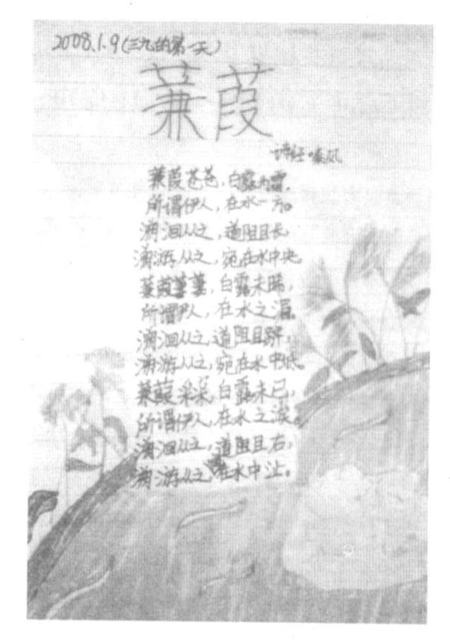

这样美的诗，这样美的音乐，听得人心里，也不禁百转千回。

“在这样一个‘秋风萧瑟天气凉，草木摇落露为霜’的早晨，我们一起到曹丕的《燕歌行》里，去感受那千古的孤独和寂寞。”

这时候的幻灯片里，出现了曹丕的画像，目光炯然，同时还有这样的介绍：

曹丕，曹操的二儿子，曹操去世后，继任丞相，袭魏王。后来自立为帝，即魏文帝，国号魏。魏文帝即位后，曾下了息兵诏，下了薄税诏，下了轻刑诏。他是个很有理想的皇帝，希望把天下治理得更好。很可惜，他做了七年皇帝就死了，死时只有四十岁。他是一个好皇帝，是一个诗人，也是一个文学评论家，他的《典论》是中国最早的文学评论。父亲曹操，儿子曹植和曹丕在文学上的成就，类似于“三苏”。曹丕的一生，没有遭受过什么重大的挫折和悲欢离合，但平时一些随便的小事，就能让他生发很敏锐的感受，这就是诗意。比如《燕歌行》，深秋时节，万物飘零，当白露凝结成霜的时候，他的感受就来了，于是，写下了这首脍炙人口的诗。

说到这里，电脑里再次响起《高山流水》的古筝曲，我慢慢地吟诵出这首《燕歌行》。

> 秋风萧瑟天气凉，草木摇落露为霜，群雁辞归燕南翔。
> 念君客游思断肠，慊慊思归恋故乡，君何淹留寄他方？
> 贱妾茕茕守空房，忧来思君不敢忘，不觉泪下沾衣裳。
> 援琴鸣弦发清商，短歌微吟不能长。
> 明月皎皎照我床，星汉西流夜未央。
> 牵牛织女遥相望，尔独何辜限河梁？

只有音乐，只有诗歌，教室里静极了。当我读完，同学们呆呆地坐着，似乎还没有从诗歌的意境里走出来。这样的诗啊，你要大声朗诵，才能感受到其中的意味。

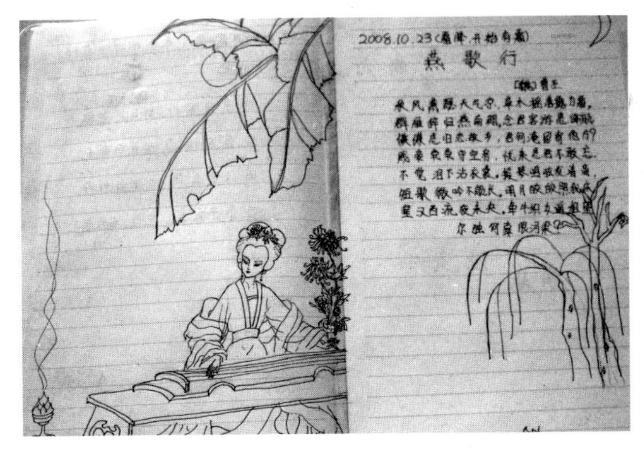

在音乐中，请同学们一起来读——因为预习过，因为大意已懂，

他们的声音里，竟也透出一丝孤独。

“燕”是地名，丈夫在燕当兵，妻子写下了这首曲子。这首诗押ang的韵，一韵到底，读起来就有一种回想，声音非常好听。这是一首乐府诗，也是一首很完整的七言诗，曹丕因此开创了一个新诗体。因为在曹丕之前，大家都写五言，七言虽然只比五言多了两个字，却要在句法和音节上费很多功夫，非天才是不能完成这样一个新诗体的开创的。

介绍了这些后，我们先理解这首诗的结构。第一句是景色描写，第二句是相互的思念，第三句是女子的悲伤，第四句是情感的寄托，最后两句又是景色描写，过渡非常自然——同学们一读就能理解，几乎没费多少时间。接下来，我们就一句一句地读。

“曹丕写诗和苏轼是不一样的，苏轼的诗词，第一句就能把你带入到他的情绪里，比如‘大江东去，浪淘尽，千古风流人物’，多么豪迈！‘归去来兮，吾归何处？万里家在岷峨’，这又是多么悲慨。那种历史的沧桑感一下子就传达给你。曹丕是不一样的，他用一种非常柔顺的力量，慢慢地去感染人。”说到这里，幻灯片里出示了这样一句话：曹丕的诗以古朴见长，用字不雕饰、不刻意。那么，他是怎么把我们带到这个意境里的呢？

我很喜欢曹丕诗里的温柔敦厚，他是一个很有节制的人，无论作诗还是为人。曹植恰恰相反，如同李煜。读曹丕的诗，仿佛坐在一个刚刚生起的火炉前面，慢慢地，你就能感受到温度——那种熏染，是很多时候已经被我丢弃了的。有时候，我习惯了说“快点啊快点啊”，对女儿这样说，对学生也这样说，于是大家急着往前走，结果走得踉踉跄跄。为什么不慢一点呢？慢慢走，欣赏啊，我们一样能走到要去的地方。呵呵，忽然想到这些，就写下了这些话。课堂上，当然没有说给学生听。

回到这首诗，我们从第一句说起。

“秋风萧瑟天气凉，这一句写的，就是我们此时窗外的情景，很平常的句子，可是，怀念却从这里开始。李商隐有一句诗是这样写的……”幻灯片里，出示了这句诗：远书归梦两悠悠，只有空床敌素秋。秋天的萧瑟，让远在他乡的人格外思念亲人。

“下一句的力量，就比上一句大了些。为什么？露使草木以滋生，霜给草木以摧残，慢慢地，我们感到了岁月的无情。所以，古人悲秋，不是因为草木凋零，而是因为草木凋零感受到的岁月的无情。在这里，‘霜’是作为一个意象出现的。后面一句呢？‘群雁辞归燕南翔’，不管是小的燕子，还是大的鸿雁，天冷了都飞回南方。我思念的人啊，你什么时候和它们一起回来？相思怀念的感情，就这样一步步引了出来。”

说到这里，我请常严一起来读——“秋风萧瑟天气凉，草木摇落露为霜，群雁辞归燕南翔。”他的语调从平淡开始，一点点地加重，那种慢慢浸染的感觉，竟传达得如此贴切。然后，再请几个同学读，感觉之好，出乎我的意料。

“‘念君客游思断肠，慊慊思归恋故乡，君何淹留寄他方？’感情的慢慢提升，同样在这一句里表现得淋漓尽致。那美丽的女子啊，因为思念丈夫远在他乡，心里格外忧愁。我思君处君思我，所以，远在他乡的亲人啊，你也应该会思念我吧？你也是不愿旅居在外，总想回归故乡吧？可是，你为什么还久久地留在那么遥远的地方不肯回来呢？一个‘君何淹留’的反问，让我们读来，也是肝肠寸断。”

请一个同学读，再请一个同学读，自由读，最后齐读，他们用声音，用诗歌，一点点把我们带到了千年前白露为霜的日子里……

晨诵铃响了。那么，就先到这里结束吧。

晚上睡觉前，和女儿聊天。“妈妈，我背《燕歌行》给你听吧。”女儿说完，自顾自背起来。还没学完呢，她已经能背诵，如果不是喜欢，她是不会这样沉浸其中的。

第二天的晨诵，我们先复习前两句。

“不过是白露为霜的日子，我们只是感到天气的变化，可是，敏感的诗人，有才情的诗人，内心深处总是能在季节的变化中引发很多感慨——一个拥有这样诗意的人，就拥有了诗意的人生。人，应该诗意地栖居在大地上——这是我们秋天诗词之旅的名字。苏轼是这样的人，曹丕也是这样的人。白露为霜啊，想到长年战争留给人们的伤痛，曹丕挥笔写下了这千古名篇《燕歌行》，请同学们一起读前两句——”

“秋风萧瑟天气凉，草木摇落露为霜，群雁辞归燕南翔。念君客游思断肠，慊慊思归恋故乡，君何淹留寄他方？”

“我们已经能感觉那女子的悲伤了，到底悲伤到了什么程度？我们看第三句：贱妾茕茕守空房，忧来思君不敢忘，不觉泪下沾衣裳。她悲伤到了什么程度？”

“泪水把衣服都沾湿了。”崔晨说。

“我们都知道，古代男女是不平等的，古人说‘妻以夫为天’，丈夫在上边，是天；妻子在底下，是地。你能从哪几个字看出来？”

“贱妾啊，贱就是低人一等的意思。”晓晓说。

“常老师，我总是不明白，为什么那些不好的字总是和女孩子有关，比如‘奸’这个字，明明说的是‘奸臣’，为什么还要加一个女字旁？”李沂晓冷不丁问了这么一句。我悄悄看了看其他同学，看起来，他们对这个话题不是很感兴趣，我就对李沂晓说：“这个问题，等我问问干老师再回答你，好不好？”

“还有哪个字？”继续回到这首诗。

“是‘不敢忘’这三个字吧？”刘心雨说，“说是不敢忘记，看来女子的地位就是很低了。”

“其实还可以这样理解，‘不敢忘’也是女子对男子的尊敬，或者说是忠诚。这个女子的美丽，就是内外兼修的了，就像《桃夭》里形容的女子。白露为霜了，时光无情人有情，情到深处乃不觉，思念的泪水，把衣服都沾湿了。请刘晓辉来读这一句——”

男孩子清朗的声音里，饱含着一种孤独、寂寞。再请几个同学读，几遍之后都能背诵了。

“当一个人的内心有一种感情涌动的时候，必须要找一种排遣的方法和寄托。这个伤心的女子，用了什么方法？”

“援琴鸣弦发清商，短歌微吟不能长。”同学们齐读了这一句。

“她拿过琴，弹了一曲悲伤的音乐，伴着琴低声唱出短歌。因为很悲伤，所以曲子不能长了。就像欧阳修说的，‘一曲能教肠寸结’。你们忧伤的时候，有没有解脱的方法？”

“我忧伤的时候去弹琴。”秋璇说。

“我去看书。”心雨说。

“我不高兴的时候，就去吃东西。”云柏说完，同学们哈哈大笑。

"每个人都有排遣的途径，我喜欢的是听音乐。每当不高兴的时候，拿一本书，放上自己喜欢的音乐，或者书也不看，只听音乐，就能忘记所有不快乐的事情。如果一个人能够懂得音乐，把你的感情用音乐表达出来，更是一件很美妙的事情。就像这个美丽的女子，援琴鸣弦发清商，感情就有了寄托了。有一个叫阮籍的诗人也说，'夜中不能寐，起坐弹鸣琴'。你们现在开始学吹长笛，八月十五的时候，范正阳不就把自己的感情寄托在笛声里，送给嫦娥了吗？"

同学们笑起来，范正阳有些不好意思。"我很羡慕范正阳呢，音乐成为他生命的一部分，这真的是很美妙的一件事情。请同学们一起读这一句——"

"援琴鸣弦发清商，短歌微吟不能长。"

"'短歌微吟不能长'，这是人类亘古的孤独，再读这一句，把你的感受读出来——"

"懂得情感寄托的女孩子们，请你们一起读——"

"懂得调节自己情绪的男孩子们，请你们一起读——"

"援琴鸣弦发清商，短歌微吟不能长。"诗歌传达的感发力量，同学们也在用自己的声音传递着。

"我们看最后两句，作者又回到了景色描写。"这时候的幻灯片里，是星汉西流的秋季夜空图，"一轮明月照到床上，真是空寂和悲伤啊。时间过得真是快，银河的方向已经变成东西方向了，这就到了深秋季节。我们这里有句谚语说，'银河掉角，要穿棉袄'，就是这个意思。'夜未央'在哪里出现过？"

"《菊花台》哦。"

"夜未央，就是长夜无尽。'央'就是结束的意思。当一个人寂寞时，就觉得天总是不亮，夜简直没有尽头。这不单纯是景色描写，也有离别悲伤在里面，我们看最后一句——"幻灯片里，出现了牛郎织女隔着银河相望的情景，"牛郎织女本是相爱的一对，可是他们犯了什么过错，也被阻隔在银河两边呢？请读最后两句——"

"明月皎皎照我床，星汉西流夜未央。牵牛织女遥相望，尔独何辜限河梁？"

"感情到这里，几乎喷薄而出了，曹丕却笔锋一转，从人间写到了天上，写得如此广远，如此悲凉！请读——”

“明月皎皎照我床，星汉西流夜未央。牵牛织女遥相望，尔独何辜限河梁？”

这时候，电脑里再次响起《高山流水》的音乐，随着音乐，没有我的要求，大家就一起读了起来：

“秋风萧瑟天气凉，草木摇落露为霜，群雁辞归燕南翔。

念君客游思断肠，慊慊思归恋故乡，君何淹留寄他方？……”

此情此景，此诗此曲，真的是不知人间天上，也不知今夕何夕了。音乐继续流淌着，下一张幻灯片里，现了这样一段话：

> 这首诗表达的，仅仅是妻子对丈夫的思念吗？
>
> 不，远远不是。这是一个生命对另一个生命的呼唤，这是人类永远的孤独。这是一首诗，也是一支歌。因为这样的诗歌，这样的情感，今天的我们，面对着白露为霜，才会思绪万千，才能触摸到季节变化带给我们的奇妙感受。

“秋风萧瑟天气凉，草木摇落露为霜，群雁辞归燕南翔。……”

当我慢慢地，慢慢地读完这首诗，听到了来自教室一个角落的轻轻叹息：

真好听啊！

真好听啊——足矣。

诗词故事：语不惊人死不休——走进杜甫

霜降之后，秋天快结束了。“万里悲秋常做客，百年多病独登台。”深秋季节，我们不能不想到杜甫，一个忧国忧民的知识分子，一个对诗歌创作孜孜以求的伟大诗人。杜甫的一生，就像一片始终飘零的叶子，找不到落下的地方。

做这个课程之前，在我心里，杜甫是一个相当固执的人，“语不惊人死不休”，写诗一定要这样辛苦吗？所以，我更喜欢苏轼的旷达，喜欢陶渊明的真淳，喜欢李白的浪漫。

但是，当我读完《杜甫》，当我在寂静的夜晚独自吟诵他的诗篇，内心里就被他博大的胸襟深深打动。“致君尧舜上，再使风俗淳”，儒家的济世安邦，他愿意用自己的肩膀扛起；“许身一何愚，窃比稷与契。居然成濩落，白首甘契阔”，他用自己的一生去实践了自己年轻时的诺言。

“语不惊人死不休”，不仅仅是杜甫对诗歌创作的态度，也是他终其一生对理想的追求。后来和干老师聊起苏轼和杜甫，干老师说他最喜欢杜甫，因为从杜甫身上他看到自己对天命的承担——担当，这也是新教育的精神。

在带着孩子们诵读杜甫诗歌的同时，我也给每个孩子买到《杜甫》的人物传记。因为和阅读同步，诗歌后面的杜甫就在他们面前立了起来。遗憾的是，做这个课程时我没有做详细的记录，回头补记时，很多东西已经模糊了。

杜甫的诗称为“诗史”，感发的力量很强大，我采取的策略就是把诗歌放在当时的背景之下，用我们的声音，还原出杜甫写诗的那一刻。

（一）初游泰山

杜甫出生那年，唐玄宗正式登基，开始了中国历史上著名的“开元盛世”，唐朝的发展进入了一个鼎盛时期。

这又是一个群星灿烂，诗人辈出的时代。这一年，李白十一岁，王维十一岁，高适十岁。

杜甫出身于书香门第。他的祖父杜审言在青年时代就很有才气，与诗人宋之问齐名，被认为是五言律诗的奠基者。杜甫的父亲杜闲，官做得不大，只做过奉天令。杜甫很小就开始读书写作，7 岁开始作诗，9 岁练习书法，纸稿装满了一袋又一袋。15 岁时，他的诗就引起了人们的注意。19 岁时，他开始漫游，这是那个时代大多数诗人都有过的经历，既有游玩和丰富阅历知识的一面，也有结交重要人物、寻找政治出路的一面。

我们的“杜甫诗词之旅”的第一站，是他 25 岁漫游到泰山时写的《望岳》。

望 岳

［唐］杜甫

岱宗夫如何？齐鲁青未了。
造化钟神秀，阴阳割昏晓。
荡胸生层云，决眦入归鸟。
会当凌绝顶，一览众山小。

此时的杜甫，意气风发，对未来充满了向往。因为孩子们在阅读《杜甫》，背景理解，诗意也理解，很容易就能触摸到杜甫伟大的胸怀和高远的境界。

泰山就在我们齐鲁大地，诵读这首诗，孩子们也感觉格外亲切。

（二）情系李白

杜甫四处漫游时，遇到了李白。

两个人一生只有两次结伴漫游过，一次是天宝三年，杜甫33岁，李白44岁。另一次是天宝四年。分别之后，两个人再也没有机会见面。杜甫对李白极尽赞美之情："白也诗无敌，飘然思不群"——李白的心思卓尔不群，导致他的诗篇无敌于天下。

孩子们对《杜甫》一书中，说杜甫和李白的见面，就像"青天里太阳和月亮走碰了头"很感兴趣。按闻一多先生的说法，在"我们四千年历史里，除了孔子见老子（假如他们见过面的），再没有比这两个人的会面，更重大，更神圣，更可纪念的"。

王梦尧问我："可是，我们怎么感觉就是杜甫在怀念李白而李白并不怀念杜甫呢？"

"就是啊，"王文晓说，"李白对汪伦说，'桃花潭水深千尺，不及汪伦送我情'；他也对王昌龄说，'我寄愁心与明月，随风直到夜郎西'。怎么就没见他对杜甫说什么？"

为什么？这一问，还真把我问住了。

赶紧搜集资料，发现李白写给杜甫的诗的确少之又少，没有一句流传下来。我告诉孩子们，杜甫遇到李白，的确是被李白的才华所折服。当时的李白怀揣着皇帝的赏金，满脑子里只有喝酒和求仙，杜甫对他来说，大概就只是一个同游的同伴而已。至于后来，杜甫的后半生不停地怀念李白，也是杜甫极其淳朴的性格所致。所以，他们之间的友情能不能画等号并不重要，重要的是他们的诗篇留了下来，“李杜文章在，光焰万丈长”。而他形容李白的句子，“落笔惊风雨，诗成泣鬼神”，也成为千古绝唱。比这更重要的，是你面对这句诗句时内心的感受，惊喜、悲伤、孤独、慨叹，这才是“你”和“诗”的关系。

接下来我们吟诵的，是杜甫 48 岁时在秦州听到李白被贬到夜郎时写的《天末怀李白》。

天末怀李白

［唐］杜甫

凉风起天末，君子意如何？
鸿雁几时到，江湖秋水多。
文章憎命达，魑魅喜人过。
应共冤魂语，投诗赠汨罗。

天末，是天的尽头。当时杜甫在秦州，地处边塞，所以说天末。首联的问候，颈联的担忧，颔联的疾呼，尾联的安慰，杜甫的赤子之心在这首诗里也一览无余。凉风起来的时候，多病的杜甫首先想到的是李白，不知道他的命运如何。接着，他担心李白经过潇湘洞庭时波高浪急，会不会遇到危险；又去问天上的鸿雁，什么时候才能带来李白的消息？颔联笔锋一转，杜甫感慨万千，有才华的人命运总是坎坷不幸，杰出的诗文总是与一个人的好运无缘；江湖中吃人的魑魅喜欢有人经过，李白啊，你可要当心啊！要知道，人世间的魑魅并不比江湖中的魑魅少。到这里，杜甫的感情几乎就要喷薄而出了，最后一联他却又把感情压了下去：你含冤受屈，正同屈原一样，经过汨罗江时，就写一首诗投给屈原的冤魂，你们互诉冤情吧。

简单理解之后，带着孩子们一句句读，体会杜甫在每一句诗里情感的变化。

最后，我介绍了杜甫沉郁顿挫的诗风，如同带着孩子们理解苏轼的“旷达”。“沉郁顿挫”怎么理解？沉郁是思想感情，顿挫多指笔法。“沉”是指感情很深沉，杜甫的一生，心里郁积了多少东西啊。但他后面不完全爆发出来，而往往绕了回去，由此就形成了杜甫的风格。

这种风格，则需要在后面的诗里继续验证。

当然，对这首诗来说，比沉郁顿挫更重要的，是杜甫对朋友的赤诚之心。李白回不回应对他并不重要，重要的是他自己内心的情感。如同他面对那个混乱的时代，无论贫困潦倒到什么程度，他始终对朝廷充满希望，“致君尧舜上，再使风俗淳”，这就是杜甫。

这时候再温习冬至那天吟诵的《至后》，才真的理解了“梅花欲开不自觉，棣萼一别永相望”里表达的那种诚挚的感情，以及一个漂泊者的心境。

（三）忧国忧民

杜甫告别了李白，结束了漫游生活，来到长安。然而，十年的长安生活，让杜甫尝尽了世态炎凉，也看到了社会的动荡不安。尽管他屡屡受挫，仕途无望，却一直幻想着能在朝廷里得到重要官职。这时候，他的生活是非常艰难的。他有时候就混在饥民的队伍里，排队买政府低价出售的粮食。“朝扣富儿门，暮随肥马尘。残杯与冷炙，到处潜悲辛。”生活之难可想而知。第十年，也就是天宝十四年，他终于得到了一个河西县尉的职位，就在他得到职位离开长安回奉先县探亲时，“安史之乱”爆发，长安城沦陷。

当时的情况，孩子们在阅读《杜甫》时，有很深的体悟。

杜甫告别家人，只身北上，想投奔唐肃宗时，却被叛军俘虏，押送到长安。此时的长安城已经面目全非。杜甫眼见山河依旧而国破家亡，春回大地却满城荒凉。此情此景，他感伤时事，忧国忧民，也担忧家人，写下了《春望》。

这一年，杜甫46岁。

春　望

［唐］杜甫

国破山河在，城春草木深。感时花溅泪，恨别鸟惊心。

烽火连三月，家书抵万金。白头搔更短，浑欲不胜簪。

国破家亡，山河却依旧；春回大地，满城却一片荒凉——这是怎样沉痛的心情？

国家没了，所以看到花儿会掉泪；和家人离散了，所以听到鸟儿叫会担惊受怕，这种痛彻心扉的感觉，有谁能懂？

战争已经持续了好几个月，兵荒马乱的时代里，一封家书能抵得上万两黄金啊，忧国忧民的杜甫，又怎能不为自己的家人担心？

发愁时搔头，头发越搔越短，越来越少，简直插不了发簪了——国事家事，杜甫的心里，到底沉积了多少东西？“不胜簪”三个字，读来心酸心痛。

晨诵时，只是读。读到最后，我们都心下恻然。

（四）乱世民生

杜甫想办法只身逃出长安城后，历尽艰辛，终于到了凤翔，谒见了唐肃宗。见到唐肃宗时，杜甫是“麻鞋见天子，衣袖露两肘”，也就是说，他脚穿麻鞋，衣服残破，两肘都露在外面，一副狼狈不堪的样子。他一心想着参与议论朝政，实现自己的理想，最后却仍被朝廷闲置。同年秋天，长安城收复，唐肃宗返回长安。此时，前方战场战事仍然不断，唐肃宗内部又忙于排除异己，人民的生活仍处在水深火热之中。

这时，杜甫被贬到华州（今陕西华县）做司功参军，主要管理当地的礼仪庆典、学校教育、考试考核等。那华州原来是没人去的穷山沟啊，办公桌上蝎子爬，苍蝇蚊子满天飞。积压了几个月的公文堆到杜甫手上，令他冲到山崖边发狂大叫。当然，据史料记载，杜甫在华州的工作是卓有成效的。

工作了一段时间后，他得以回洛阳探亲。可是，在他又从洛阳返回华州的路上，看到了唐军与叛军交战的混乱状况，于是写下了著名的“三吏三别”这组诗。

这时，他 48 岁。

我带着孩子们诵读的，是杜甫在河南安阳投宿时写下的《石壕吏》。

石壕吏

[唐] 杜甫

暮投石壕村，有吏夜捉人。老翁逾墙走，老妇出门看。
吏呼一何怒，妇啼一何苦！听妇前致词：三男邺城戍，
一男附书至，二男新战死。存者且偷生，死者长已矣。
室中更无人，惟有乳下孙。有孙母未去，出入无完裙。
老妪力虽衰，请从吏夜归。急应河阳役，犹得备晨炊。
夜久语声绝，如闻泣幽咽。天明登前途，独与老翁别。

杜甫之诗，真是字字泣血。书中有详尽的解释，孩子们一读就懂。

分角色几遍读下来，深夜里老婆婆的哭诉，清晨老翁孤独的身影，还有杜甫风中的踽踽独行，孩子们都清晰可见。

我告诉孩子们，杜甫从来就不避苦难，也不唱高调。他手中，既有望远镜，又有显微镜，更有透视镜。他虽没有观音菩萨救民于水火的无边法力，其大慈大悲，却如出一辙。

这就是我们的精神家园。

有人说，白居易读懂了他，苏东坡读懂了他，所以才千方百计为庶民谋幸福。他们承前启后一路走来，竭尽全力，构建了堂堂正正的中华文明。

今天，你们也读懂了吗？

（五）草堂觅句

旱灾接着饥荒，杜甫在华州的生活非常艰难，现实政治又是如此让人失望，杜甫就辞去了司功参军的职位，开始了他长年漂泊不定的生活。

他辗转秦州、同谷，最后去了成都。成都地处西南，远离战火，老百姓生活较为稳定。在老朋友高适的帮助下，他建起了自己的草房，也就是后来的“杜甫草堂”。这时，杜甫 49 岁。在这里，杜甫一住就是三年，写下了两百六十多首诗。

因为生活安定，心情舒适，他这时候的诗多以吟咏大自然为主。

像孩子们非常熟悉的《江畔独步寻花》《春夜喜雨》等，都是他这时候写下来的。杜甫在成都，如同苏轼在黄州，是他们创作的最高峰。

成都府尹兼剑南节度使严武，也到草堂来看他。这可是西南地区最大的官了，杜甫率领全家恭迎。严武小杜甫 14 岁，很喜欢杜甫的诗。二人对饮，言语投机。严武 36 岁，杜甫 50 岁，一个踌躇满志，一个白发肃然。严武赠金，杜甫笑纳，连客套都免了。严武也写诗，常派人接杜甫到府中喝茶，尊杜甫为老师。

成都草堂这三年，是杜甫生命中最后的好时光。这时候，杜甫对自己的创作也进行了思考，自己做自己的评论家，写下了《江上值水如海势，聊短述》。

江上值水如海势，聊短述

［唐］杜甫

为人性僻耽佳句，语不惊人死不休。
老去诗篇浑漫与，春来花鸟莫深愁。
新添水槛供垂钓，故着浮槎替入舟。
焉得思如陶谢手，令渠述作与同游。

陶渊明、谢灵运和杜甫，都是用生命写诗的人，只是杜甫在用词炼句方面更刻意一些。这和他的性格、追求有关。

读这首诗，我们体会到的，是他闲适的心情。

孩子们说，感谢成都的草堂啊，否则，杜甫的一辈子就太苦了，一天好日子也没有。

（六）欣喜还乡

杜甫在成都的第四年，成都却又被叛军占领，他们在成都肆意杀戮百姓，成都人民陷入巨大的灾难之中。杜甫知道不能继续在成都生活，就接上家人到了梓州（四川三台县）。

在梓州，当杜甫听说历经八年的安史之乱终于被平息时，欣喜若狂，老泪纵横，信口吟出了《闻官军收河南河北》一诗。这时，杜甫 52 岁。

闻官军收河南河北

[唐] 杜甫

剑外忽传收蓟北，初闻涕泪满衣裳。
却看妻子愁何在？漫卷诗书喜欲狂！
白日放歌须纵酒，青春作伴好还乡。
即从巴峡穿巫峡，便下襄阳向洛阳。

杜甫为何喜若狂？因为他盼望得太久，压抑得也太久了。你看他，喜悦、激动的眼泪沾满了衣裳，胡乱地卷起诗集和书籍，就想踏上返乡的道路。不只是他，回头再看平时郁郁寡欢的妻子和儿女，他们的愁闷也没有了。他还要放歌纵酒，希望在美好的春光里快快回家。然后，他就想象了自己的返乡之旅：沿着长江顺流而下，穿过三峡，就到了长江中游的襄阳。再改陆路，从襄阳北上，向着故乡洛阳前行。

最后一联，“穿”“下”“向”三个动词最让人动容，仿佛能看到杜甫当时欣喜的样子。

孩子们在阅读中知道，杜甫的故乡在河南，洛阳是他长大的地方，是他最亲爱的姑母为了他而失去了自己儿子的地方——这是他的第二故乡，或者也是他精神上真正的故乡。我们在冬至读的那首《至后》里那句“远在剑南思洛阳”也可以印证。

《闻官军收河南河北》从惊喜、狂喜，再到想象中返乡之旅的酣畅淋漓的喜悦，在我们一遍遍的诵读中，如孩子般的杜甫站在了我们面前。

可是，杜甫还是太天真了啊，因为安史之乱结束后，社会并没有安定下来。那些收复河南河北的唐军和叛军没有什么两样，所到之处大肆抢掠，老百姓的财物被抢光，有时甚至身上的衣服也被唐军剥走。而杜甫，也最终没有做到像诗歌中说的那样：即从巴峡穿巫峡，便下襄阳向洛阳。

是啊，他漂泊人生的下一站是哪里？

最后一遍读的时候，语气里，就有了一种忧虑。

（七）万里怨秋

飘飘何所似，天地一沙鸥。

杜甫能去哪里？哪里才是他的安身之处？面对战乱，杜甫带着家人离开梓州，前往阆州，然后又回到成都草堂。但是，随着好朋友严武的去世，杜甫在成都的生活失去了依靠，多年来远赴荆楚地区的愿望又浮上心头。这时，杜甫决定离开成都，乘船顺江东下荆楚。

他携家人东下，经嘉州、戎州、渝州、忠州、云安，最后移居夔州。他在夔州写了四百多首诗，各种体裁都有。也许他自知年老体衰，下决心和死神赛跑。七言，五言，律诗，古体诗……杜甫的博大精深，是一生磨难所致。

文章千古事，得失寸心知。

这期间，杜甫最具代表性的，是被誉为“古今独步，七言律诗第一”的《登高》，诗写于重阳节。

登高

［唐］杜甫

风急天高猿啸哀，渚清沙白鸟飞回。
无边落木萧萧下，不尽长江滚滚来。
万里悲秋常作客，百年多病独登台。
艰难苦恨繁双鬓，潦倒新停浊酒杯。

这首诗，我用了一个晨诵和一节语文课的时间，从意象入手和孩子们讨论，参考了铁皮鼓《语文课》里对这首诗的解读，只不过，我同样把读作为一个重点。

这首诗，无尽的苍凉。

首联的六个意象，我们逐个分析，感受到了杜甫的凄清、悲伤、孤独。接下来的“无边落木”，感觉满世界的叶子都在往下掉，这是一种沉重、萧瑟的感觉。而面对着滚滚长江，会在感叹时光流逝之快的同时，也感叹宇宙和人类历史的永恒不息。

然后由景到人，杜甫常年客居他乡，重阳节时不仅独自登高，而且多病缠身——这是一个怎样的老人？登高时又在想什么？这一句最为复杂，欲说还休。孩子们当然能想到，苦了一辈子的杜甫，这时候仍然是忧国忧民，当然也忧自己，最后一句就点到了。

经历人生的艰难苦恨，头发都白了。现在，因为多病，连味道很薄的酒也不能喝了。似乎是很平淡的一句，没有埋怨，没有疾呼。这就是杜甫。他前面一腔忧愤，借最后一句话，生生地咽了回去。这就是沉郁顿挫。

一句句读，一遍遍读，唏嘘不已。

在重阳登高不久，杜甫痛苦地发现自己的左耳聋了，右耳听力大大减弱，不久前还能听到落木萧萧，现在看到黄叶落地，却听不见秋风声了。他的眼睛也变得昏暗，牙齿已经有一半都掉了。一直缠着他的肺病、糖尿病等也变得严重起来，他的手发抖，连字也写不成。身体的病痛折磨着他，然而他更大的痛苦是来自精神——国家动荡，战乱不已，人民遭难。即使这样，只要他的心脏在跳，他的诗就会如泉涌出，成为人类精神永恒的留存。

从这以后，杜甫一直在江上漂流。公元770年的冬天，59岁的杜甫风痹明显严重起来，已经不能站立，就倒卧船上，仍坚持着，用颤抖的手，完成了他生命中的最后一首诗《风疾舟中，伏枕书怀三十六韵，奉呈湖南亲友》。

不久，杜甫在漂流湘江的那条小船上死去。湘江上空，寒风呼号，阴云徘徊。

杜甫一生颠沛流离，却从来没有停止过歌唱。他扼住了命运的咽喉，奏完了他自己的《命运交响曲》。

我读完幻灯片里这几段话后，贝多芬的《命运交响曲》响了起来。那四个强劲的音符，犹如命运的敲门声，在教室里久久回荡……

这也是人类的命运交响曲。

第五章 冬　天

生命的吟唱

冬天又到了。这是农历课程的最后一段旅程，让我们共同去感受一个个独特生命的吟唱吧！

杜甫的疾呼，《古诗十九首》里的温柔敦厚，就要在这个冬天里一一向我们展开。

我和孩子们，又如何在这个冬季里书写我们的生命？经历了一年的旅程，最长的黑夜还会来到，一年前的那盆腊梅又长出了新的枝叶，我们的生命呢？是否也在这季节的更替中日渐丰满？

第一节 立冬

2008 年 12 月 21 日立冬那天，正好期中考试。

生命之旅：迎接冬天

我们班语文、数学、英语成绩均居第一名。其实，从四年级开始，我们班的数学和英语成绩已经遥遥领先，语文成绩大多第二名或者第三名。我不是很在意，总觉得自己从不在应试上下功夫，这个成绩已经不错了。

五年级开始时，朋友的一句话，让我心里很是一惊：如果你不能让你的学生在考试中轻松获胜，你凭什么让家长相信孩子的将来？

是啊，我也是一个母亲，每次考试，总是希望女儿轻轻松松拿到高分。在女儿将来漫长的求学路上，我希望她能拥有优异的学习成绩，并因此不断获得自信。

于是，五年级开始，我不再敢放松语文课。按照新教育有效课堂的框架，自己备课、上课，在精确训练上下功夫——不过半个学期的时间，就有了如此大的成效。期中考试前，我们只做过两份试卷。

当然，这不是"吃激素"，我们曾有过那么丰富丰厚的浪漫期。诚如干国祥老师对我说的：在浪漫期过早精确，当然能够表面上快速取得成绩，但这是杀鸡取卵，不可长久。浪漫期，越丰富越好，越丰厚越好。有了丰富丰厚的浪漫期，等学生的年龄、身心开始步入精确初期，再施以精确训练，就会把前面浪漫的丰富的东西，转化为生命的新的营养。而过早精确，丧失浪漫，就像空转的脱粒机，无谷物可辗。错过可惜，提早同样可怕。敏锐地把握时机，是多么的重要啊！

那周，我给家长和孩子们写了这样一封信。

冬天来了

亲爱的家长、同学们：

大家好。

伴随着期中考试，又一周结束了。周五是立冬——节气就是这么奇妙，立冬这天，一下子就冷了。

立冬时节，太阳已到达黄经225°。对"立冬"的理解，我们还不能仅仅停留在冬天开始的意思上。"立"是建立、开始的意思。但“冬”字就不那么简单了，在古籍《月令七十二候集解》中对“冬”的解释是：“冬，终也，万物收藏也。”意思是说秋季作物全部收晒完毕，收藏入库，动物也已藏起来准备冬眠。看来，立冬不仅仅代表着冬天的来临。完整地说，立冬是表示冬季开始，万物收藏，规避寒冷的意思。

秋天对我们来说，意味着收获和充实：中秋节的月儿、菊花的诗词之旅、苏轼之旅、杜甫之旅……走过了那么多的旅程，秋天留给你什么记忆呢？周末，请你也以断行的方式（姑且叫诗吧），以“立冬”为题，写写已经过去的春天、夏天和秋天，写写你对冬天的畅想……

周一，我读到了孩子们这样的日记：

秋天的回忆

王文晓

空寂的山
淋着连绵的雨
明月和清泉
浣女与渔舟
立秋这天
她们定格在
初秋的日子里

在意象之河上漂流
农历的天空下
我们漂流到了秋的深处
陶渊明的菊与松
杜甫的月与雁
李白的水晶帘与玲珑月
白露之后

带着我们来到月亮之上

中秋月圆
我们与千年前的诗人相遇
不怨遥夜
也起相思
马莲台的月
会记得我们那一夜的欢乐

牵着苏东坡的手
在秋天里
吟啸且徐行
会挽雕弓如满月的豪迈
大江东去的感慨
我欲醉眠芳草的潇洒
待闲看秋风的旷达
永远镌刻在我们的生命里

露气寒冷
即将凝结成霜的日子
我们走进杜甫
走进一颗伟大的灵魂
秋天
突然变得寒冷起来

白露为霜了
有蒹葭旁的寻觅
有燕歌行的悲伤——
援琴鸣弦发清商
短歌微吟不能长
怎样的思念啊

怎样的秋天

皎洁的月光
怒放的菊花
在千古的诗词里
成为秋天最美好的回忆
立冬到来时
身后跟着
日渐长大的北风
秋天温暖的身躯不复存在
有些东西
却永远留了下来

有什么东西留了下来呢？前段时间，我们学习《我爱你，中国的汉字》，我让同学们也模仿着课文的结构，结合着我们的农历诗词，也写一篇同样题目的文章——

我爱你，中国的汉字

张云柏

我阅读的时候，常常为我面前这些方块字如醉如痴。它们像一群小精灵在书林中淘气，像海鸥翩翩飞翔于书海之上。这时，我既想把它们留在书中供我阅读，又想让它们跑出去，享受自由的快乐。

真的，在我眼里，它们是有生命的，是能呼吸的有感情的生命。你看吧，每个字都有不同的风韵。望见“天”这个字，我就有无边无际的开阔感，王勃的“天高地迥，觉宇宙之无穷”就会涌上心头——那是一种怎样博大的心灵！而看到“地”，马上就有一种诗意感——“诗意地栖居在大地上”，是我们秋天诗词之旅的名字。看见“喜”字，我就忍不住想笑，这是一个能给人带来多少快乐的字啊。而“漫卷诗书喜欲狂”的杜甫，听说官军收复了河南河北，又是一种怎样的“喜”！“哀”字呢？这个字，好像一个人用衣袖掩面而泣——我心里的悲伤，也会因为这个字都涌上来。

每个字都是这样奇妙——当我写下“美”这个字，不禁肃然起敬：天地之间，什么最美？人！“美”的下面是“大”，“人”为“大”，自然是最美的。当我说出“美”这个字，那么多诗词就马上到了嘴边——

“青梅如豆柳如眉，日长蝴蝶飞。”这是春天的美。

“麦穗初齐稚子娇，桑叶正肥蚕食饱。”这是夏天的美。

“空山新雨后，天气晚来秋。”这是秋天的美。

“忽如一夜春风来，千树万树梨花开。”这是冬天的美。

这些可爱的小精灵，在诗人的笔下，横竖撇捺之间，构成了一个多么奇妙的世界。汉字，独属于我们中国的汉字，产生了独属于我们中国的诗词，我们就在这些诗词里畅游，和古人一起呼吸——

“大江东去，浪淘尽，千古风流人物”的苏轼，告诉我们什么叫“旷达”；“语不惊人死不休”的杜甫，告诉我们什么叫“知识分子”；“采菊东篱下，悠然见南山”的陶渊明，告诉我们什么叫“高洁”；“飞流直下三千尺，疑是银河落九天”的李白，告诉我们什么叫“浪漫”……汉字是灵性的，会使用汉字的中国人是智慧的。汉字和我们，我们和汉字——一个想象的天地诞生了，我们于是尽情飞翔和驰骋。在人类古老的历史长河中，还有哪一个民族像我们中华民族这样，拥有如此丰富的诗词瑰宝？

像徜徉在农历的天空下，为那些富有生命力的诗词而陶醉，我无限钟情于让我诗意地栖居的汉字，并震惊于它的变化无穷。我相信，属于我们中国的汉字，会越来越被世人所珍爱。

我骄傲于孩子们对诗词的感悟，对汉字的珍爱。当这些东西留下来时，他们的生命，的确是不一样了。

这样，冬天来了，我们以饱满的热情再次迎接冬天。

诗词故事：忧端齐终南，澒洞不可掇

期中考试结束后，我们用一周的时间，经历了一次特殊的旅程：学习杜甫的《自京赴奉先县咏怀五百字》。一周的时间，我们没有打开语文书，有前面七首杜甫诗歌做基础，在这一首诗里，孩子们真正理解了什么叫“知识分子”，什么叫“担当”。

周一上午上课前，我就把这份资料发到孩子手里。

《自京赴奉先县咏怀五百字》是杜甫诗歌创作中里程碑式的作品，标志着他沉郁顿挫诗风的形成。这也是唐代诗歌发展的里程碑式的作品。杜甫自京赴奉先县，是在天宝十四年（755）的十月、十一月之间。是年十月，唐玄宗携杨贵妃往骊山华清宫避寒，十一月，安禄山即举兵造反。杜甫途经骊山时，玄宗、贵妃正在大玩特玩，殊不知安禄山叛军已闹得不可开交。其时，安史之乱的消息还没有传到长安，然而诗人途中的见闻和感受，已经显示出社会动乱的端倪。

自京赴奉先县咏怀五百字

［唐］杜甫

杜陵有布衣，老大意转拙（zhuō）。
许身一何愚！窃比稷与契（xiè）。
居然成濩（huò）落，白首甘契（qì）阔。
盖棺事则已，此志常觊豁。
穷年忧黎元，叹息肠内热。
取笑同学翁，浩歌弥激烈。
非无江海志，潇洒送日月。
生逢尧舜君，不忍便永诀。
当今廊庙具，构厦岂云缺？
葵藿（huò）倾太阳，物性固莫夺。
顾惟蝼蚁辈，但自求其穴；
胡为慕大鲸，辄（zhé）拟偃（yǎn）溟渤？
以兹误生理，独耻事干谒（yè）。
兀兀遂（suì）至今，忍为尘埃没（mò）？
终愧巢（cháo）与由，未能易其节。
沉饮聊自遣，放歌破愁绝。
岁暮百草零，疾风高冈裂。

天衢（qú）阴峥嵘，客子中夜发。
霜严衣带断，指直不得结。
凌晨过骊（lí）山，御榻在嵽（dié）嵲（niè）。
蚩（chī）尤塞寒空，蹴（cù）踏崖谷滑。
瑶池气郁律，羽林相摩戛（jiá）。
君臣留欢娱，乐动殷胶葛。
赐浴皆长缨，与宴非短褐（hè）。
彤庭所分帛，本自寒女出。
鞭挞（tà）其夫家，聚敛（liǎn）贡城阙（què）。
圣人筐篚恩，实欲邦国活。
臣如忽至理，君岂弃此物？
多士盈朝廷，仁者宜战栗。
况闻内金盘，尽在卫霍室。
中堂舞神仙，烟雾蒙玉质。
暖客貂（diāo）鼠裘（qiú），悲管逐清瑟。
劝客驼蹄羹（gēng），霜橙压香橘。
朱门酒肉臭，路有冻死骨。
荣枯咫尺异，惆怅难再述。
北辕就泾（jīng）渭，官渡又改辙（zhé）。
群冰从西下，极目高崒（zú）兀。
疑是崆（kōng）峒（tóng）来，恐触天柱折。
河梁幸未坼（chè），枝撑声窸（xī）窣（sū）。
行旅相攀援，川广不可越。
老妻寄异县，十口隔风雪。
谁能久不顾，庶（shù）往共饥渴。
入门闻号咷（táo），幼子饿已卒（zú）。
吾宁（nìng）舍一哀，里巷亦呜（wū）咽。
所愧为人父，无食致夭折。
岂知秋禾登，贫窭（jù）有仓卒（cù）。
生常免租税，名不隶征伐。
抚迹犹酸辛，平人固骚屑。
默思失业徒，因念远戍（shù）卒。
忧端齐终南，澒（hòng）洞不可掇。

下面的翻译，我是放在了诗的旁边，一节一节地对好，这样方便学生看。

（翻译略）

一周的时间啊，我们一句句地读，一层层地悟，来来回回，直到它深入到孩子的心里。

同样遗憾的是，当时没有做课堂实录。

周四晚上，女儿问我：“妈妈，这首诗可以过了吧？你知道吗？这一周来，只要我的大脑稍有空闲，这首《咏怀五百字》就跳到我脑子里。同学们都说，我们已经被《咏怀五百字》彻底俘虏了。”

他们不仅理解，的确也已经在反复吟咏中，背得滚瓜烂熟了。

睡觉前，和女儿道了“晚安”后，女儿忽然叹了一口气，说：“唉，‘忧端齐终南，澒洞不可掇’。妈妈，你看啊，诗句又跳出来了。你再不结束这首诗，我们恐怕都要变成杜甫了。”

毕竟还是不过十岁的孩子啊。

周五，我们温习了前面学过的七首诗和这一周学的《自京赴奉先县咏怀五百字》，在不同形式的诵读中，对这段杜甫诗词之旅做了一个告别。

我知道，这一周的时间是值得的。后来，当我们在孔子和《论语》中懂得儒家精神的时候，回头再看杜甫，一切豁然开朗。“儒家思想中的伟大灵魂”是五年级下学期的一个课程。我们就从“孔子的人生图谱”开始：“吾十五而有志于学，三十而立，四十而不惑，五十而知天命，六十而耳顺，七十而从心随欲，不逾矩。”在《论语》中，在《孔子》一书中，我们不断地去寻找答案。当我们穿越孔子之“乐”开始接触儒家精神时，文天祥、杜甫、王阳明的名字，就在那时清晰起来。

“士不可以不弘毅，任重而道远。仁以为己任，不亦重乎？死而后已，不亦远乎？”这种入世担当是儒家精神之一。我让孩子们回顾我们曾经走过的杜甫诗词之旅，用杜甫的诗句来阐释这句话的意思时，他们又打开《杜甫》一书，开始寻找……

“会当凌绝顶，一览众山小。”这是儒家高远的理想境界。

“致君尧舜上，再使风俗淳。”这是儒家济世安邦的思想。

“为人性僻耽佳句，语不惊人死不休。”这是儒家的执著追求。

“许身一何愚，窃比稷与契。居然成濩落，白首甘契阔。”这是儒家强烈的社会责任感。

“出门酒肉臭，路有冻死骨。”这是儒家的爱民思想。

“安得广厦千万间，大庇天下寒士俱欢颜。风雨不动安如山。”这是儒家的胸怀天下。

在这些我们熟悉的诗句里，孩子们用儒家精神一一对照，杜甫的形象就更加高大了。比这更重要的是，孩子们懂得了“入世担当”“自强不息”“刚健有为”等儒家思想的含义，这会对他们当下以及以后的生活起多大的影响？

班长张云柏是我很佩服的一个孩子。他永远都是宠辱不惊的样子，“君子耻其言而过其行”是他的名言。居里夫人、苏轼、杜甫、孔子，这几个伟人的传记我们一路读下来，他越来越安静，也越来越与众不同。在他身上，我看到了我播下的儒家思想的种子。

这是他写下来的一篇文章。

礼与班规

张云柏

什么是礼？打个比方吧：把社会比作学校，礼就是一部《教职工及学生守则》，而教你去怎么执行这部守则的，是仁。仁是儒家思想的核心，礼是达到仁的一个途径。对于一个班级来说，礼就是我们贴在教室墙壁上的班规，仁就是能够自觉地执行班规。

仁是很难说清楚的。所以，我今天就来说说礼与班规。

礼对一个国家意味着什么呢？如果礼执行好的话，国家就会有了孔子所说的理想的社会秩序：君君，臣臣，父父，子子，这就意味着每个人都在自己的岗位上尽职尽责。如果礼执行不好，就会出现做臣子的可以把国君赶走，做儿子的可以把父亲关起来，天下就会不太平，会乱了套。

有了礼，国家安康；有了班规，班级优秀。在一个班级里，老师要像老师，学生要像学生。就说上课吧。上课时，老师不能接电话，不能讽刺挖苦学生。做学生的，不能老师在上面大讲而自己在底下小讲；听课时眼睛要看着老师；讨论问题时要对别人的发言给予积极的回应……如果违反了这些班规，老师就不像老师，学生也不像学生，班级就没有了良好的班风和学风。当然，我们班规的第一条是：我们是一家人。这就意味着在五三班这个大家庭里，我们要互相帮助，互相理解。有了这个基础，我们才能自觉去遵守班规。如果不小心违反了班规，也能心甘情愿地接受惩罚。

孔子提出的“礼”涵盖了方方面面，比如宴饮射骑的规则：揖让而升，下而饮，其争也君子。这是什么意思呢？射箭比赛之前，双方要互相说一声“对不起”；比赛结束后，赢了的要说一句“承让了”，输了要说一句“领教了”，然后双方坐下来喝酒。这是一种礼，也是一种君子风度。这和我们班规的第九条极其相似：无论成功还是失败，都不能挂在脸上。假如你赢了，或把事情做得挺漂亮，千万别吹牛；如果输了，也别把不高兴写在脸上。我对这条班规感触很深。前段时间参加市里的棋赛，我下输了，心里当然很难受。但是想到这条班规，我还是笑着对对手说了一声：“谢谢你。”当我看到有的同学因为下输了，就把棋盘给掀翻了的时候，觉得这实在很失礼。

千万规则千万“礼”，内心里只要有坚定的信念，就永远不会失礼，也永远不会违背自己。就如大家都熟悉的阳虎送孔子蒸熟了的小猪的故事。阳虎看到孔子的影响，就想利用孔子。但是他知道孔子不愿意见他，就趁孔子不在家的时候给他送了一只蒸熟的小猪。按照古代的礼节，别人送礼是一定要当面道谢的。孔子不能违背礼，但又不愿意和阳虎见面，就用了和阳虎类似的办法：趁着阳虎不在家的时候去道谢。冤家路窄，孔子偏偏在路上碰到了阳虎，阳虎让他出来做官，孔子不想和他说过多的话，就口头答应下来。当然，他最终没有出来为阳虎做事。孔子说：不义而富且贵，于我如浮云。因为他内心里有坚定的信念，他是不会违背自己的。

再推及我们的班规十：教室是一个带领我们走向卓越的地方，你要尽自己所能，成为一个卓越的学生，无论课上还是课下。这条班规告诉我们什么呢？其他的班规有具体的要求，这一条是非常笼统的，它其实就是告诉我们内心里要有坚定的信念：你是否是一个卓越的人，取决于你自己。我觉得，我能时时刻刻按照卓越的标准来要求自己，无论什么时候，我心里都有“慎独”两个字。

社会上人人遵守“礼”，家庭里人人遵守“礼”，班级里人人遵守“礼”，我们的国家该有多么美好？不是吗？大家看，我们制定了班规，人人自觉遵守班规，我们的班级，已经越来越优秀。因为有了班规，同学们的内心更沉静了；因为有了班规，教室更加圣洁了；因为有了班规，人人都想更有风度……

一个班，就是一个缩小的社会；班规，就是缩小了“礼”。我们遵守班规，将来走向社会就能遵守社会的各种规则，就是一个合格的社会公民，就是一个守“礼”达“仁”的优秀公民。

第二节　小雪

2008年11月22日小雪，无雪。

生命之旅：晚来天欲雪，能饮一杯无？

今天诵读的，是白居易的《问刘十九》。

问刘十九

［唐］白居易

绿蚁新醅酒，红泥小火炉。
晚来天欲雪，能饮一杯无？

诗很简单。很多孩子已经能运用学到的武器自己进行解读了。

“说说你读这首诗的感觉。”

“诗里有两个意象，一个是新酿的酒，一个是红色的小火炉，传达出的是一种温暖的感觉。”王文晓说。

“一个问句，问出了作者的闲适。这是一首很安静的诗。”刘心雨说。

这两个孩子内心的安静，已经让她们能直抵诗歌的深处。

“这是白居易邀请朋友刘十九来喝酒吧？”崔晨问。

“是啊，白居易写这首诗是被贬到江州当司马，他在那里交了不少朋友，其中一个就叫刘十九。有一天，和现在一样，是很冷的冬天，马上就要下雪了，白居易坐在温暖的火炉前，想：这么冷的天，干什么好呢？干脆喝酒吧！”听到这里，孩子们轻声笑了。

“绿蚁新醅酒，红泥小火炉。”我慢慢地读出这两句，接着说，“古代的酒是用米酿成的，刚酿出来的时候，上面浮着一层细小的泡沫，泛着绿色，跟小蚂蚁一样，非常可爱。想一想啊，新酿的酒，温暖的火炉，室外将雪未雪，多么惬意的时刻！如果能有朋友和自己分享这样的时刻，岂不更妙？白居易就提笔给刘十九写了一封信，请他来喝酒，这首诗，就是他的信。”

孩子们自然地把这首诗读了出来。

这时，杨老师轻轻推门从后门进来，她要拿落在教室里的数学课本。

我笑着拉住她，对孩子们说：“小雪无雪，总是遗憾的事情。什么时候下雪了，或者要下雪了，我一定请杨老师去吃火锅。没有小火炉，我们就用火锅代替喽。那时候，我会端起酒杯，对杨老师说一句——”

“晚来天欲雪，能饮一杯无？”孩子们笑着，接上这句诗。

“亲爱的杨老师啊，你会怎么说？”我又转向杨老师。

“晚来天欲雪，能饮一杯无？”杨老师也笑着，轻轻地送出这句诗。

掌声热烈。孩子们开心地大笑。

“你们知道吗，这个周末我要去成都，新教育有一个活动在成都举行。然后，我会见到干老师、马老师。冬天的成都是没有雪的，也没有小火炉，但成都的小火锅可是远近闻名啊。那时候，我会和干老师、马老师坐在一起吃火锅，我也会端起酒杯，笑着对他们说——”

“晚来天欲雪，能饮一杯无？”孩子们的声音里，透着无限向往。

“你酒量行不行啊？不要喝醉了啊。”李沂晓笑着说。

"酒不醉人人自醉啊。"我依旧笑着，慢慢地吟诵出这首被我们唤醒的诗：

绿蚁新醅酒，红泥小火炉。晚来天欲雪，能饮一杯无？

补记

成都之行，当我在台上念出这首诗，当我轻轻地对着干老师他们说出"晚来天欲雪，能饮一杯无"时，我掉泪了。后来，干老师说，他也掉泪了。那天晚上，我们真的去吃火锅，真的拿起酒杯，干老师说："常老师啊，晚来天欲雪，能饮一杯无？"

我不胜酒力，但只那一滴，那一刻，就似乎回到千年之前。

诗词故事：冬季里温暖的诗歌

《古诗十九首》在中国诗歌史上是继《诗经》《楚辞》之后的一组很重要的作品，是五言古诗中最早期、最成熟的作品。

这十九诗，是我最爱的诗。读这些诗的时候，内心之中常常萦绕着感动，它的文字简单朴实，含义却十分幽远，容易让人产生联想。后来的诗人也能写很好的诗，但总是不如十九首这样温厚缠绵。

那么，在这样的冬季里，在走过了那么多诗词之旅后，我们再退回去，读读这些古老的诗歌。

（一）弃捐勿复道，努力加餐饭

晨诵前，我把第一首抄在了黑板上。

古诗十九首（之一）

行行重行行，与君生别离。相去万余里，各在天一涯。
道路阻且长，会面安可知。胡马依北风，越鸟巢南枝。
相去日已远，衣带日已缓。浮云蔽白日，游子不顾返。
思君令人老，岁月忽已晚。弃捐勿复道，努力加餐饭。

先给孩子们简单介绍了《古诗十九首》的创作背景。这些诗，都是东汉时代的作品，只是，我们已经无从知道这些诗的作者。东汉末年，社会动荡，政治混乱，不得志的文人四处漂泊。从内容上来说，这十九首诗表达的主题有三类：离别的感情、失意的感情、忧虑人生无常的感情。这三类感情都是人类最基本的感情，很容易引起读者的共鸣。

我们先来看第一首表达了什么样的感情。

我先读一遍，让同学们注意诗里面的韵味。我特别标出，第二句的“涯”应读作 yí。我读完后，同学们马上就指出，这首诗前四句押的是 i 的韵，后四句押的是 an 的韵。然后让同学们各自读一遍，看看自己能感觉到什么。

“两个人分别了，不知道什么时候会见面，心里很难过。”李沂晓说。

“那么，这首诗写的是一种什么样的感情？”我问。

“离别的感情。”

“这首诗里的离别之情，和我们以前读过的表达离别之情的诗有什么不一样呢。大家看，第一句的表达就是非常质朴的——行行重行行，与君生别离。古今写离别的诗歌很多，谁能说几句？”

“渭城朝雨浥轻尘，客舍青青柳色新。”

“桃花潭水三千尺，不及汪伦送我情。”

“又送王孙去，萋萋满别情。”

“春草明年绿，王孙归不归。”

“劝君更尽一杯酒，西出阳关无故人。”

……

这些诗句，孩子们张口就来了。

“你们看，在你们背的这些诗句里，作者总是要借助一定的景物来表达离别之情，像柳枝啊，潭水啊，小草啊，酒啊之类的，可是这一句呢？‘行行重行行，与君生别离’就是一种直接的描述，它没有很多花样，走了就是走了，不管是送行者说的也好，还是远行者说的也好，总而言之是两个人分离了。但是，如果你静下心来读一读，就能感受到一种把两个人越拉越远的力量。人世间的别离有生离也有死别，大家说，这两者哪一个更令人悲哀呢？”

“当然是死别啊，”崔淦维说，“死了就再也不能见面了。”

“不对，”王文晓说，“是生离。死别给人的感觉应该是当时很痛苦，可是生离给人的感觉是一辈子都很痛苦，因为你知道那个人活着却不能见面，痛苦不更深吗？”

我笑着问：“王文晓是不是看过叶嘉莹讲魏晋诗歌那本书啊？怎么跟书上说的一样啊？”

“绝对没有。”王文晓说。同学们笑了。

“‘行行重行行，与君生别离’——这真是一种令人肝肠寸断的离别，请同学们读读这一句。”

请几个孩子起来读，慢慢地，越走越远的感觉就出来了。

“接着就开始说走了一段时间之后的事情了。‘相去万余里，各在天一涯’。我们之间的距离已经有万里之遥，我在天的这头，而你在天的那头，我们还能见面吗？最后，他得出了什么样的结论？”

“道路阻且长，会面安可知。”同学们一起读了出来。

“是啊，道路是如此的艰险而遥远，我们要想见面真的是很难。一个‘阻’字，就写出了路途的艰辛。作者接着说，胡马依恋故乡的北风，越鸟选择遥望故乡的南枝，我和你本来是相亲相爱的一对，怎么竟然会分离这么久而不能再在一起呢？从开始的直接描述，到这里的两个比喻，那种悲伤、无奈表现得淋漓尽致。到这里，就算是一个段落了，请读这四句。”

男孩子读，女孩子读，指名读，那种离别之情也在他们的声音里浮现出来。

这是，晨诵铃响了。第一节语文课，我们接着学习。

“我们接着看后四句。作者经过了一个想象的飞扬之后，又回到了无法改变的现实之中。‘相去日已远，衣带日已缓’，意思是我们分别的时间太久了，我因为日夜思念而消瘦了，你看啊，我的衣服穿着很肥了。你们知道，写思念令人消瘦的诗还有一句很出名的，是什么？”

“衣带渐宽终不悔，为伊消得人憔悴。”王文晓脱口而出。

几个孩子吃惊地看了看她，很是佩服。因为王文晓经常跟我一起翻看叶嘉莹的书，对有些诗句的引用的确很熟悉。

“是啊，柳永的这句还是有刻意雕琢的痕迹。但是，‘相去日已远，衣带日已缓’，是用了非常平静的叙述，表现出了深刻的感情，就更加令人感动。大家一起读。”

慢慢地读出这一句，孩子们也慢慢地体会着人类最坚毅的一种感情。

“‘浮云蔽白日，游子不顾返’——是这首诗中最令人伤心的地方。你看，天上太阳的光芒那么强烈，但也有被浮云遮住的时候，那么，我们之间的感情是不是也被浮云遮住了呢？那远行的游子不是果然就不回来了吗？等的人已经是‘衣带日已缓’，却还是对远行的人充满了理解。而这，正是《古诗十九首》在感情上的温柔敦厚之处了。请大家读读这一句，注意读‘不顾返’三个字时的感觉。”

担忧与理解，在他们的朗读中得到了很好的阐释。

“可是啊，‘思君令人老，岁月忽已晚’——时间在不停地消逝，一年很快就到了岁暮，而人生很快就结束了。这是多么让人悲伤的事情。请读这一句——”

“思君令人老，岁月忽已晚。”读完，一个孩子竟然长叹了一口气。

“不要叹气啊，”我笑着说，“这首诗写得最好的是最后一句：‘弃捐勿复道，努力加餐饭。’什么意思呢？作者说，如果你抛弃了我，从此我就再也不提这件事了，可是我仍然不放弃重逢的希望，我要努力保重自己的身体，尽量使自己多活一些岁月以延长等待的时间。‘努力’两个字，充满了坚强。所以，同学们看，这已经不仅仅是男女之间的相思之情，而是一种极为高贵坚贞的节操了。所以，不要叹气啊，请读最后一句——”

“弃捐勿复道，努力加餐饭。”多么明朗的句子。

“每个人的一生中，都有可能遇到悲哀和挫折，如果你面对苦难不做任何努力就让自己倒下去，你就是可怜之人；如果你努力了，即使你倒下去，也是可敬之人。所以，我们为什么说，《古诗十九首》是冬季里温暖的诗歌，意思就在这里了。请大家齐读后几句——”

“相去日已远，衣带日已缓。浮云蔽白日，游子不顾返。思君令人老，岁月忽已晚。弃捐勿复道，努力加餐饭。”

在朗朗的声音里，传达着温暖的力量。

“我们再回到最初的话题上，这首诗表达的离别，和我们以前读的表达离别之情的诗有什么不一样?”

“它不仅仅是写思念和痛苦,”崔奥博说,“还表达了一种坚强。”

“还有,它的表达很朴素,一点都不花里胡哨的。”李沂晓说。

同学们笑了,是在笑她说的“花里胡哨”这个词。

“或者可以这样说,诗人们表达的方式不一样。”我说,“但是,《古诗十九首》感发的力量的确是很大的,所以,你在不同的年龄读这些诗,感受肯定不一样。这首诗你也理解了,能不能说说,你的感受是什么?”

“我觉得,人生总是有离别的,但是,不要为离别而悲伤。”边涣之说。

“你曾经对我说过,爱一个人最好的方式就是要让自己更优秀,”穆春婷说,“如果分别了,也要努力加餐饭,自己好好的,对方也就不担心了。”

呵呵,这是我曾经和她在日记里交流过的话。因为姐姐在外地上学,她经常因为思念姐姐而流泪。

“那么,你们想知道,我这个年龄读这首诗的感受吗?”

“想啊,快说吧,不要卖关子了!”李沂晓笑着说。

“我年轻时读,读出的是爱情的悲伤。现在读,读出的是生命的温柔敦厚。我们一生中,总是要遇到很多次别离,和父母的别离,和爱人的别离,和朋友的别离等等。你明明知道,你爱的人在远方,无法见面,心里却没有怨恨,只有一种温柔的情绪:我们总会见面吧?那么,我就要努力加餐饭,就要让自己越来越优秀,就要让自己喜欢的人永远为我骄傲。有这样一种感情,就永远不会陷在自怨自艾中,就会为着美好的事物而努力。想想看,我们能主宰的,只有我们自己。所以,如果有一天你面对离别,‘衣带日已缓’的时候,要记得‘努力加餐饭’,请大家把整首诗连起来读——”

“当然,这首诗还让我知道,如果有一天你面对挫折,不要自暴自弃,要记得勇敢面对,要‘努力加餐饭’,所以,请大家再读——”

齐读后指名读,我注意他们语调的变化,及时给他们朗读上的指导。一遍又一遍,几遍之后就能背诵了。

“弃捐勿复道,努力加餐饭。”

冬季里温暖的诗歌啊，希望能够永远地镌刻在他们的生命里。

（二）愿为双鸿鹄，奋翅起高飞

今天，学习《古诗十九首》的第五首。

仍然是晨诵前，我把这首诗抄在了黑板上。

古诗十九首（之五）

西北有高楼，上与浮云齐。交疏结绮窗，阿阁三重阶。
上有弦歌声，音响一何悲！谁能为此曲，无乃杞梁妻。
清商随风发，中曲正徘徊。一弹再三叹，慷慨有余哀。
不惜歌者苦，但伤知音稀。愿为双鸿鹄，奋翅起高飞。

先复习了昨天学的第一首，然后我把第二首读了一遍，问他们感受到了什么。

“这首好像不是离别之情了，好像是一个人弹琴一个人听。”很秀气的孙琪说。

“那么，它表达了一种什么感情呢？我们就来读读这首诗。先看第一句，‘西北有高楼，上与浮云齐’，你的感受是什么？”

“楼好高啊，快和云彩一样高了。”惠敏说。

“是啊，西北是寒冷的，这个地方，不仅冷，而且高，高到什么程度？和天上的浮云一样高！同时，这里还有‘交疏结绮窗，阿阁三重阶’的美丽。疏，就是‘通’的意思。中国的旧式房屋的窗户都是木头的，上边有窗格子，窗格子上往往雕刻出弯弯曲曲的花纹。这花纹是刻通的，而且是互相交叉，所以叫作‘交疏’。什么叫‘结绮’呢？就是木窗棂上刻出的花纹就像丝织品上织出的花纹一样精致美丽……”

说到这里，我通过幻灯片把从网上搜到的旧式房屋的窗户放给同学们看，一张一张放过去，同学们惊叹不已：“好美啊！”

“我们接着往下看，‘阿阁三重阶’，就是房子很高，有很多层平台。那么，请同学们想象一下，这样美丽的屋子里，住着的人怎么样？”

“美丽的。”

“也是孤独的。”

“而且还是有着高尚品格的人，”我接着说，“这就叫背景的一种渲染。在一个混乱的朝代里，中国的文人都希望能逃离这个世俗龌龊的社会，到一个没有人知道的地方。所以，这样的环境，就暗示了人物的品格。我们齐读这两句，想象一下这是一所什么样的房子——”

“西北有高楼，上与浮云齐。交疏结绮窗，阿阁三重阶。”

“我们接着往下看——‘上有弦歌声，音响一何悲！’那悦耳的声音是从那‘上与浮云齐’的高楼上飘下来的，这说明什么呢？说明楼下听的人是听懂了的。所以下一句就是‘谁能为此曲，无乃杞梁妻’。真的有这样一个歌者吗？不是的，这是作者自己想象出来的，是因为听者感到了寂寞，所以才想象高楼之上的弦歌者也是一个和他一样孤独寂寞的人。在这里，其实是他把自己一分为二了。‘杞梁妻’是什么意思？传说东汉有一个叫杞梁的人死了后，他的妻子非常悲伤，因为她上没有父亲，中没有丈夫，下没有儿子，不知道以后如何生活，就自己弹了一首悲伤的曲子，曲子弹完了，就投水而死。古代女子没有独立生活的能力，如果既无父，又无夫，又无子的话，那就处于极端的孤独寂寞中了。下两句的意思是：忧伤的曲子随风从高楼上飘下来，弹到一半的时候，那抑扬顿挫的声音在徘徊。你听啊，楼中的那个女子，她弹的每一个音符的声音都传达了那么多的哀叹，音乐结束时，仿佛还留下说不尽的悲哀，让听的人继续感到激动。这是什么样的音乐啊？你能听到吗？请读——”

上有弦歌声，音响一何悲！谁能为此曲，无乃杞梁妻。

清商随风发，中曲正徘徊。一弹再三叹，慷慨有余哀。

女孩子读，男孩子读，大家一起读——声音里，也透着音乐的低回婉转。

“我们来看最后四句，也是写得最好的四句——‘不惜歌者苦，但伤知音稀’。这即是全诗的转折，又是点睛之笔。楼上的歌者固然悲苦，最让人难过的，还是没有人能听懂她的歌啊！其实，诗人就是不遇‘知音’的苦苦寻觅者——当然，他渴望的知音是一个贤明的君主，他希望能因此实现自己的理想。但是，在那样一个宦官当道的朝代，想遇到明君几乎是不可能的。所以，最后一句，作者发出了这样的感慨：‘愿为双鸿鹄，奋翅起高飞。’愿我们化作心心相印的鸿鹄，从此结伴高飞，去那无限广阔的蓝天长云遨游！这是诗人发自心底的呼唤，也是诗人对高远理想的追求。请大家齐读最后两句——”

不惜歌者苦，但伤知音稀。愿为双鸿鹄，奋翅起高飞。

声音里，透着一种力量。

“那么，我们回到最初的问题，这首诗表达的，是一种什么样的感情？是离别、失意还是忧虑人生无常的感情？”

“当然是失意的感情啊！”

“这不就和《赤壁怀古》那样，好借个地方作诗吗？”王文晓插了一句。

“差不多吧。因为作者要传达自己的感情，就必须有一个对象，所以作者就假想了一个弹者一个听者，把自己内心最难表达的感情传达了出来。我们把整首诗连起来读一读，感受作者的情感起伏。”

两遍之后，我们再来看这首诗的表达技巧。

“叶嘉莹先生说，这首诗是《古诗十九首》里非常好的一首，它的好处有两个方面，一个是情意方面，一个是表现方面。我们先看情意方面，这首诗的主旨是对知音的向往，这是千百年来人类共有的一种感情。因为人生在世，总是要追求一些完美的东西。如果我们把自己的追求投注到文学、艺术、科学等等之中，固然很好，但这种投注只是单方面的。作为一个人，是有感情有血肉的，如果我们把感情投注给另一个与你有相同理想的知音，你马上就可以得到回应，感受到一种温暖。所以，‘愿为双鸿鹄，奋翅起高飞’这种对知音、知己的渴盼追求的感情，是人类共有的感情。这就是情意方面写得非常打动人的缘故。你觉得，你有知音吗？”

“我妈妈就是我的知音，”常严一说，“不管我遇到什么样的事情，妈妈总能理解，我就觉得自己很幸福。”

“我也觉得我妈妈是我的知音，”李沂晓说，“我弹琴的时候，妈妈就在旁边唱歌。我觉得，她最能听懂我的心声。”

“常老师是我的知音，”张先利说，“因为只有你知道，我是萨哈拉，我有一个作家的梦想。”

“呵呵，谢谢你表扬我啊！”我笑着说，“人生得一知音足矣，当很多人抱怨自己没有知音时，有时候可能也是自己的问题啊。我们还是回到这首诗吧。这首诗的第二个好处是表现方法。比如背景的形象、感受和气氛、若隐若现的人物等。像背景的形象吧，有建筑物的形象，哪几句？”

西北有高楼，上与浮云齐。交疏结绮窗，阿阁三重阶。

“还有声音的形象，哪几句？”

上有弦歌声，音响一何悲！谁能为此曲，无乃杞梁妻。

清商随风发，中曲正徘徊。一弹再三叹，慷慨有余哀。

孩子们很快就找到了。

“是啊，通过这样的描述，作者制造的，完全是一种气氛和感受，人物也是这样若隐若现，给人一种非常迷离的美。我们再来读读整首诗，体会这首诗情意的美和表达的美——”

一遍遍读下来，教室里回荡着的，是人类亘古的呼唤：

愿为双鸿鹄，奋翅起高飞。

第三节　大雪

天越来越冷了。只是，2008年12月7日大雪依旧无雪。

生命之旅：大雪未雪　诗意浓浓

仍然只是在古诗词里，我和孩子们共同感受雪的意境。

我们先复习刘长卿的《逢雪宿芙蓉山主人》。

逢雪宿芙蓉山主人

［唐］刘长卿

日暮苍山远，天寒白屋贫。

柴门闻犬吠，风雪夜归人。

想想啊，风雪交加的夜晚，旅人已经走了多远的路？哪里才是他休息的地方？简陋的茅屋，在这寒冷的天气里愈显贫穷。在旅人眼里，却也充满了温暖吧？

睡下了，忽听到犬吠声。“风雪夜归人”，屋子的主人和他一样，也是一个夜归人啊！一声声犬吠，在这无边的空旷里回荡——我们都是旅人，旅途都如此之长。

对孩子们来说，只是想让他们在这个本该漫天大雪的日子里，感受一种无边的空旷和夜归人的心灵景观。

然后，我们又重温了毛泽东的《沁园春·雪》。

沁园春·雪

毛泽东

北国风光，千里冰封，万里雪飘。望长城内外，惟余莽莽；大河上下，顿失滔滔。山舞银蛇，原驰蜡象，欲与天公试比高。须晴日，看红装素裹，分外妖娆。

江山如此多娇，引无数英雄竞折腰。惜秦皇汉武，略输文采；唐宗宋祖，稍逊风骚。一代天骄，成吉思汗，只识弯弓射大雕。俱往矣，数风流人物，还看今朝。

这首豪迈的词，孩子们很熟悉，大多能背诵。通过幻灯片，我做了一点小小的添加，晨诵之“诵”的味道就出来了。

这是毛泽东在重庆与蒋介石谈判时写的一首词。当时，毛泽东半壁江山已得，得天下已是胜算在握，环境、条件、心境都在最佳状态，所以读这首词的感情基调是：豪迈。说到这里，我范读了一遍，语调高昂，气势磅礴。

看哪，雪后的北国，是一个冰天雪地、广袤无垠的银色世界。请男孩子一起读，读出气势和开阔：

北国风光，千里冰封，万里雪飘。

“长城内外”，是从南到北；“大河上下”，是自西向东。整个中国，已经都在诗人心里了。这一场大雪，整个中国都是白茫茫的壮阔景象。请常严一读，读出诗人雄伟的气魄：

望长城内外，惟余莽莽；大河上下，顿失滔滔。

山岭如舞动的银蛇，平原如奔驰的蜡象，它们都要与老天一比高低吗？诗人写山岭、平原就是在写他自己。请崔淦维读，读出诗人的豪迈之情：

山舞银蛇，原驰蜡象，欲与天公试比高。

可以想象啊，雪后，晴日当空的时候，阳光和白皑皑的冰雪交相辉映，整个中国大地，又是一番怎样的美景？诗人畅想自然，就是畅想整个中国的将来，请男孩子一起读，读出憧憬与向往：

须晴日，看红装素裹，分外妖娆。

上阕是大自然的变化，下阕就是诗人对历代英雄的评价。第一句承上启下，请刘心雨读，读出诗人的抱负：

江山如此多娇，引无数英雄竞折腰。

只可惜秦始皇、汉武帝，略差文学才华；唐太宗、宋太祖，稍逊文治功劳。称雄一世的人物成吉思汗，只知道拉弓射大雕。你听啊，诗人简直就像在翻阅一部千秋史册，一一加以评说——这需要何等气魄！请吴秋璇读，读出诗人指点江山时的惋惜之情：

惜秦皇汉武，略输文采；唐宗宋祖，稍逊风骚。一代天骄，成吉思汗，只识弯弓射大雕。

浪花淘尽英雄啊！诗人评说英雄，最终还是要回到他自己。数一数能建功立业的英雄人物，还要看今天的人们！这是一种坚定的自信，请女孩子一起读：

俱往矣，数风流人物，还看今朝。

"'俱往矣，数风流人物，还看今朝。'同学们，诗人也已经成为历史人物，而新的历史，要靠你们来书写。'数风流人物，还看今朝'

啊，在这个大雪未雪的早晨，让我们一起读读这首词吧，读出你自己的豪迈之情。”

在齐诵的声音中，教室的温度似乎上升了不少。

窗外，阳光灿烂。

诗词故事：对酒当歌，人生几何?

从曹丕的《燕歌行》开始，孩子们就陆陆续续开始读《三国演义》了。班级书架上，我放了一套原版的，几个男孩子翻了翻，就放下了。他们读的，都是改写的故事——作为自由阅读，他们感兴趣的，就是那些跌宕起伏的故事。

我决定把曹操的《短歌行》作为农历课程的最后一站。

而下个学期，我们将从结束的地方开始。那时候，我要带着孩子们做《三国演义》的语文综合学习。

晨诵前一天，我把曹操的《短歌行》和相关的资料发到了孩子们手里，同样是作为晚上的家庭作业，让孩子们阅读，并能看着原诗清晰地说出诗意。

短歌行

［汉］曹操

对酒当歌，人生几何？譬如朝露，去日苦多。
慨当以慷，忧思难忘。何以解忧？唯有杜康。
青青子衿，悠悠我心。但为君故，沉吟至今。
呦呦鹿鸣，食野之苹。我有嘉宾，鼓瑟吹笙。
明明如月，何时可掇？忧从中来，不可断绝。
越陌度阡，枉用相存。契阔谈燕，心念旧恩。
月明星稀，乌鹊南飞。绕树三匝，何枝可依？
山不厌高，海不厌深。周公吐哺，天下归心。

【赏析】建安，是东汉最后一个皇帝汉献帝的年号。《古诗十九首》是建安之前的作品，它写得含蓄温厚，而建安诗歌则带有一种激昂和发扬的精神。这种精神又有三个层次，在曹操父子身上得到了体现。曹操的诗激昂发扬而又十分古朴。曹丕的诗一方面保持着古代的古朴，又开始有了一点儿文采——我们在读他的《燕歌行》的时候，已经有很深的感受。曹植的诗整个儿就是文采飞扬了。

《短歌行》是汉乐府的旧题，除了《短歌行》，还有《长歌行》。"短歌"与"长歌"是指"歌声有长短"。曹操的这首《短歌行》作于建安十三年，赤壁之战前夕。那年冬天十一月十五日夜，皓月当空，江面风平浪静。曹操乘船查看水寨，然后置酒宴请诸将。酒喝到高兴处，他横槊（shuò，长矛）赋诗，吟唱了这首《短歌行》。《三国演义》第四十八回有当时赋诗情景的描写。

汉乐府有时候分音乐的章节，《短歌行》是四句为一个章节，四句换一次韵。

第一章节：对酒当歌，人生几何？譬如朝露，去日苦多。慨当以慷，忧思难忘。何以解忧？唯有杜康。

我们面对美酒应该高歌，因为生命太短暂了。你看，人生就像早晨的露水，太阳一出就晒干了。一个人，当你失去的日子一天比一天多的时候，你未来的日子自然也就一天比一天少了。

"慨当以慷"就是"慷慨"，感情激动的意思，和"一弹再三叹，慷慨有余哀"中的"慷慨"意思一样。"杜康"相传是最早造酒的人，这里就用他的名字来做酒的代称。这两句的意思是：我的歌声激昂慷慨，忧伤充满了我的心间。我靠什么来排解忧闷？唯有喝酒才能解脱。

第二章节：青青子衿，悠悠我心。但为君故，沉吟至今。呦呦鹿鸣，食野之苹。我有嘉宾，鼓瑟吹笙。

"子衿"是古代学生的制服，一般都是青色的。那么，这个穿"青青子衿"的青年男子是谁呢？当时，曹操是要和孙权、刘备作战，所以这里指的是孙权，因为他当时只有二十七岁左右，还有一个年轻人是刘琦。刘琦是刘表的儿子，投靠了刘备，联合孙权抵抗曹兵。所以，这一句表达的，是希望让这两个人归附于他。前两句的意思就是：我永远想着你们，所以就永远记得你们身上那青青的衣衿。你现在离我这么远，但我的心一直追随着你到那遥远的地方去了。他的言外之意是：我是如此真心实意地盼望你们来归附于我，你们为什么迟迟不来呢？

接下来，曹操以鹿鸣起兴：鹿发现山野之间它喜欢吃的苹草，就发出快乐的叫声，招呼同伴们都来享用。而君臣之间呢，也需要有一个宴会来放松一下。你看，我今天宴请你们，不但为你们准备好了美好的宴席，还准备好了美好的音乐。曹操的言外之意是：如果你们来归附我，我也要为你们准备这样美好的宴席，好好招待你们，和你们共享君臣之乐。

第三章节：明明如月，何时可掇？忧从中来，不可断绝。越陌度阡，枉用相存。契阔谈燕，心念旧恩。

上一章节中，怀思的对象是孙权和刘琦，这一章节，怀思的对象是刘备。为什么这么说呢？请大家结合着你们在读的《三国演义》想一想。

这四句的意思是：你是这么光明皎洁，这么美好，就像天上的明月一样，我什么时候才能把你摘下来拿在我手里？每当一想到你不属于我，我的内心就生出一种忧伤之情。“阡”和“陌”都是指小路。“存”是关怀的意思。“契阔”是离别，“谈燕”是聚会。后两句的意思是，我对你做了那么多，难道我对你的关怀都枉费了心机吗？我和你有过离别，也有过聚会，我们都应该彼此珍惜旧日的那份感情。

第四章节：月明星稀，乌鹊南飞，绕树三匝，何枝可依？山不厌高，海不厌深，周公吐哺，天下归心。

明月升起，星星闪烁，一群寻找温暖住所的乌鹊向南飞去。它们绕着树飞了一圈又一圈，但是，哪一棵树才是它们的栖身之所？曹操的言外之意是：你们这些有才干的人还在犹豫什么？你们要找一个贤明的主人，只有我这里才是你们最好的归宿啊。

后两句的意思是，海从来不拒绝水，所以海才会这么深；山也从来不拒绝土石，所以山才会这么高。明主也从来不拒绝归附他的人，所有的人都来投奔他，他才拥有很大的力量。这里边，已经隐隐有一种实现霸业的雄才大志了。下边，“周公吐哺”是一个典故。周公是周武王的弟弟，周成王的叔叔。武王死后成王年幼，周公辅佐成王治理天下，后来成为圣贤的典范。周公说他在辅政的时候，从来不敢怠慢前来求见的贤士。如果在洗头发的时候有人来见他，他来不及把头发梳好，握着湿头发就出来见客。如果在吃饭的时候有人来见他，他来不及嚼完口中的食物，就把它吐出来见客。曹操在这里以周公自比，说我也像周公一样贤明，因此所有的人都应该归心于我。

这首诗里，曹操把他英雄的意志、诗人的才情和霸主的野心都表现了出来。

在这样的阅读基础上，我们用了两个晨诵的时间来吟诵这首诗。

“第一章节里，曹操忧愁的是什么？他的忧愁和《古诗十九首》之《西北有高楼》里表达的忧愁一样吗？”

“那么，请把曹操想建立霸业而感觉来日无多的紧迫感读出来——”

“第二章节里，曹操和孙权、刘琦明明是对手，为什么还呼唤他们归附于他？”

“那么，请把曹操求贤的渴望读出来——”

“第三章节里的故事很多，为什么曹操把刘备比喻成‘明月’？为什么曹操说自己是‘枉用相存’？”

“那么，请把曹操对人才的爱惜读出来——”

“第二章节和第三章节同样写怀思之情，有什么不同吗？”

“第二章节的怀思比较单纯，说年轻人你们就来归降好了。第三章节的怀思就复杂一些，所以才会深情叙述当年的交往和情谊，请把这其中的区别用你的声音表现出来——”

“曹操既有英雄的意志，又有诗人的才情，最后一章节真是大气，请读——”

……

一遍又一遍啊，真是荡气回肠。

班级故事：一个真正的“旺达节”

（一）故事这么开始的

在孩子们上二年级时，我偶然间读到了一本书，叫《一百条裙子》，内心忽然被触动了：旺达，一个不漂亮，成绩也不好的女孩，一个不肯放弃梦想的女孩，似乎有我小时候的影子！一遍遍地读，一遍遍地掉眼泪。于是，忍不住带孩子们一起读这个故事。可惜啊，孩子们太小了，他们读不懂。那堂读书课，我试图让孩子们看到旺达高贵的灵魂，但那实在太难了。

四年级，我们重读这个故事。像干老师在课堂上追问的那样，我也在不断地追问：你喜欢谁？你究竟像谁？你是谁？……四年级的孩子，已经有了自省的能力。那一次，他们在故事里不断寻找自己的影子，他们读懂了。那堂读书课，是最沉静也是最触动孩子心灵的一堂课。那天，我对孩子们说，干老师建议，每个班都设立一个“旺达节”，每年到这一天，大家拿出这本书，再读一遍。这样一年一遍读下去，藏在情节深处的那些令人感动的东西，就会一点点地浸润到你们的灵魂里。

说过之后，我没再提“旺达节”的事情。

大约一个月后，我去参加了新教育实验小学为期一周的活动。回来的第一天，赫然发现教室变了样：用拉花和彩带装饰过的教室，黑板上写着“旺达节”三个字，后面墙壁上，是崔淦维用毛笔写下的“欢迎常老师凯旋”几个字。（呵呵，临走前我告诉他们，干老师奖励我们班一架摄像机呢。）

那一天，是 12 月 10 日。

那天过得很热闹，我们仿佛在做一个聚会。

那天之后，这个日子我就忘记了。

转眼，一年过去了。今年11月初，我就影影绰绰地感到他们在忙着什么。问女儿，她不告诉我，说是秘密。我也就不再追问。11月底时，不知道谁说漏了嘴：旺达节快到了，12月10日呢。

哦，旺达节——一个承载着他们梦想的节日。我笑着对组织者刘心雨说：不要搞笑啊，这是个很郑重的节日。

“放心好了，我们已经五年级了耶！小儿科的事情，我们不会再做了。”这个很有领袖天赋的女孩子，常常让我惊异不已。

过了几天，刘心雨让我把四年级读书课上展示的那些裙子的图片发给她，她要为“旺达节”的幻灯片做准备。我是个记性很差的人。第一天忘记了，第二天想起来问她时，她很轻松地说，她自己已经从网上找到了！然后她又让我教她怎么在多张幻灯片里插音乐，那天急着开会，我告诉她第二天到办公室找我。

第二天，她很开心地说：“不用你教了，我自己从网上学会了。”

“天哪。这个技术，还是干老师教我的呢，你怎么学会的？”

“百度啊，再简单不过了！”刘心雨很爽朗地笑着，“常老师啊，你让我明白了一个颠扑不灭的真理：求人不如求己啊！”

晕！

12月10日转眼就要到了。一天晚上，女儿悄悄对我说：“妈妈，我有一个秘密，我知道不能告诉你，可是我又很想告诉你，你说怎么办呢？”

“如果这是个好秘密，而且说出来不会伤害任何人，你可以告诉我，因为我是你最信任的人。”

“好吧，那你要保证不在同学们面前说。你知道吗，为了迎接旺达节，刘心雨和王梦尧要自己掏钱，给每个同学买一份礼物呢！”

这样啊！孩子们又在搞什么名堂？

这将是一个怎样的节日呢？我忽然也充满了期待。

（二）永无岛上的快乐

12月10日到了。

一早，刘心雨和王梦尧就把礼物送给同学们：每人一根漂亮的圣诞魔棒，孩子们喜欢得很。

那天的晨诵，我们读的是《古诗十九首》中的《迢迢牵牛星》：

迢迢牵牛星，皎皎河汉女。
纤纤擢素手，札札弄机杼。
终日不成章，泣涕零如雨。
河汉清且浅，相去复几许。
盈盈一水间，脉脉不得语。

这样温柔敦厚的诗歌，在寒冷的冬季里吟诵，心里真的是百转千回。这些我最爱的人，过不了多久就要进入中学，开始另一段旅程了。分别似乎就在明天，路虽不迢迢，但终究不能厮守在一起了。

“如果分别，你是‘泣涕零如雨’，还是‘努力加餐饭’啊？”

“当然是‘努力加餐饭’啊！”孩子们不假思索地回答。

“那当然好。那样的话，你就更能理解‘泣涕零如雨’的织女了。”

他们真能理解吗？还是交给时间吧。

上午最后一节是音乐课。文艺委员崔艺格跑到办公室问音乐老师：“您可以借我们一节音乐课用吗？我们想排练一下《心愿》这首歌，下午要用。”

音乐老师对这班孩子也是倾注了大量心血。每个周六的长笛课，他们之间已经建立了亲密的关系。课前，我告诉他们，这是你们自己申请的音乐课，你们自己要遵守课堂规则。

“没问题！道德的第四阶段嘛，放心好了！”孩子们嘻嘻哈哈地说。

那节音乐课，教室里没有老师，我听到他们唱歌的声音都是轻轻地。

中午，他们很早就到校装饰教室：彩灯、拉花、气球，一应俱全。下午，原本的一节自习，一节思品与社会课，全部交给了孩子们。终于，“旺达节”拉开了序幕。

刘心雨主持。

她的幻灯片做得真是漂亮。《一百条裙子》，孩子们曾经的梦想，都在幻灯片里一一展现。

“12 月 10 日，是五年级三班的旺达节，是我们的第二个旺达节，也是最后一个旺达节。旺达节的意义在哪里？旺达节意味着：拥有美丽的心灵，拥有丰富的想象力和创造力，拥有描绘明天的能力。一年了，我们是否拥有了描绘明天的能力？”

随着刘心雨的讲述，很多镜头一一闪现：我们读过的书，我们体育课上的轮滑，我们在山山水水中留下的足迹……伴随着《心愿》的音乐，离别之情，忽然在那一刻涌上我的心头——孩子们倒不觉得，看得津津有味。

“每年的这天，我们都要拿出《一百条裙子》，读一读这个故事。接下来，请同学们欣赏我们的表演：高贵的旺达。”

六个女孩子上场，她们演出了旺达被人嘲笑以及她的画获得一等奖的故事——这是被她们重新组合了的故事，前段时间，我看到了她们自己写的长达十几页的剧本。路凯琪演旺达，她是一个有着作家梦想的女孩子，也一直在为这个梦想努力着。我不知道，这六个女孩子，会在这样的故事里，经历一种怎样的人生？那一刻，旺达再一次“醒过来”，“她”让我们再一次感受到了“梦想”的力量。

“我们每个同学，都应该像旺达那样，拥有梦想并创造奇迹。五年级三班，就是一个梦想的舞台，也是我们永远的永无岛。接下来，请大家重温《彼得·潘》里温迪妈妈讲故事的场景。”刘心雨恰到好处的总结，再一次赢得了同学们的掌声。

另外八个女孩子上场了。李沂晓迅速用皮筋把自己的刘海套起来，活脱脱一个永无岛上的调皮孩子。王梦尧是“温迪妈妈”，她的气质太适合温迪了——温柔、谦和、纯净。这一幕，是我们四年级读《彼得·潘》那本书时演过的。她们重温这一幕，是想告诉大家，美好的东西是存在的，比如童话，比如梦想；比如小仙子，比如旺达。

这些坚守着童话和梦想的孩子们啊，拥有了一个多么幸福的童年。

接下来，是全班同学合唱《心愿》——这是他们今天上午排练过的，每个孩子手里拿着那根闪闪发光的圣诞棒，粲若星辰。刘心雨的幻灯片里，出现了这样一行字：我们在童话和梦想的世界里快乐行走，我们要告诉最亲爱的老师，我们最大的心愿，就是希望你们永远健康、快乐、美丽！

湖水是你的眼神，梦想满天星辰。心情是一个传说，亘古不变的等候。成长是一扇树叶的门，童年有一群亲爱的人。春天是一段路程，沧海桑田的拥有。那些我爱的人，那些离逝的风，那些永远的誓言一遍一遍……

梦想漫天星辰啊，什么样的誓言会永远留下？——孩子们婉转的歌声，亮亮的眼睛，让在场的每一个老师深受感动。

这是属于他们的旺达节，属于他们每一个人。

最后是“旺达之星”的颁奖——这也是她们自己的创意。天知道啊，她们怎么就想到了这样一个奖项。课前，刘心雨和王梦尧通过小组推荐的方式，选出了五个“旺达之星”，我并不知道是谁。当她们公布名单时，我有些吃惊，后来一想，又似乎是意料之中。五个同学是：张云柏、崔艺格、刘志达、范成洋和冀振岳。作为班长的张云柏自然当之无愧——进中国科学院是他的梦想，他一直在为这个梦想努力着。文艺委员崔艺格每周给大家带来那么多美妙的歌，想必同学们是喜欢她的。晚上给马玲老师看他们五个的合影时，马老师一眼就认出了刘志达：前年研究中心到我们班时，她就坐在刘志达的旁边。我告诉她，刘志达这个学期进步很大，是我们班公认的未来的养鱼专家。刘志达熟悉几乎每一种鱼，对鱼的产地、习性、养育，甚至价格都如数家珍，前段时间的一节科学课，他成为一名“主讲教师”，给同学们介绍了很多种鱼，大家对他真是佩服得很。范成阳和冀振岳的进步，大家也都看在眼里。

拥有美丽的心灵，拥有丰富的想象力和创造力，拥有描绘明天的能力，这就是我们的“旺达之星”。

数学老师和英语老师为他们颁奖——这一刻，也就永远定格。

时间过得很快，一眨眼的工夫，一节课过去了。

（三）九色鹿的考验

第二节课，我开始讲《九色鹿》，在这样一个特殊的日子里。

这是干老师帮我挑选的故事，问题也是他帮我设计的。

第一遍，孩子们看着幻灯片，我完整地讲述。这个故事，所有的孩子已经在幼儿园或者低年级时读过了。可是，我讲述的过程中，教室里始终还是非常安静。

恒河岸上有一只鹿，长着雪白的双角，九色的毛皮，非常漂亮。它跟一只乌鸦非常友好。

一天，一个汉子掉进河里，在河里一沉一浮地上下挣扎着。他好不容易捉住一根浮木，抬头仰天，怨愤地高喊：“天上地上的诸神啊，你们为何见死不救？”九色鹿听见他的诉说，便奋不顾身，跳到水里，游到那汉子身边说：“你不必害怕，上来跨在我的背上，用力抓住两边的角，我会把你送到岸上。”九色鹿驮着溺水的汉子，拼命地游向河岸。当它爬到岸上时，精疲力竭，躺倒在沙地上。那汉子爬下鹿背，立刻匍匐在地，不停地叩首说：“幸蒙您拯救，我才得以保全性命。请您允许我做您的奴仆，好让我报答您的大恩大德。”九色鹿打断了他的话说：“你不必这样客气，若想报答我，就别跟人说我住在这儿。否则，让人知道我住在这儿，他们会为了毛皮和角，来杀死我的。”汉子连声道谢后离去了。

一天，国王的夫人梦见了九色鹿，非常想要它的毛皮和双角，以至于一病不起。国王担忧地问她：“身体有什么不舒服吗？”夫人说：“昨夜，我梦见一只美丽的鹿，毛皮呈九种颜色，双角雪白。我很想用它的毛皮做坐垫，用它的角做拂尘柄。请你帮我找到那只鹿。如果找不到，我只有一死了。”

那位体贴的国王，欣然地接受了夫人的央求，答应说：“你起来吧！我身为一国之主，寻找一只小鹿，有什么困难？”于是，国王向全国出示布告，说凡是能抓来九色鹿的人，国王会奖赏他一半的国土。

溺水的汉子听到这个消息，早忘了九色鹿的救命之恩，暗想：好运来啦！只有我才知道那只鹿的住处，真是再好不过的机会了。我这就去王宫，准能领奖。鹿不过是一种畜牲，怎知有生死这回事？他来到街上，揭下告示，并对官差说：“我知道那只鹿的住处，你快带我去见国王。”官差带着这个汉子去见国王。国王满心欢喜，对那个汉子许诺说：“如果真能抓到九色鹿，我会分送你一半江山。你放心，我绝不食言！”汉子也喜不自禁地说：“我一定去将它抓来。只是这只鹿虽然是畜牲，但力量不小，若不动用军队捕捉，恐怕不易到手。”奇怪的是，说这话时，他的脸上突然起了一颗小痣。

国王率领大军，跟着那个汉子到了恒河岸上。这时候，乌鸦从树上望见这群人，当时就明白他们是来捕杀九色鹿的，立刻大声喊叫树下熟睡的鹿说：“兄弟，不得了啦，赶快起来逃命吧，国王率兵来捉你啦！”不料，九色鹿依然熟睡不醒。乌鸦只得从树上飞下，停在九色鹿的头上，对着它的耳朵大喊：“兄弟，还不快快起来，国王带人来捉你啦！”

九色鹿大吃一惊，飞跃而起，然而为时已晚，它已被国王的军队层层围住，连逃走的空隙都没有。

国王身边的士兵们张弓搭箭，正准备射杀九色鹿，国王忽然制止他们说：“且慢，这只鹿看上去非比寻常，也许是只神鹿。”鹿来到国王面前说：“请你们别急着杀我，我曾对你们国家有恩。”国王不解地问：“有什么恩呢？”“我曾经救过贵国百姓的性命。”说到这里，它跪下叩头，恭敬地问国王：“请问大王，是谁告诉您我住在这里的呢？”国王手一指说：“脸上有痣的汉子告诉我的。”鹿抬头细看那个汉子，不禁流下眼泪，说：“大王啊！前些日子，他掉在河里快淹死了，我奋不顾身把他救到岸上。他为了感恩，甚至表示要做我的奴隶，我拒绝了他，只说别把我的住所泄露出去，就是报答我的最好方式，然后他就回去了。可现在他却这样恩将仇报，人类实在很虚伪啊。”国王听后惭愧地说：“我国百姓果然不懂义理。”转过头来厉声训斥那个汉子为什么要恩将仇报。汉子哆哆嗦嗦，瘫作一团。国王放走了九色鹿，而那个不仁不义的汉子也受到了死刑的重罚。说来也奇怪，当国王率军队回到王宫时，夫人的病也奇迹般地痊愈了。

后来全国各地的鹿，都聚集在九色鹿住的地方，吃草饮水，平安地生活。而这个国家也是风调雨顺，国泰民安。

故事讲完了，我马上问孩子们：

“此刻，你听完这个故事，有什么话要说？”

“这个故事告诉我们，做人要诚实，不能不讲信用。”沈炜坤说。

“常老师，这个故事和我小时候看过的不一样啊。”张旭说。

“这不重要，重要的是，我为什么要在旺达节这天讲这个故事给你们听？”

没有人举手，底下是一片摇头。

“不知道啊，那我们就从前面再来看这个故事，看过之后你们就知道了。刚才，沈炜坤说，这个故事告诉我们要讲信用，仅仅如此吗？大家看开头：恒河岸上有一只鹿，长着雪白的双角，九色的毛皮，非常漂亮。请同学们思考：故事中的九色鹿为什么这样美？”

“因为它是神鹿啊！”

“请大家注意，这是神话。神话里的很多形象都是有象征意义的。就像童话中的彼得·潘象征着永远也长不大的孩子一样。”

“哦，知道了！”晓晓说，“九色鹿是美好的象征。”

“对，它是美好、纯洁的化身，它代表的，就是纯洁和美好。”幻灯片里，同时出现了这行字。我继续问：“那么，请同学们思考，人们只知道九色鹿但不知道它究竟在哪里，这又是因为什么？”

“因为它只是一个化身啊。”孩子们几乎异口同声。

“你能说，你知道纯洁和美好在哪里吗？”晓晓补充道，“除非你自己具有了纯洁和美好的品质，所以说，人们只能知道九色鹿的存在而不知道它在哪里。”

“那么，面对一个落水的‘小人’，九色鹿救还是不救？救会怎么样？不救又会怎么样？”

“当然要救啊，见死不救是不行的。”崔晨说。

“救人意味着什么？这不同于今天的故事，这不是一个会水的人跳下水去救人的故事。大家想一想，九色鹿救了人意味着什么？看看它对那个落水的汉子怎么说的。”

“哦，知道了。”房宸赓站起来，“只要它救人，就意味着告诉别人它在哪里，贪婪的人有可能找到这里杀死它。”

“救，可能招来杀身之祸。如果不救呢？”我追问道。

“它不可能不救，它是神鹿啊，不会轻易被人杀死的。”李沂晓反驳道。

“我们就问题本身进行讨论，如果它不救呢？”

“如果不救啊……不救你的话，它就不美好了。”

“是啊，如果不救，它就不是纯洁和美好的象征了。”我继续问，“如果不是那个汉子而是另外一个没有承诺过的人，他可不可以向国王报告九色鹿的行踪？”

“当然不可以啊！”常严一不假思索。

“怎么可能啊？你这个问题不合逻辑啊！”王文晓笑着说，“如果这个人没有被九色鹿救过，他怎么知道九色鹿在哪里呢？既然他不知道，又如何去向国王报告呢？”

“我的问题符合逻辑啊，请王文晓同学听清楚了：如果不是那个汉子而是另外一个人，他被九色鹿救过但没有向九色鹿承诺不说出它的行踪，他可不可以向国王汇报呢？”

“那倒是可以的，”王文晓不好意思地说，“可是，这样的话……”

“我明白你的意思。他当然可以向国王汇报，但这就是功利境界，而没有更高的追求了。那么，那个汉子可不可以这样做？”

“当然不可以啊，”崔奥博说，“他违背诺言了嘛。”

“是啊，当然不可以，因为这已经违背了基本的道德原则了。请同学们对照着道德六阶段，想想那个汉子是哪个阶段的人？”

“第二阶段！”同学们再次异口同声，“他想要奖赏。”

“是啊，他只想要奖赏而没有自己的道德原则。我们接着看，国王听了九色鹿的话，可不可能不听忠告，继续杀死九色鹿？”

“常老师，我原来看过的这个故事就是国王没有听忠告。”李沂晓说，“国王让士兵们把九色鹿围起来，可是，当箭射出去的时候，谁知九色鹿发出神光，那些箭都化为乌有了。”

“我记得，这个细节是发生在九色鹿劝说国王之前。我的问题是：国王听了九色鹿的话，可不可能不听忠告，继续杀死九色鹿？”

“当然有可能啊。”冀振岳说。

“是啊，这样的话，他的境界就很低了，他就不配当人民的领袖了。那么，请大家仍然对照着道德六阶段来说说以前的国王和听从劝告之后的国王。”

“以前的国王，是第三阶段的人，”张云柏说，“他只想取悦他的夫人，那时候，他只是他夫人的丈夫，不是大家的国王。现在，他超越了第三阶段。我想，他应该能达到第四阶段了吧。那样的话，他是一个遵守规则的国王，他的子民也将是遵守规则的人，大概就不会出现那个汉子这样的人了。”

“是啊，一个领袖，最低也应该是第四阶段的人。”我看着张云柏，意味深长地说，“作为班长，你首先要带头遵守一切规则，是不是?”

他使劲点点头。前两次日记，他因为迷恋着研究魔方，日记总是草草应付。虽然他现在已经能在两分钟内把魔方的六个面都转出来，我还是在日记里不客气地批评了他。

“那么，在现实中有没有不听劝告的国王?”

“当然有啊，”同学们笑了，“还不少呢。”

“不要笑话他们，我们应该感到悲哀，为他们不能有更高的追求而悲哀。同学们啊，你们将来长大了，一定要不断地问问自己：我到底是哪个阶段的人？我还能比现在做得更好吗?”我接着问，“在神话中，国王不可能杀死九色鹿，因为九色鹿是神鹿，神通广大。他只是在考验那个汉子与国王，结果是，汉子经不起考验，国王得到了‘度化’。说说看，他得到了什么‘度化’?”

“他夫人的病好了，他的国家也风调雨顺、国泰民安。”王梦尧说。

“那么，国王为什么能得到‘度化’?”

这个问题有些难。

“想想看，温迪为什么能飞翔？你们为什么能在圣诞节得到圣诞老人的礼物？旺达为什么在别人嘲笑她的时候把目光投向远方?”

还是有些难。

“如果温迪不相信小仙子，不相信彼得·潘，她能飞翔吗？如果你们不相信有圣诞老人，你们能得到圣诞礼物吗？如果旺达不相信她的梦想在远方，在别人看不到的地方，她能始终坚持下来吗？想想看，国王为什么能得到‘度化’？”

“哦，知道了！”刘心雨高兴地说，“因为国王是相信九色鹿的，所以他能得到‘度化’。”

“相信九色鹿就是相信什么？”

“就是相信纯洁、美好。”

“对啊，你相信，你才能得到度化。你如何超越第二和第三阶段？做事情不是为了奖赏，也不是为了取悦某人？你要相信，遵守规则是很美妙的一种体验。当一个人超越了前三个阶段，走向更高阶段时，他会越来越相信一切纯洁、美好的东西。当然，这个故事要告诉我们的是——”幻灯片里出现了这样一句话：

> 许多时候，当道德良心与诱惑的矛盾出现在你面前的时候，你要想到的是，这是九色鹿在考验你，看你是那个汉子还是国王。

我让孩子们读了两遍，然后告诉他们，如果你能经受住九色鹿的考验，你就是国王，你自己的国王，你就能超越前三个阶段。否则，你就只能永远在前三个阶段里徘徊，永远感受不到那些真正纯洁、美好的东西。

最后，幻灯片里出示了这样的话：

> 拥有美丽的心灵
> 经受住一切诱惑和考验
> 拥有描绘明天的能力
> 做一个第六阶段的思考者

说到这里，下课了。

“哦，九色鹿！”冀振岳一边往外走，一边轻轻嘀咕着。

晚上的日记，就以旺达节为主题，写写自己的思考。（这天晚上，没有数学和英语作业。我们每次日记都是这样。）

（四）“度化”

第二天看孩子们的日记，很开心。

张云柏在日记里写道：“这个美好的故事让我陷入了沉思：我们做的每一件事情，是为了得到好处，还是遵守自己的原则并奉行不悖？说起来很简单，但是做起来很难。我想，连常老师也很难保证做到。但是我知道，神鹿时时刻刻都在考验着我。就像今天写日记的时刻，是惦记着玩，还是把日记写到卓越标准？把日记写到卓越标准，是为了得到常老师的表扬，还是我应该遵循的原则？……”

语文课上，张云柏把自己的日记读给同学们听。我说，这个故事，让张云柏也得到了“度化”，神鹿就在他的心里。你们呢？你们的心里，也真的有那只美丽的神鹿吗？

那一刻，每个孩子的眼里，都有了一份沉静。

告 别

——写给“在农历的天空下”结束之日

今天，2008年12月21日冬至。一个特殊的节气。

去年冬至那天，我们的“农历诗词课程”拉开了序幕。“冬至之后日初长”，最漫长的黑夜已经过去，从这一天开始，太阳从南回归线上，向着北方，向着我们逐渐回归。

眨眼，地球绕着太阳转了一圈，在农历的天空下，我们的诗词之旅走过了一年的路程。

从2007年12月22日到2008年12月21日，对我和孩子们来说，这是一段多么奇特的旅程。“在农历的天空下”，中国的古典诗词被我们唤醒，我们也被诗词“驯养”。因为诗词是有温度的，它需要一种特殊的学习方式，放在四季的天空下，我们慢慢向它靠近，一天又一天……慢慢地，冬天，雪花漫天飞舞时，我们吟诵“晚来天欲雪，能饮一杯无”，心里就有一种温暖和宁静。春天，生命蠢蠢欲动，“青梅如豆柳如眉”，这岂止是春天的景色，这就是春天里每一个蓬勃的生命。夏天，黄梅时节，青草池塘处处蛙，“闲敲棋子落灯花”的幽静和深渺，也源自我们生命的感发。秋天本身就是属于诗词的，天凉了，叶落了，慢慢地，白露为霜了，我们吟诵“蒹葭苍苍，白露为霜，所谓伊人，在水一方”，对美好的寻觅，对另一个自我的寻觅，对我们也许永远都不能企及的人生境界的寻觅，让这个秋天有了诗意。

亲近自然，亲近诗歌，诗意地栖居在大地上——这就是中国古典诗词的本质，是我们“农历诗词”的核心。

一年的时间，我们就在这小小的教室里，走过春夏秋冬，穿越唐诗宋词，感受着诗词的温暖和气息，触摸着诗词背后一颗颗伟大的灵魂。一年的时间，我们就这样和诗词建立了关系。

“建立关系”是《小王子》里面的一句话。熟悉新教育儿童课程的人，都知道这句话的含义。今天，我们走完了一年的历程，终于要分别了，就像狐狸和小王子的分别，狐狸拥有了麦田的颜色，我们拥有了诗词的味道。

“这就结束了呀？还真有些舍不得呢。”女儿对我说。

是啊，要结束了，我们都有些舍不得。

但是，这不是向诗歌告别，不是向蒹葭苍苍告别，不是向唐诗宋词告别，这是第一个轮回，第一次真诚地走入。我相信，这些诗会唤起更多的诗进入孩子们的生命，让他们因此而沉静而丰盈而具有中华文明特有的质地。

所以，昨天，我们在学校报告厅，两个小时的时间，我们和家长一起，举行了一个简单而又隆重的告别仪式。

近两百张幻灯片里，记录的是我们一年的旅程。序幕，从一年前的冬至拉开。

孩子们站成两排，圆弧形，笑盈盈地面对着台下的家长。“冬至之后日初长，远在剑南思洛阳。……”一年的积淀，这首诗在那一刻忽然丰满起来。思乡，怅惘，凄凉，孩子们用声音，如此真实地传达了这首诗的“密码”。然后，小寒到了，梅花诗词之旅开始了。在边涣之弹拨的古筝声中，孩子们开始朗诵。教室里那一盆腊梅，依旧散发着芳香……

冬天结束时，孩子们下场。在我的讲述中，孩子们再上场时，女孩子两排站在唱台上，男孩子则在两边站着。从欢快的《元日》开始，春天似乎一下子就出现在我们面前。“三八”妇女节到了，在音乐老师崔晓梅的指挥下，妈妈们上场了。当吴秋璇和妈妈朗诵《游子诗》时，妈妈们已经拉着孩子的手或坐或站，我们开始一起朗诵《游子吟》。

老师：孩子是妈妈永远的牵挂，亲爱的孩子们啊，你们可懂得妈妈对你的深情？

孩子齐：慈母手中线，游子身上衣。

老师：亲爱的妈妈啊，总有一天，孩子们会离开我们独自闯荡世界。所有的不舍，所有的牵挂，都化在这一针一线里。这是世界上唯一一种为着分别的爱。然而，我们又是如此骄傲，因为我们是和孩子一路走来的！

妈妈齐：临行密密缝，意恐迟迟归。

老师：亲爱的孩子们啊，我们又如何报答妈妈的恩情呢？

孩子齐：谁言寸草心，报得三春晖。

我看到，几个妈妈的眼眶湿润了。这母亲花啊，如此微小，又如此坚强。这时候，范正阳和冀振岳的妈妈为我们演唱了韩红的《再叫一声妈妈》。“如果前世没有约定，今生你怎么会给我一个家……”歌声是如此深情，唱的人，听的人，都在那一刻被深深打动。然后，妈妈们下场，我们继续穿越春天的节气。当“花之咏”单元开始时，男孩子给每个女孩子献上了一枝桃花，然后为她们吟诵《桃夭》《题都城南庄》《大林寺桃花》；女孩子则手拿着芍药、海棠、杜鹃、牡丹等花，浅笑盈盈地朗诵这些花的诗词。这些花，是开花店的冀振岳妈妈特意为我们提供的。

花的世界里，春天结束了。

夏天开始时，孩子们分别两列斜排站立，夏天的风雨，夏天的小麦，夏天的誓言，像电影的慢镜头，缓缓展开。

属于诗词的秋天到了，在崔晓梅老师的指挥下，孩子们错落有致地站在舞台上，手里同时拿着长笛——这是一个诗意的秋天。从这个秋天开始，崔晓梅老师带着孩子们学吹长笛。在家长的支持下，孩子们每人买了一支。每个周末的上午，她无偿地辅导孩子们。就像《放牛班的春天》里的马修老师那样，因为音乐，她和孩子们拥有了相同的语言。从王维的《山居秋暝》开始，秋天的画卷也一点点展开。中秋节到了，《水调歌头》的音乐响起来，孩子们的长笛声响起来——这是多么美妙的时刻！更美妙的是，家长委员会的妈妈们为了这次庆祝，专门为孩子们订做了一套服装：女孩子是蓝色毛衫、暗红格裙子，男孩子是蓝色毛衫、青色西裤，毛衫上有闪闪发光的“五·三”字样——站在台上的孩子们，真叫气宇轩昂、文质彬彬。

那样的服装，那样的诗歌，那样的一群孩子，那样的一群家长们——我只听着、看着，整个世界，就在我心里了。

苏轼和杜甫的诗词之旅，孩子们则分组朗诵，一个是旷达的，一个是沉郁顿挫的，孩子们用声音，把我们带到了这两个伟大灵魂的思想世界里。这样，当冬天再一次到来时，我们穿过小雪、大雪，地球就又到了冬至点。

诗歌，音乐，故事，就这样留在了我们走过的一年里。

感谢崔晓梅老师，她帮我实现了一个梦想：让音乐成为孩子生命的一部分。因为音乐，这一年的旅程更加充实。诗与歌，本就是一体的。

感谢数学老师杨洪芬。在我们经历了一段时间的磨合之后，她成为最理解我的同事。无论我遇到什么问题，她总是坚定地和我站在一起。同时，她又是一个如此出色的数学老师，孩子们对数学的痴迷甚至让我嫉妒。她的数学课堂，她对孩子的爱，都高出于我。

感谢英语老师于秋萍。有时候，班里的几个调皮孩子会气得她头晕，但她也是如此真诚地爱着他们。同样重要的是，她用精彩的英语课堂赢得了孩子们对她的喜欢。孩子们纯正的英语口语，让我对她充满了敬意。

感谢我所有的家长。没有他们的支持，我和孩子们的幸福生活就不完整。每年的圣诞篝火，每年的元旦联欢，每个长假的亲近自然，每个学期200元的共读书费，每个重大问题的共同探讨，我们成为真正意义上的“一家人”。

感谢干老师，没有他和新教育研究中心所有朋友的帮助，我知道自己不会走得这么远。

一年的旅程画个句号。

明天，我们将向着更伟大的未知开放。